Gott gebührt alle Ehre.

Ich bete um Gottes Segen für Sie, während Sie das Material studieren. Möge er Ihren Geist öffnen, damit Sie diese Informationen aufnehmen und danach leben können.

Andreas

# Studienführer: 1, 2 und 3 Johannes

**Bibelstudienreihe „Ancient Words"**

Andrew J. Lamont-Turner

Published by Andrew J. Lamont-Turner, 2024.

STUDIENFÜHRER: 1, 2 UND 3 JOHANNES

**First edition. June 20, 2024.**



ISBN: 979-8227553003

Written by Andrew J. Lamont-Turner.

# Inhaltsverzeichnis

# Bibelstudienführer: 1., 2. und 3. Johannes

### Vers-für-Vers-Studie der Bibelbücher 1, 2 und 3 Johannes
**Copyright Andrew J Lamont-Turner 2024**
**Erste Ausgabe: 2024**



---

Bibelstellen stammen, sofern nicht anders angegeben, aus der New Covenant Theological Seminary Grammatically Corrected Contemporary English Bible®, Copyright © 2023 by New Covenant Theological Seminary. Wird unter Lizenz verwendet.

Mit „WEB" gekennzeichnete Bibelstellen stammen aus der World English Bible. Gemeinfrei.

Der Autor verwendet Google Translate, um diese Studie in verschiedene Sprachen zu übersetzen, wobei Englisch die Originalsprache ist.

---

Titelseiten-Design von AJ Lamont-Turner
Foto von
**Jess Du Toit Fotografie**
jessejdt@gmail.com

# Vorwort

Willkommen zu diesem Studienbuch über die drei allgemeinen Briefe des Johannesevangeliums 1., 2. und 3. Auf dieser Reise durch diese tiefgründigen Briefe sind Sie eingeladen, die zeitlose Weisheit und Wahrheit zu erkunden, die sie bieten.

Die Briefe des Johannes nehmen im Neuen Testament einen einzigartigen Platz ein. Sie bieten tiefe Einblicke in die Natur der Gemeinschaft mit Gott, die Bedeutung von Liebe und Gehorsam sowie in die Herausforderungen, denen Gläubige bei der Bewältigung der Komplexität des christlichen Lebens gegenüberstehen. Obwohl diese Briefe relativ kurz sind, sind sie voller tiefgründiger theologischer Wahrheiten und praktischer Weisheiten, die auch heute noch bei Lesern Anklang finden.

In diesem Studienbuch haben Sie die Möglichkeit, jeden dieser Briefe eingehend zu untersuchen und ein tieferes Verständnis ihres historischen Kontexts, ihrer theologischen Themen und ihrer praktischen Anwendung für unser heutiges Leben zu erlangen. Durch nachdenkliche Reflexion, interessante Fragen und aufschlussreiche Kommentare werden Sie in die Lage versetzt, die Bedeutung dieser Briefe für Ihre eigene spirituelle Reise zu begreifen.

Egal, ob Sie diese Episteln einzeln, in einer kleinen Gruppe oder als Teil einer größeren Gemeinschaft studieren, dieses Studienbuch soll Ihnen eine sinnvolle Erforschung und Reflexion der zeitlosen Wahrheiten erleichtern, die auf den Seiten des 1., 2. und 3. Johannesbriefs zu finden sind. Möge diese Reise Ihr Verständnis von Gottes Liebe vertiefen, Ihre Verpflichtung zum Gehorsam stärken und Sie dazu inspirieren, als Kinder Gottes im Licht zu wandeln.

Mögen Sie bei der Auseinandersetzung mit dem in diesem Studienbuch vorgestellten Material durch die tiefe Weisheit und Wahrheit auf den Seiten dieser drei allgemeinen Episteln ermutigt, herausgefordert und verwandelt werden.

# Einführung in diese Studie

Diese Studie umfasst Fragen, die auf verschiedenen Bibelversen aus den Büchern Johannes 1, 2 und 3 basieren.

In den Teilen 1, 4 und 7 dieser Studie werden die Hintergrundinformationen zum Buch untersucht, zum Beispiel, wer es geschrieben hat, wann, für wen, warum und andere Aspekte des Buches.

Teil 2, 5 hebt Verse aus dem Buch hervor, die die Aufmerksamkeit insbesondere auf bestimmte Prinzipien innerhalb der Bücher lenken.

Teil 3, 6 ist das Vers-für-Vers-Studium, bei dem der Leser die Fragen und Aufgaben am Ende jedes Kapitels beantworten muss. Wenn dies in einer Zellgruppenumgebung geschieht, sollten diese Antworten innerhalb der Gruppe besprochen werden.

Nachdem alle Kapitel studiert wurden, gibt es Richtig-, Falsch- und Multiple-Choice-Fragen, um Ihr Wissen über dieses Buch zu testen.

Angenommen, Sie verwenden die E-Book-Version dieser Studie. In diesem Fall ist es ratsam, ein Notizbuch zur Hand zu haben, um die Antworten auf die Fragen aufzuzeichnen. Möglicherweise ist auch zusätzlicher Platz erforderlich, um die Fragen zum Testen Ihres Wissens durchzuarbeiten.

Das Beantworten der Fragen ist kein Wettrennen. Die Antworten sollten sorgfältig niedergeschrieben werden, insbesondere die praktische Anwendung dieser Fragen und Antworten.

Die Beschäftigung mit einem Bibelstudium legt nahe, dass der Leser erkennt, dass er die Heilige Schrift verstehen muss und die tiefe Weisheit, die sich aus der Kenntnis und dem Verständnis Gottes und seiner Wege ergibt. Dies ist eine spirituelle Reise und es braucht Zeit, um die Verse, ihre Bedeutung, wie sie der Autor beabsichtigt hat, und ihre Anwendung im Leben zu untersuchen. Stellen Sie sicher, dass jedem Schritt des Weges ein Gebet vorausgeht, damit der Heilige Geist Sie leiten kann und Ihr Herz und Ihren Geist für die Erkenntnis Gottes öffnet.

Diese Studie ist wichtig, da sie auf Ihre Lebensrealität anwendbar sein könnte. Mit anderen Worten: Diese Studie betrachtet die Theologie des Buches und andere aus dem Buch abgeleitete Prinzipien in einem Rahmen, der es einfacher macht, Prinzipien auf unser tägliches Leben anzuwenden. Diese Studie ist kein Kommentar, und obwohl spezifische Informationen zu jedem Buch bereitgestellt werden, handelt es sich hier nicht um Textkritik.

# TEIL 1 : 1. Johannes Buchinformationen

## Buchtitel & Autor

Ähnlich wie im Hebräerbrief wird der Autor dieses Briefes nicht explizit genannt. Die Kirche glaubte jedoch schon früh, dass der Apostel Johannes ihn verfasste. Mehrere antike Autoren bezeichneten dieses Buch als ein Werk des Johannes. Obwohl moderne Kritiker diese traditionelle Ansicht in Frage gestellt haben, ist es ihnen nicht gelungen, sie vollständig zu widerlegen.

# Standort

Da Johannes später in seinem Leben in Ephesus und Umgebung als Prediger tätig war, ist es wahrscheinlich, dass er diesen Brief in Ephesus schrieb.

# Datum des Schreibens

Die Datierung dieses neutestamentlichen Buches ist besonders schwierig. Ein möglicher Hinweis findet sich in 2:19. Wenn Johannes sich auf falsche Lehrer bezog, die sich von den Aposteln abwandten, erscheint ein Datum in den 60er Jahren n. Chr. plausibel. Dies würde die Niederschrift um 60-65 n. Chr. einordnen, vor den jüdischen Aufständen von 66-70 n. Chr., die die Juden aus Judäa zerstreuten. In diesem Szenario könnte Johannes aus Jerusalem geschrieben haben.

Viele konservative Gelehrte glauben jedoch, dass Johannes diesen Brief viel später, zwischen 85 und 97 n. Chr., gleichzeitig mit dem Johannesevangelium (ca. 85-95 n. Chr.) und der Offenbarung des Johannes (ca. 95-96 n. Chr.) verfasste. Ich bevorzuge ein Datum in den 90er Jahren, nach der Niederschrift des Johannesevangeliums, da 1. Johannes davon auszugehen scheint, dass er damit vertraut ist. Der Brief verweist ständig auf das Evangelium, und es ist schwierig, ihn ohne das Evangelium als Kontext zu verstehen.

Angesichts der Art und des Abschlusses der Offenbarung des Johannes, die Gottes letzte Offenbarung an die Menschheit zu sein scheint, verfasste Johannes seine Briefe wahrscheinlich vor der Offenbarung. Daher scheint ein Datum für 1. Johannes in den frühen 90er Jahren, etwa 90-95 n. Chr., am wahrscheinlichsten.

# Publikum

Es gibt keinen klaren Hinweis auf die ursprünglichen Empfänger dieses Briefes oder ihren Aufenthaltsort, außer dass sie als Christen bezeichnet werden (2:12-14, 21; 5:13). Sie könnten Kirchenführer gewesen sein (2:20, 27). Die frühe Kirchentradition besagt, dass Johannes nach seinem Weggang aus Judäa viele Jahre lang in Ephesus, der Hauptstadt der römischen Provinz Asien, predigte. Die Kapitel 2 und 3 der Offenbarung zeigen, dass Johannes die Kirchen und Christen in dieser römischen Provinz gut kannte. Daher ist es plausibel, dass seine Leser dort lebten. Dieser Brief war wahrscheinlich für die Verbreitung in mehreren Gemeinden bestimmt, im Gegensatz zu seinem zweiten und dritten Brief, die den Verfasser und den Empfänger nennen und persönliche Grüße enthalten.

Die falschen Lehrer und Lehren, die Johannes in diesem Brief erwähnt, lassen darauf schließen, dass er sich mit Themen befasste, die zu dieser Zeit in Asien vorherrschend waren, wie etwa Judentum, Gnostizismus, Doketismus und die Lehren des bedeutenden Gnostikers Kerinthos. Obwohl diese Philosophien über Asien hinaus verbreitet waren, waren sie zu Johannes' Lebzeiten sicherlich präsent. Erklärungen zu diesen Lehren werden in der Abhandlung gegeben.

Die in 1. und 2. Johannes angesprochene Häresie entspricht keiner bekannten Häresiebewegung jener Zeit, weist aber Ähnlichkeiten mit mehreren auf. Der Verfasser des 1. Johannesbriefs wandte sich an eine Gemeinde, die aus mehreren Hauskirchen in und um Ephesus bestand und in drei Hauptgruppen unterteilt war: (a) johanneische Christen, die sich dem apostolischen Evangelium Jesu verpflichtet fühlten, wie sie es empfangen hatten, (b) ketzerisch veranlagte Mitglieder mit jüdischem Hintergrund und (c) heterodoxe Anhänger mit hellenistischem (und/oder heidnischem) Hintergrund. Die theologischen und ethischen Fragen betrafen in erster Linie die beiden „häretischen" Gruppen (b und c), wobei zusätzliche Komplikationen möglicherweise mit Eschatologie (zukünftigen Dingen) und Pneumatologie (dem Heiligen Geist) zusammenhängen (siehe 2:18 und 4:1).

Darüber hinaus gab es im Leben der johanneischen Gemeinde eine vierte Gruppe: die Abtrünnigen. Während die Mitglieder der ersten drei Gruppen zum Kreis des Johannes gehörten, hatten die antichristlichen Abtrünnigen begonnen, sich von ihm abzuspalten. Diese Personen waren ketzerisch veranlagte Anhänger der johanneischen Gemeinde. Einige waren vielleicht aufrichtige, aber uninformierte Gläubige, während andere vielleicht nie wirklich zu Johannes' Kirche oder Gott gehörten (siehe 1. Johannes 2:18-19; vgl. 2:22-23).

# Besondere Merkmale

Der Brief ist nicht in erster Linie eine Polemik, sondern soll den Lesern die Wahrheit und das Leben in Christus näherbringen. Dennoch beschäftigt Johannes sich ständig mit den Irrtümern der Gnostiker.

Johns Stil ist eher kontemplativ als argumentativ. Er präsentiert Wahrheiten eher intuitiv als durch begründete Schlussfolgerungen und neigt eher zur Mystik als zur Logik. Er findet die Bestätigung der Wahrheit eher in der persönlichen Erfahrung als in logischen Argumenten.

Johannes' Schriften ähneln eher einem Chirurgenmesser, präzise und scharf, als der Schreibfeder eines Philosophen. Wie sein Adlersymbol bevorzugt er einen kreisförmigen Flug gegenüber einem linearen Fortschritt.

Beim Lesen des 1. Johannesbriefs sollte man sich nicht darauf konzentrieren, den Argumentationsfluss wie in einem Paulusbrief zu erkennen. Stattdessen sollte man erkennen, dass seine Struktur und rhetorische Form darauf abzielen, zu überzeugen und zu beeindrucken, ähnlich der epideiktischen Rhetorik."

# Die Botschaft des 1. Johannes

Wenn ich die Botschaft dieses Briefes in einem Satz zusammenfassen müsste, wäre es dieser: „Gemeinschaft mit Gott ist die Essenz des ewigen Lebens." So wie Paulus in Philipper 3,7-14 die zentrale Bedeutung seiner Beziehung zu Gott betonte, schrieb Johannes diesen Brief, um Gläubigen zu helfen, ihre Gemeinschaft mit Gott zu schätzen und zu vertiefen.

Ein passender Titel für diesen Brief könnte „Das Tor zur Gemeinschaft mit Gott" sein. Das Johannesevangelium und 1. Johannes konzentrieren sich auf das ewige Leben. Johannes schrieb sein Evangelium, damit die Leser an Jesus Christus glauben und in seinem Namen Leben haben (Johannes 20:31). In ähnlicher Weise zielt Johannes in diesem Brief darauf ab, die Gemeinschaft mit den Aposteln, mit Gott dem Vater und mit Jesus Christus zu ermöglichen (1. Johannes 1:3), damit die Gläubigen die Fülle des ewigen Lebens erfahren können, das sie besitzen (vgl. Johannes 10:10). Obwohl das Thema des Briefes nicht ausdrücklich das ewige Leben ist, unterstreicht er die Wahrheit, dass die Gemeinschaft mit Gott tatsächlich die Essenz des ewigen Lebens ist (vgl. Johannes 17:3).

Dieser Brief basiert auf der Abendmahlsrede Jesu (Johannes 14–17), in der er die zukünftige Beziehung zwischen den Aposteln und Gott nach der Einwohnung des Heiligen Geistes erklärte (Johannes 14:16–17). Johannes geht in seinem Brief ausführlich auf diese Offenbarung ein.

Ebenso ist der Jakobusbrief von der Bergpredigt Jesu (Matt. 5–7) beeinflusst, der erste Petrusbrief von der Jüngerrede Jesu (Matt. 10) und die Offenbarung des Johannes von der Ölbergrede (Matt. 24–25). Im 1. Johannesbrief verwendet Johannes mehrere Begriffe synonym: Gemeinschaft mit Gott, Gott kennen, in Gott bleiben und Gott sehen. Diese Begriffe beschreiben zusammen die Erfahrungen von Christen und die unterschiedlichen Grade der Intimität in unserer Beziehung zu Gott.

Unsere Beziehungen zu Menschen sind unterschiedlich intim; dasselbe gilt für die Gemeinschaft mit Gott. Es wäre eine Vereinfachung, unsere Beziehung zu Gott ausschließlich als in Gemeinschaft oder außerhalb der Gemeinschaft zu kategorisieren. So wie die Gemeinschaft eines Kindes mit seinen Eltern zwischen unvollkommen und nicht existent schwankt, liegt unsere Gemeinschaft mit Gott normalerweise irgendwo dazwischen und kann sich von Tag zu Tag ändern.

Johannes wollte seine Leser mit seinen Schriften dazu ermutigen, ihre Vertrautheit mit Gott zu vertiefen. Je größer die Vertrautheit, desto stärker unsere Gemeinschaft, desto tiefer unsere Erfahrung mit Gott und desto enger unsere Verbundenheit mit ihm (vgl. Johannes 14,21-24). Je tiefer unsere Vertrautheit mit Gott wird, desto mehr erfahren wir das ewige Leben. Obwohl alle Christen das ewige Leben besitzen, erfahren es nicht alle in dem von Gott beabsichtigten vollen Umfang (Johannes 10,10). Ähnlich verhält es sich mit allen lebenden Menschen, obwohl sie Leben haben, leben nicht alle im Überfluss.

Dieser Brief deckt zwei wesentliche Aspekte des Lebens in Gemeinschaft auf: Erstens zeigt er die für dieses Leben verfügbaren Ressourcen auf, die in zwei Kategorien eingeteilt werden können:

Die erste Quelle ist objektiv. Gott hat uns mit Jesus Christus eine Blaupause für das Leben in Gemeinschaft gegeben. In Christus begegnen wir der Verkörperung zweier Eigenschaften, die nicht nur Eigenschaften Gottes sind, sondern uns auch als Kinder Gottes definieren sollten:

Die erste dieser Eigenschaften ist Licht. Jesus Christus wandelte stets im Glanz der Heiligkeit Gottes (1:5-6; 2:6). Er verbarg sich nie vor Gott und hielt sich vollkommen an Gottes Willen. Er war unterwürfig, sündenfrei, rein und geweiht.

Die zweite dieser Eigenschaften ist Liebe. Jesus zeigte auch fortwährend die Liebe Gottes (vgl. 4:10). Sowohl in seiner Haltung als auch in seinen Taten verkörperte Jesus vollkommene Liebe. Seine Worte und Taten dienten als Offenbarung der Liebe Gottes. Jesus stellte andere stets über sich selbst und zeigte neben Heiligkeit auch Selbstlosigkeit.

Wie dieser Brief darlegt, ist die zweite Ressource des Lebens in Gemeinschaft subjektiv. Gott liefert nicht nur eine Blaupause für die Gemeinschaft, sondern verleiht ihr auch die Kraft dazu. Jesus Christus dient uns als äußeres Vorbild und als innere Kraft in uns, die aktiv in unserem Leben wirkt. Mit dem ewigen Leben kommt Jesus selbst (5:11-12) und mit ihm kommen zwei wichtige Komponenten:

Erstens empfangen wir Licht. Wir erhalten Einblick in bisher unsichtbare spirituelle Realitäten (2:20), erkennen, wie wir gemäß Gottes Willen leben (2:27) und werden empfänglicher für die Erkennung von Sünden.

Zweitens empfangen wir Liebe. Wir werden uns der Bedürfnisse anderer bewusst, die in der Dunkelheit verloren sind, und fühlen uns gedrängt, ihnen zu helfen und sie ins Licht zu führen (4:7). Wenn wir an Gottes Leben teilhaben, beginnen wir, mit seiner Liebe zu lieben. Wir können diese Liebe zwar unterdrücken, aber jeder, der ewiges Leben hat, ist auch zur Liebe fähig.

Dieser Brief offenbart zwei Aspekte des Lebens in Gemeinschaft: erstens die Ressourcen dieses Lebens, die aus einem äußeren Muster und einer inneren Kraft bestehen, die beide von Jesus Christus stammen.

Zweitens enthüllt es die Ergebnisse eines Lebens, das von inniger Gemeinschaft mit Gott geprägt ist. Diese Ergebnisse können in zwei Kategorien unterteilt werden:

Erstens hat es einen Wert für den Christen. Indem sie in Gemeinschaft mit Gott leben, können Gläubige das Leben so erleben, wie Gott es vorgesehen hat, und ihr Potenzial als Menschen ausschöpfen. Die Vertrautheit mit Gott trägt zur Verfeinerung ihrer Persönlichkeit bei.

Zweitens hat Gott einen Wert. Gott hat Freude an der Gemeinschaft mit Menschen, denn sein Ziel ist die Schöpfung und Erlösung. Jeder Mensch, der in inniger Beziehung zu Gott steht, wird zu einem Gefäß, durch das Gott sich offenbaren und seine Ziele erreichen kann. Gläubige, die treu bleiben, dienen als Instrumente, durch die Gott sich anderen offenbart. Gott muss treue Gläubige zwar nicht disziplinieren, aber er kann durch sie wirken, um andere und sich selbst zu segnen.

Johannes ermahnt seine Leser auch, ihre Verantwortung im Leben der Gemeinschaft zu erfüllen. In Bezug auf das Licht werden zwei Verantwortlichkeiten umrissen:

Erstens sind Gläubige aufgerufen, dem Licht zu gehorchen (1:7). Dies bedeutet, positiv auf die Erkenntnis des Willens Gottes zu reagieren, die sie erlangen. Es besteht die Gefahr, gegenüber der Wahrheit abgestumpft zu werden, insbesondere wenn man sich intensiv mit spirituellen Themen beschäftigt. Gläubige werden aufgefordert, ihre Beziehung zu Gott täglich zu pflegen und sich ständig um die Gärten ihres spirituellen Lebens zu kümmern.

Zweitens werden Gläubige ermutigt, das Licht zu suchen (1:9). Sie sollen die Dunkelheit der Sünde aufgeben und beharrlich im Licht wandeln. Der Kreis der Erleuchtung Gottes kann sich verschieben und ein neues Verständnis seines Willens bringen. In solchen Fällen werden Gläubige aufgefordert, durch Gehorsam in dieses Licht zu gelangen (vgl. Ps. 119:105).

In Bezug auf die Liebe werden zwei Verantwortlichkeiten betont:

Erstens werden Gläubige dazu angehalten, diesem Impuls nachzugeben. Wenn wir unsere Liebe nicht ausdrücken, wenn Gott uns dazu auffordert, kann das unsere Fähigkeit zu lieben mindern und unsere Leidenschaft für die Verlorenen dämpfen. Gläubige werden dazu angehalten, aufopfernde Liebe über Eigeninteresse zu stellen und ihre Liebe durch Hilfsbereitschaft zu vertiefen und zu intensivieren. Es ist entscheidend, den Geist nicht zu unterdrücken, wenn wir dazu aufgefordert werden, anderen mit Liebe zu begegnen.

Zweitens werden Gläubige ermahnt, die Reinheit der Liebe zu bewahren. Sie werden vor falscher Nächstenliebe gewarnt, die ihre Prinzipien kompromittiert. Wahre Liebe geht niemals auf Kosten der Wahrheit und rechtfertigt auch keine Sünde. Es ist wichtig, die Integrität der Liebe zu bewahren und sicherzustellen, dass sie mit Gottes Charakter und Maßstäben übereinstimmt.

Abschließend möchte ich zwei Anwendungen der in diesem Brief übermittelten Botschaft vorschlagen, eine für den Einzelnen und eine für die Kirche.

Betrachten wir zunächst eine Anwendung für einzelne Christen. Wir können leicht beurteilen, ob wir in enger Gemeinschaft mit Gott leben, indem wir die Gegenwart von Licht und Liebe untersuchen. Leuchtet das Licht der Heiligkeit hell oder irren wir in der Dunkelheit umher? Brennt unsere Liebe inbrünstig oder ist sie zu bloßem Wissenserwerb geschrumpft? Obwohl es wichtig ist, Gottes Wort zu lernen, ist es nur ein Aspekt eines innigen Lebens mit ihm. Wenn wir darüber nachdenken, wofür wir in Erinnerung bleiben wollen, wünschen wir uns Anerkennung für unser Wissen oder für unsere Liebe? Aus der Weisheit von 1. Korinther 13 ziehe ich den Schluss, dass ich mehr danach strebe, für meine Liebe als für mein Wissen in Erinnerung zu bleiben.

Zweitens betrachten wir eine Anwendung für uns Christen als die Kirche Jesu Christi. Wir müssen unsere Prioritäten mit denen Gottes in Einklang bringen, wobei Intimität sein höchstes Ziel für uns ist. Gott schätzt einige engagierte Jünger mehr als viele kompromissbereite Jünger, wie die zwölf Jünger Jesu zeigen. Für Gott hat eine reine und hingebungsvolle Kirche eine größere Bedeutung als eine große.

Pastoren sollten ihre Gemeindemitglieder nicht davon abhalten, einfach im Licht und in Liebe zu leben, um ihre Mitgliederzahl zu erhöhen. Obwohl es wichtig ist, die Anziehungskraft des Dienstes zu erweitern, sollten Pastoren die Botschaft nicht verwässern, um größere Menschenmengen anzusprechen. Dies gilt insbesondere für den Dienst der Kirche, die Heiligen auszurüsten. Wenn wir das Evangelium verkünden, sollten wir uns bemühen, die Botschaft so umfassend wie möglich zu gestalten, ohne ihre Integrität zu beeinträchtigen.

# Gliederung

**I. Einleitung (1. Johannes 1,1-4)**

A. Prolog: Das Wort des Lebens

B. Zweck des Schreibens: Gemeinschaft mit Gott

**II. Im Licht wandeln (1. Johannes 1,5 – 2,14)**

A. Gott ist Licht (1. Johannes 1:5-10)

B. Gott durch Gehorsam kennenlernen (1. Johannes 2:1-6)

C. Die alten und die neuen Gebote (1. Johannes 2:7-11)

D. Gründe für das Schreiben (1. Johannes 2:12-14)

**III. Warnung vor der Welt (1. Johannes 2:15-29)**

A. Habt keine Liebe zur Welt (1. Johannes 2:15-17)

B. Antichristen und die Salbung (1. Johannes 2:18-27)

C. In Christus bleiben (1. Johannes 2:28-29)

**IV. Kinder Gottes: Liebe und Gerechtigkeit (1. Johannes 3:1-24)**

A. Kinder Gottes: Eine neue Identität (1. Johannes 3:1-3)

B. Sünde und Gerechtigkeit (1. Johannes 3:4-10)

C. Liebe in Aktion (1. Johannes 3:11-24)

**V. Die Geister prüfen (1. Johannes 4:1-6)**

**VI. Gott ist Liebe (1. Johannes 4:7 – 5:5)**

A. Die Liebe kommt von Gott (1. Johannes 4:7-12)

B. Gottes Liebe und unsere (1. Johannes 4:13-21)

C. Die Welt durch Glauben überwinden (1. Johannes 5,1-5)

**VII. Zeugnis über den Sohn Gottes (1. Johannes 5,6-12)**

A. Das Zeugnis von Wasser, Blut und Geist (1. Johannes 5:6-9)

B. Ewiges Leben durch den Sohn (1. Johannes 5:10-12)

**VIII. Schlussfolgerung: Zusicherung und Gebet (1. Johannes 5:13-21)**

A. Gewissheit des ewigen Lebens (1. Johannes 5:13-15)

B. Beten gemäß Gottes Willen (1. Johannes 5:16-17)

C. Letzte Worte und Warnungen (1. Johannes 5:18-21)

# Theologie

Das erste Johannesevangelium ist eine tiefgründige Darlegung der Natur der Gemeinschaft mit Gott und der Bedeutung dieser Intimität für einzelne Gläubige und die Kirche. In seinen Seiten betont Johannes die zwei Aspekte der Gemeinschaft: die Gemeinschaft mit Gott und die Mitgläubigen.

Im gesamten Buch betont Johannes, wie wichtig es ist, im Licht der Wahrheit und Liebe Gottes zu leben, und fordert die Gläubigen auf, ihr Leben nach dem Vorbild und den Lehren Jesu Christi auszurichten. Er warnt vor den Gefahren spiritueller Kompromisse. Er ermahnt die Gläubigen, in ihrem Bekenntnis zu Heiligkeit und Liebe standhaft zu bleiben.

Im Kern betont der 1. Johannesbrief die transformative Kraft der innigen Gemeinschaft mit Gott. Er fordert Gläubige dazu auf, die Echtheit ihres Glaubens und die Tiefe ihrer Beziehung zu Gott zu beurteilen, indem sie ihren Gehorsam gegenüber seinen Geboten und die Aufrichtigkeit ihrer Liebe zu ihm und anderen prüfen.

Letztlich bietet das Buch 1. Johannes den Gläubigen sowohl Ermutigung als auch Ermahnung und erinnert sie an den unschätzbaren Wert, Gott zu kennen und mit ihm zu leben. Es ruft die Gläubigen zu einem Leben in Heiligkeit, Liebe und treuem Gehorsam auf und lädt sie zu einer tieferen, lebendigeren Beziehung mit ihrem Schöpfer und Erlöser ein.

# TEIL 2: 1. Johannes – Vers-für-Vers-Studie

## 1. Johannes Kapitel 1:1-10

### Das Wort des Lebens

Der Anfang dieses Schreibens weist nicht die typischen formalen Merkmale eines Briefes auf, wie sie in 2. und 3. Johannes zu finden sind. Stattdessen liest es sich eher wie eine schriftliche Predigt oder Ansprache. Johannes beginnt seine Botschaft, indem er seinem Publikum seine Absicht erklärt und erklärt, dass er schrieb, damit sie an der Gemeinschaft mit Gott teilhaben könnten, ein Privileg, das zuvor denjenigen vorbehalten war, die ihn physisch gesehen hatten. Er betont, dass diese Gemeinschaft in der Realität der Menschwerdung Jesu Christi begründet ist und denjenigen, die sie annehmen, tiefe Freude bereitet.

Keiner der neutestamentlichen Autoren drückt die volle Realität der Menschwerdung mit größerer Intensität aus als Johannes. Seine Worte spiegeln die tiefe Bedeutung der Menschwerdung Christi wider und betonen ihre transformierende Wirkung auf das Leben der Gläubigen. Durch seine Schriften lädt Johannes die Leser ein, ein tieferes Verständnis und eine tiefere Erfahrung der Gemeinschaft mit Gott zu erlangen, die in der tiefen Wahrheit der Menschwerdung Jesu Christi verwurzelt ist.

**1:1 Was von Anfang an war, was wir gehört haben, was wir mit unseren Augen gesehen, was wir angeschaut und was unsere Hände berührt haben: das Wort des Lebens –**

Der Begriff „Anfang" (griechisch: arche) hat in diesem Zusammenhang eine vielschichtige Bedeutung. Er könnte sich auf den Beginn aller Dinge (2:13-14; Johannes 1:1), den Beginn der Schöpfung (3:8; Genesis 1:1) oder den Moment der Menschwerdung Jesu (Vers 2; vgl. d mit Johannes 1:14) beziehen. Darüber hinaus könnte er den Beginn von Jesu irdischem Wirken (Apostelgeschichte 1:22-24), die Einführung des christlichen Evangeliums (Markus 1:1-4) oder den Beginn der Reise der Leser als Christen (2:7, 24; 3:11) bezeichnen. Der Kontext legt jedoch nahe, dass er sich in erster Linie auf den Beginn von Jesu Lehramt bezieht, da Johannes dieses Thema später erörtert (vgl. Verse 1b und 3a).

In seiner Verkündigung fasst Johannes eine Botschaft zusammen, die in einer Person verkörpert ist – in der Person Jesu Christi. Der Ausdruck „von Anfang an", der in 1. Johannes (2:7, 13, 14, 24; 3:8, 11) immer wieder verwendet wird, bezieht sich hauptsächlich auf die ursprünglich verkündete Lehre. Sein Zweck besteht darin, die Leser zu ermutigen, trotz des Auftauchens ketzerischer Lehrer standhaft an dieser Lehre festzuhalten.

Die Quelle des spirituellen Lebens der Menschheit spiegelt den Ursprung des natürlichen Lebens aller Lebewesen wider und bildet damit die Grundlage für die johanneische Theologie. Diese Grundlage geht von der Verbundenheit der Existenz aus und lehnt alle dualistischen oder doketischen Weltanschauungen ab, die die sichtbaren und unsichtbaren Bereiche trennen.

Johannes bezieht sich wahrscheinlich auf die gemeinsamen Erfahrungen der Apostel mit Jesus, seit sie seine Jünger wurden. Durch Verben wie „gehört haben", „gesehen haben", „geschaut haben" und „berührt" beschreibt Johannes eine Entwicklung hin zu tieferer Vertrautheit mit dem untersuchten Thema. Wahre Gemeinschaft beinhaltet eine fortwährende Reise, auf der wir Gott näherkommen und ständig nach einem tieferen Verständnis und einer tieferen Verbindung mit ihm suchen. Dieses Prinzip gilt auch für unsere Beziehungen zu unseren Mitmenschen.

Indem er drei grundlegende Sinne anspricht – Hören, Sehen und Tasten –, hebt Johannes die greifbare Realität von Jesus Christus hervor und stellt sicher, dass seine Leser verstehen, dass er aus persönlicher Erfahrung spricht und sich auf überprüfbare Beweise beruft. Indem er die Menschlichkeit Jesu betont, widerspricht Johannes falschen Lehren, die diesen entscheidenden Aspekt von Christi Natur leugnen. Er beabsichtigt, die Realität von Christi

Menschwerdung zu bekräftigen, wie sie durch Augenzeugenberichte und greifbare Begegnungen bestätigt wird, und wiederholt damit die in Lukas 24:39 zum Ausdruck gebrachten Gefühle.

Der extreme Doketismus, vertreten durch die doketischen Gnostiker, ging davon aus, dass Jesus keine wahre Menschlichkeit besaß und lediglich eine lang anhaltende göttliche Erscheinung oder Theophanie war. Im Gegensatz dazu erkannte der gemäßigte Doketismus, der mit den kerinthischen Gnostikern in Verbindung gebracht wird, Jesus als den leiblichen Sohn von Josef und Maria an, glaubte jedoch, dass der göttliche Christus bei seiner Taufe auf ihn herabgestiegen sei.

Im Griechischen zeigen die Perfektformen der Verben bei Johannes an, dass bestimmte persönliche Begegnungen mit Jesus Christus einen bleibenden Eindruck bei ihm hinterlassen hatten. Diese Wahl der Zeitform deutet darauf hin, dass Johannes' Erfahrungen mit Jesus einen anhaltenden und tiefgreifenden Einfluss auf ihn hatten und sein Verständnis und Zeugnis von Christi Menschlichkeit und Göttlichkeit prägten. Sie hebt die greifbare Realität der physischen Existenz Jesu hervor und widerspricht damit der doketischen Leugnung seiner wahren Menschlichkeit. Diese Betonung steht im Einklang mit der biblischen Erzählung, insbesondere Lukas 24:39, wo die körperliche Natur des auferstandenen Körpers Jesu bestätigt wird, was weitere Beweise gegen die Lehren von Doketik liefert.

Die Verwendung des Pronomens „wir" durch Johannes in diesem Brief kann mehrere Zwecke erfüllen. Es könnte Johannes persönlich, alle Christen gemeinsam oder speziell Johannes und die anderen Augenzeugen Jesu Christi, insbesondere seine auserwählten Apostel, bezeichnen. Angesichts der Rolle Johannes' als Apostel und seiner engen Verbindung mit Jesus während seines irdischen Wirkens ist es plausibel, dass sich „wir" in erster Linie auf Johannes und die anderen apostolischen Zeugen bezieht.

Im gesamten Brief spricht Johannes nicht nur für sich selbst, sondern auch im Namen anderer und versucht, Mitgläubige von Wahrheiten zu überzeugen, die möglicherweise nicht allgemein anerkannt oder erfahren wurden. Dieser Ansatz steht im Einklang mit Lukas' Absicht, in seinem Evangelium einen geordneten Bericht über das Leben und die Lehren Jesu zum Nutzen der Gläubigen zu liefern.

„Das Wort des Lebens" bezeichnet wahrscheinlich die Botschaft über Jesus Christus, die gemeinhin als Evangelium bezeichnet wird. Johannes' Verwendung dieser Formulierung spiegelt sein Evangelium wider, in dem er Jesus als „das Wort" (Johannes 1:1, 14) und als „das Leben" (Johannes 14:6) beschreibt. Durch die Verwendung des Begriffs „Wort des Lebens" betont Johannes den Inhalt der Botschaft über Jesus, der den Gläubigen ewiges Leben verkörpert und vermittelt. Diese Betonung der Botschaft unterstreicht ihre zentrale Rolle bei der Vermittlung der transformativen Kraft Christi an die Menschheit.

**1:2 Und das Leben ist offenbar geworden; und wir haben es gesehen und bezeugen es und verkündigen euch das ewige Leben, das beim Vater war und uns offenbar geworden ist.**

In diesem Zusammenhang dient „Leben" als Titel für Jesus Christus, analog zur Funktion von „Wort" im Johannesevangelium (Johannes 1:1, 14). Während „Wort" (griechisch: Logos) die objektiven Fakten und Aussagen Jesu widerspiegelt, die Johannes in seinem Evangelium aufzeichnet, steht „Leben" (griechisch: Zoe) für die christlichen Erfahrungen und Wahrheiten, die Johannes in seinen Briefen darlegt. Während Gnade und Wahrheit das Wort im Johannesevangelium (Johannes 1:14) erhellen, verdeutlichen Licht und Liebe das Leben in seinen Briefen.

Die Abfolge der Verben in Vers 1 – „gehört", „gesehen", „angeschaut" und „berührt" – veranschaulicht eine zunehmende Aufmerksamkeit für Jesus als Mittelpunkt der Gemeinschaft. Ebenso veranschaulicht die Abfolge der Verben in Vers 2 – „offenbart", „gesehen", „bezeugen" und „verkünden" – das Ergebnis der Betrachtung Jesu Christi und der Teilnahme an seiner Gemeinschaft, die im Zeugnisgeben gipfelt. Zunächst nimmt man den manifestierten Christus wahr und legt nach dem Sehen von ihm Zeugnis ab. Schließlich fühlt sich der Einzelne durch das, was er erlebt hat, dazu gedrängt, die Botschaft des Lebens mit anderen zu teilen. Diese Abfolge unterstreicht die transformierende Natur der Begegnung mit Jesus Christus und die natürliche Folge einer echten Gemeinschaft mit ihm.

Vers 2 hebt die tiefe Betonung der ewigen Natur des „Lebens" hervor, das sich auf Jesus Christus selbst bezieht. Diese Betonung wird in der Qualität deutlich, die dem „Leben" zugeschrieben wird – ewig – und in seiner Gleichheit mit dem Vater, wodurch die ewige Essenz hervorgehoben wird, die beide teilen. Dieses Konzept entspricht dem Johannesevangelium, wo Jesus als ewig mit dem Vater existierend beschrieben wird (Johannes 1:2), wodurch die göttliche Natur Christi hervorgehoben wird.

Die Erwähnung des „ewigen Lebens" in diesem Vers spiegelt ein beherrschendes Thema des gesamten Briefes wider. Ein Kommentator hat seinen Kommentar zu 1. Johannes treffend „Der Brief des ewigen Lebens" genannt. In den Schriften des Johannes ist das „ewige Leben" eng mit dem Konzept der Erlösung verknüpft und steht für ewiges Leben und die Fülle des Lebens, die man in der Vereinigung mit Christus findet. Dieser Begriff fasst das Wesen der Erlösung als gegenwärtige Realität und zukünftige Hoffnung zusammen und bekräftigt die Teilnahme des Gläubigen am göttlichen Leben Christi sowohl jetzt als auch in Ewigkeit.

**1:3 Was wir gesehen und gehört haben, verkündigen wir euch, damit auch ihr mit uns Gemeinschaft habt; denn unsere Gemeinschaft ist mit dem Vater und mit seinem Sohn Jesus Christus.**

Die Empfänger dieses Briefes, die mit „ihr" angesprochen wurden, waren zweifellos echte Gläubige, wie die Verweise von Johannes auf sie im gesamten Text belegen (vgl. 2:12-14, 21, 27; 5:13). Anders als die Apostel, die Jesus Christus aus erster Hand gekannt hatten, hatten diese Gläubigen seine physische Gegenwart nicht erlebt. Johannes' Absicht, ihnen mit seinem Brief den Eintritt in die innige Gemeinschaft mit Christus zu erleichtern und sie beständig daran teilhaben zu lassen, die die apostolischen Augenzeugen erfahren hatten (vgl. Apostelgeschichte 10:40-41).

Der einleitende Vers des Briefes legt seinen Zweck dar: „auf dass auch ihr Gemeinschaft mit uns habt. Und unsere Gemeinschaft ist mit dem Vater und seinem Sohn Jesus Christus." Dieser Vers fasst die Essenz des Briefes zusammen, nämlich die Gläubigen in eine tiefere und innigere Beziehung zu Gott zu führen.

Dieser Brief dient als Leitfaden für die Entwicklung einer engeren Beziehung zu Gott. Sein zentrales Thema dreht sich um die Gemeinschaft mit Gott – dem Vater und seinem Sohn Jesus Christus. Durch praktische Anweisungen und spirituelle Einsichten versucht Johannes, Gläubige zu einer reicheren Erfahrung der Gemeinschaft mit Gott zu führen und betont dabei die transformierende Kraft und Freude, die in der innigen Gemeinschaft mit dem Göttlichen liegt.

1. Johannes verwendet verschiedene Ausdrücke, um seine zentralen Ideen zu vermitteln und so ein differenziertes Verständnis der Gemeinschaft mit Gott zu vermitteln. Während der Ausdruck „Gemeinschaft mit Gott haben" sparsam verwendet wird und nur in 1:3 und 1:6 vorkommt, sind andere gebräuchliche Ausdrücke „in Gott sein" (2:5; 5:20) oder „bleiben" (2:6, 24; 3:24; 4:13, 15, 16). Darüber hinaus vermittelt der einzigartige Ausdruck „Gott (oder den Sohn) haben" (1. Johannes 2:23; 5:12; 2. Johannes 9) das Wesen der Gemeinschaft mit Gott. „Gott kennen" ist gleichbedeutend mit Gemeinschaft und wird in 2:3 und 2:13-14 im Perfekt beschrieben.

Im Kern beschreibt der 1. Johannesbrief anschaulich das summum bonum, das höchste Gut des christlichen Lebens. Diese Darstellung fasst das höchste Ziel und den Zweck aller christlichen Erfahrungen und Bemühungen zusammen. Tatsächlich dreht sich die zentrale Botschaft des christlichen Evangeliums und Glaubens um die Gemeinschaft mit Gott.

Gemeinschaft mit Gott erfordert eine Grundlage geteilter Informationen, einen gemeinsamen Wissensschatz und die gegenseitige Akzeptanz dieses Wissens. Johannes' Absicht beim Schreiben dieses Briefes war es, seinen Lesern diese wesentlichen Informationen zu vermitteln und so ihr Verständnis und ihre Erfahrung der Gemeinschaft mit Gott zu vertiefen. Indem Johannes diese Konzepte sorgfältig darlegt, versucht er, Gläubige zu einer reicheren und tieferen Gemeinschaft mit dem Göttlichen zu führen.

1. Johannes beginnt mit der Feststellung zweier grundlegender Wahrheiten, die durch die philosophischen Häresien der Zeit leicht verdunkelt oder geleugnet werden konnten. Erstens betont es die Verschiedenheit der

Persönlichkeit und die Gleichheit der Würde zwischen dem Vater und dem Sohn. Zweitens hebt es die Identität des ewigen Sohnes Gottes mit der historischen Person Jesus Christus hervor.

Es ist wichtig, den Begriff „Gemeinschaft" nicht oberflächlich zu interpretieren und ihn lediglich mit dem Christsein gleichzusetzen. Stattdessen umfasst die Gemeinschaft mit Gott eine Tiefe der Beziehung und Gemeinschaft, die über die bloße Identifikation mit dem christlichen Glauben hinausgeht. Sie beinhaltet eine innige Verbindung mit dem Göttlichen, die durch geteiltes Wissen, gegenseitige Akzeptanz und Lebensgemeinschaft gekennzeichnet ist. So legt der 1. Johannesbrief den Grundstein für das Verständnis und die Erfahrung der Gemeinschaft mit Gott in ihrem vollsten Sinne und offenbart die tiefen Wahrheiten, die diesem wesentlichen Aspekt des christlichen Glaubens zugrunde liegen.

Im 1. Johannesbrief verbreiten falsche Lehrer irreführende Informationen über Jesus Christus, was den Autor dazu veranlasst, sich ihrer Täuschung zu stellen. Der Brief richtet sich an eine gläubige Gemeinschaft, die mit den Folgen des Weggangs von Personen zu kämpfen hat, deren Glaubenssätze und Praktiken mit der Billigung des Autors unvereinbar sind.

Im Mittelpunkt der Botschaft des 1. Johannesbriefs steht die Wichtigkeit, die richtigen Glaubenssätze über Jesus Christus zu vertreten. Nur wenn Menschen Christus richtig verstehen und ihm gegenüber in der richtigen Weise eingestellt sind, können sie Gemeinschaft mit Gott und untereinander eingehen. Diese Übereinstimmung mit der Wahrheit Christi ermöglicht es den Gläubigen, in Harmonie mit Gott an der Erlösung der Welt zu arbeiten. Somit unterstreicht der Brief die Bedeutung einer fundierten Lehre und ihre Auswirkungen auf die Einheit der Gemeinschaft und die gemeinsame Mission innerhalb der christlichen Gemeinschaft.

**1:4 Und wir schreiben dies, damit unsere Freude vollkommen sei.**

In dieser Passage erfüllt „wir" wahrscheinlich eine redaktionelle Funktion und repräsentiert den Autor und die breitere Gemeinschaft der Gläubigen. „Diese Dinge" beziehen sich auf die Lehren und Ermahnungen im Brief. Der Autor betont, dass er und seine Leser vollkommene Freude erfahren würden, wenn sie in innige Gemeinschaft mit Gott treten und diese pflegen würden. Diese Freude wird als natürliches Ergebnis echter Gemeinschaft mit dem Göttlichen dargestellt und unterstreicht die Verbindung zwischen Freude und Gemeinschaft mit Gott.

Als apostolischer Augenzeuge Jesu Christi und seines Wirkens spricht Johannes zwei weitverbreitete Gefahren in der heutigen Kirche an. Erstens warnt er vor dem Irrglauben, dass christliche Gemeinschaft ohne einen gemeinsamen Glauben an Christus existieren könne. Zweitens warnt er vor der Vorstellung, dass man eine Beziehung zu Gott ohne eine entsprechende Beziehung zu Jesus Christus haben könne. So führt der Brief die Leser zu einer tieferen und authentischeren Gemeinschaft mit Gott, die auf einer persönlichen Begegnung mit dem fleischgewordenen Christus beruht, wie sie die Apostel bezeugten.

Das Herz eines Pastors ist nie ganz zufrieden, solange die Mitglieder seiner Herde die Segnungen des Evangeliums noch nicht vollständig angenommen haben. Diese Verse, und nicht 5:13, dienen als übergeordnete Zweckerklärung des Briefes. Im gesamten 1. Johannesbrief gibt es fünf Zweckerklärungen (1:3, 4; 2:1, 26; 5:13) sowie zehn Imperative (2:15, 24, 27, 28; 3:1, 7, 13; 4:1 [2 Mal]; 5:21), von denen jede potenziell Johannes' Grund für das Schreiben ausdrücken könnte. In 1:3 und 4 finden wir jedoch seinen umfassendsten Hauptzweck (Gemeinschaft) und Nebenzweck (Freude) für das Schreiben.

Wie so oft gibt die Einleitung eines Buches Einblick in dessen zentrale Themen. In den ersten vier Versen dieses Briefes entdecken wir den Schlüssel, der seine Botschaft erschließt.

# Im Licht wandeln

Wie gesagt, das Hauptanliegen des Apostels ist, dass seine Leser Gemeinschaft mit dem apostolischen Kreis und folglich mit dem Vater und dem Sohn erlangen (1,3). Daher ist es logisch, die Natur dieser Gemeinschaft zu erläutern. Im einleitenden Abschnitt seines Briefes untersucht Johannes das Wesen echter Gemeinschaft mit Gott.

Johannes beginnt seine Erläuterung dessen, was es wirklich bedeutet, im Licht der Gemeinschaft Gottes zu wandeln oder zu leben, indem er die Notwendigkeit fortwährenden Gehorsams gegenüber Gott betont. Dies stellt den irrigen Glauben einiger antinomistischer Gnostiker direkt in Frage, die Wissen über Tugend und Moral stellten. Die Offenbarung des Johannes dient dazu, diesem Missverständnis entgegenzuwirken.

Im Kern liegt das Wesen echter Religion in der Gemeinschaft mit Gott. Folglich behaupten zahlreiche Menschen, eine solche Gemeinschaft zu haben, darunter auch die Ketzer, die die Göttlichkeit Jesu Christi und die erlösende Kraft seines Blutes leugnen, das das einzige Mittel ist, unsere Gemeinschaft mit Gott herzustellen und aufrechtzuerhalten.

Um Gemeinschaft mit dem Vater und dem Sohn zu erreichen (Vers 3), müssen die Leser die grundlegenden Elemente begreifen, die diese Verbindung ermöglichen. Sie müssen Gottes innewohnende Natur und ihre Identität als seine Geschöpfe verstehen. Daher beschreibt der Autor zunächst das moralische Wesen Gottes, symbolisiert durch Licht (Vers 5), bevor er drei falsche Behauptungen widerlegt, die von denen verbreitet werden, die fälschlicherweise behaupten, Wissen und Gemeinschaft mit Gott zu haben.

Diese trügerischen Behauptungen lauten wie folgt: Erstens, dass moralisches Verhalten in der Beziehung zu Gott keine Bedeutung hat (Vers 6); zweitens, dass unmoralisches Verhalten für diejenigen, die behaupten, Gott zu kennen, keine Sünde darstellt (Vers 8); und drittens, dass die Bekanntschaft mit Gott die Möglichkeit der Sünde im Leben des Gläubigen ausschließt (Vers 10). Echte Indikatoren oder „Tests" für die Gemeinschaft mit Gott und die Treue zum Licht werden wie folgt umrissen: Gemeinschaft mit Mitgläubigen (Vers 7), die zur Reinigung durch das Blut Christi führt; Bekenntnis der Sünde (Vers 9), was sowohl Vergebung als auch Reinigung zur Folge hat, und Vertrauen, dass Jesus Christus als Fürsprecher und Sühne für unsere Sünden dient, wenn wir einen Fehler machen (2:2).

J. Sidlow Baxter identifizierte in diesem Brief sieben gegensätzliche Themen und betonte einen zentralen Satz: „Hierdurch erkennen wir": • Licht versus Dunkelheit (1:5–2:11) • Der Vater versus die Welt (2:12-17) • Christus versus den Antichristen (2:18-28) • Gute Werke versus böse Werke (2:29–3:24) • Der Heilige Geist versus Irrtum (4:1-6) • Liebe versus heuchlerische Zurschaustellung (4:7-21) • Die von Gott Geborenen versus Ungläubige (5:1-21)

**1:5 Und das ist die Botschaft, die wir von ihm gehört haben und euch verkünden: Gott ist Licht und in ihm ist keine Finsternis.**

Dieser Vers dient als grundlegende Aussage und gibt den Ton für die nachfolgenden Verse (6 bis 10) und tatsächlich für den gesamten Rest des Briefes an. Gelehrte wie Schnachenburg und Yarbrough haben seine Bedeutung erkannt, wobei Schnachenburg ihn sogar so interpretiert, dass er die Essenz der Botschaft von 1:6 bis 2:17 zusammenfasst. Dieser Vers legt den Standard fest, an dem die nachfolgenden Bekenntnisse scheitern.

Die tiefe Einfachheit dieses Verses hat unzähligen Seelen große Erleichterung gebracht. Im Kern liegt die Botschaft Jesu Christi an seine auserwählten Augenzeugen. Johannes verwendet die Metapher des „Lichts", um Gott zu charakterisieren, und hebt seine Fähigkeit hervor, die Wahrheit zu offenbaren und die Dunkelheit anzusprechen, die seine Heiligkeit freilegt. Diese Metapher hebt verschiedene Aspekte der Natur Gottes hervor: Seinen Glanz und seine Herrlichkeit, seine Wahrhaftigkeit, seine Reinheit, sein kommunikatives Wesen, seine ermächtigende Präsenz und seine Autorität, Gerechtigkeit zu fordern.

Ein Gott, der auf ein begrenztes Verständnis beschränkt ist, hört auf, Gott zu sein und wird zu einem bloßen geistigen Konstrukt – einem Götzen menschlicher Vorstellungskraft. Johannes' Verwendung des

Licht-/Dunkelheitsmotivs, das sowohl im hellenistischen als auch im jüdischen Denken seiner Zeit üblich war, vermittelt in erster Linie ethische Konnotationen. Für ihn bedeuten diese Konzepte in erster Linie Erleuchtung und Heiligkeit und veranschaulichen Gottes erleuchtende und reinigende Natur, die für die Gemeinschaft mit ihm unerlässlich ist.

So wie Licht offenbart und reinigt, so erleuchtet und reinigt Gottes Natur diejenigen, die sich ihm nähern. Dunkelheit hat in Gott keinen Platz; folglich ist alles, was mit Dunkelheit zu tun hat, mit der Gemeinschaft mit ihm unvereinbar. In dieser Analogie hängt alles materielle Leben und Wachstum vom Licht ab, und alles spirituelle Leben und Wachstum hängt von Gott ab. Johannes verstärkt seine Botschaften oft, indem er negiert, was sie nicht sind, eine Technik, die er hier anwendet, um die Exklusivität und Reinheit der Gemeinschaft mit Gott zu betonen.

**1:6 Wenn wir sagen, dass wir Gemeinschaft mit ihm haben, und doch in der Finsternis wandeln, lügen wir und tun nicht die Wahrheit.**

Johannes wiederholt in den Versen 6, 8 und 10 „Wenn wir behaupten", was er sagt, und bezieht sich wahrscheinlich auf die Lehren falscher Propheten. Diese Behauptungen könnten tatsächliche Behauptungen innerhalb der Gemeinde gewesen sein, an die Johannes schrieb, und spiegeln die Ideologie derjenigen wider, die in der Kirche für Unruhe sorgten. Zu diesen Dissidenten gehörten möglicherweise die Nikolaiten, eine Fraktion von Antinomisten, die dafür bekannt waren, moralische Gesetze zu missachten.

Heutzutage wiederholt jeder, der die Wichtigkeit der Übereinstimmung mit Gottes Willen, wie er in der Heiligen Schrift dargelegt ist, ablehnt, solche Behauptungen. Johannes' Hauptanliegen ist es, seine Leser vor Ansichten über Sünde und Unrecht zu warnen, die von der Brillanz des Charakters Gottes abweichen, wie er durch seinen Sohn offenbart wird.

Johannes behauptet, dass ein Christ, der sich zur Gemeinschaft mit der Heiligkeit Gottes bekennt, aber in seinem Ungehorsam verharrt, ein Betrüger ist. Das Wesen der Gemeinschaft mit einem heiligen Gott verlangt die Übereinstimmung mit seinen Maßstäben, nicht einen gewohnheitsmäßigen Lebensstil der Sünde. Während ein praktizierender Sünder immer noch ein wahrer Christ sein kann, ist eine innige Gemeinschaft mit Gott in einem Zustand des fortwährenden Ungehorsams unerreichbar. Diese Wahrheit, die in der gesamten Heiligen Schrift deutlich wird, betont die Notwendigkeit, die Gemeinschaft mit Gott nach der Sünde wiederherzustellen, anstatt die Beziehung wiederherzustellen, die durch den Glauben an Christus sicher bleibt.

Für Johannes umfasst echte Gotteserkenntnis nicht nur Glauben, sondern auch Gehorsam – eine Einstellung, die sich in den Lehren des Jakobus widerspiegelt. Der griechische Begriff „Gemeinschaft" (koinonia) bezeichnet eine gemeinsame Erfahrung oder Kommunion und nicht eine kollektive Erlösung. Einige Interpretationen setzen „Gemeinschaft mit ihm haben" und „im Licht wandeln" mit Erlösung gleich und implizieren damit, dass jemandes Status als Christ verneint wird, wenn er nicht im Glauben verharrt. Eine solche Interpretation birgt jedoch die Gefahr, Erlösung mit Werken zu verwechseln und so möglicherweise das Wesen des Evangeliums zu verzerren.

Während einige Interpretationen nahelegen, dass „im Licht wandeln" das Kriterium für den Zugang zum Vater ist, wobei der Glaube an Jesus Christus als entscheidender Faktor hervorgehoben wird, teile ich diese Ansicht nicht. Dieser Perspektive zufolge beinhaltet das Wandeln im Licht den Glauben an die Offenbarung der zugerechneten Gerechtigkeit und Vergebung der Sünden durch Jesus Christus, der als das Licht oder die Offenbarung bezeichnet wird. Folglich wandeln diejenigen, die an Jesus Christus glauben, im Licht und haben Zugang zum Vater, während diejenigen, die in der Dunkelheit wandeln, keinen Glauben an Christus haben und daher vom Zugang zum Vater ausgeschlossen sind. Ich halte diese Interpretation jedoch für problematisch.

Johannes' frühere Aussage zeigt, dass er seinen Lesern, die bereits Christen waren, die Gemeinschaft vermitteln wollte, die die apostolischen Augenzeugen genossen, die sie damals noch nicht hatten. Meinem Verständnis nach ist diese Gemeinschaft im Wesentlichen in der apostolischen Lehre verankert, was bedeutet, dass echte Gemeinschaft von der Einhaltung der apostolischen Lehren abhängt.

**1:7 Wenn wir im Licht leben, so wie er im Licht ist, haben wir Gemeinschaft miteinander, und das Blut seines Sohnes Jesus macht uns rein von aller Sünde.**

„Im Licht" zu wandeln bedeutet, in der Sphäre zu wandeln, die durch Gottes Willen definiert ist. Hier symbolisiert „Licht" nicht Gott selbst, wie in Vers 5, sondern vielmehr den Bereich, in dem Gott wirkt. Die Betonung liegt eher auf dem Raum, in dem wir wandeln, als darauf, wie wir wandeln. Hätte Johannes die Formulierung „gemäß dem Licht" statt „im Licht" verwendet, hätte dies die Notwendigkeit sündloser Vollkommenheit für die Gemeinschaft mit Gott impliziert. Stattdessen sind wir aufgerufen, für das gegenwärtige Licht empfänglich und empfänglich zu sein, das sich ausdehnt, wenn wir unser Verständnis von Gottes Willen vertiefen.

Zur Veranschaulichung: Stellen Sie sich vor, Sie betreten einen beleuchteten Raum und bewegen sich darin. Dabei gehen Sie im Licht, durchqueren einen Raum, der für Sie und alles um Sie herum beleuchtet ist. Wenn wir das Licht personifizieren, können wir auch sagen, dass wir in der Gegenwart des Lichts gehen. Da Gott nicht nur Licht ist, sondern auch im Licht wohnt, bedeutet im Licht zu gehen im Wesentlichen, in Gottes Gegenwart zu leben und seiner Selbstenthüllung ausgesetzt zu sein. Dies wird durch Offenheit im Gebet und Empfänglichkeit für Gottes Wort erreicht, in dem er sich offenbart. Umgekehrt bedeutet „in der Dunkelheit zu gehen", Gott auszuweichen und sich zu weigern, anzuerkennen, was wir über ihn wissen.

„Im Licht" zu wandeln bedeutet, auf Gottes Erleuchtung im Herzen zu reagieren. Es beinhaltet die Bereitschaft, jede erkannte Sünde unverzüglich zu bekennen, was zu einer sofortigen moralischen Übereinstimmung mit Gott führt. Durch ein solches Bekenntnis gelangt der Gläubige in Einklang mit Gottes moralischen Maßstäben.

Angesichts des Kontexts bezieht sich „einander" wahrscheinlich eher auf die Beziehung zwischen Gott und den Gläubigen als auf die Beziehung zwischen Mitgläubigen . Gläubige teilen dieselbe Lichtsphäre, in der Gott wohnt. Alternativ könnte es bedeuten, dass die Vernachlässigung der Gemeinschaft mit anderen Christen die eigene Gemeinschaft mit Gott behindert.

Für diejenigen, die im Licht wandeln, ergeben sich zwei wichtige Realitäten: Gemeinschaft mit Gott und Mitgläubigen und fortwährende Reinigung von „aller Sünde". Der Begriff „aller Sünde" umfasst bestimmte Fehlhandlungen und die umfassendere sündige Natur der Menschheit. Allerdings kann er auch im Kontext des Wandelns „im Licht" individuelle Übertretungen beinhalten.

Der Schwerpunkt liegt nicht nur auf der Vergebung der Sünden, sondern auf ihrer Ausrottung. Die Sünde wird fortwährend getilgt, und der Reinigungsprozess dauert an, was die transformierende Kraft des Wandelns „im Licht" zeigt.

Gottes Reinigung bei der Bekehrung stellt sicher, dass Gläubige von der Verurteilung für ihre Sünden frei sind, eine Zusicherung, die in verschiedenen Schriften wiederholt wird (Römer 8:1; 1. Korinther 6:11; Epheser 1:7). Eine fortlaufende Reinigung ist jedoch aufgrund der Befleckung durch ein tägliches sündiges Leben notwendig, das die Gemeinschaft mit Gott behindert (Johannes 13:10). Der Begriff „das Blut Jesu" symbolisiert seinen Opfertod und stellt die Kraft dar, die seinem Blutvergießen zur Reinigung innewohnt (Hebräer 9:22). Diese Symbolik impliziert keine buchstäbliche, magische Reinigung durch Jesu physisches Blut.

Einige Interpretationen legen nahe, dass das physische Blut Jesu direkt an der Reinigung der Gläubigen von der Sünde beteiligt ist, möglicherweise in den Himmel gebracht und dort übernatürlich angewendet wird. Solche Ansichten haben jedoch keine biblische Grundlage. Stattdessen setzt sich die reinigende Wirkung des historischen Opfers Christi spirituell fort, reinigt die Gläubigen von der Befleckung durch die Sünde und ermöglicht eine fortwährende Gemeinschaft mit Gott. Dieser spirituelle Reinigungsprozess bleibt für die fortwährende Gemeinschaft der Gläubigen mit Gott von entscheidender Bedeutung.

Im Alten Testament mussten die Anhänger Israels wiederholt Opfer darbringen, um ihre geistige Reinheit vor Gott zu bewahren. Das vollkommene Opfer Jesu Christi stellt jedoch eine dauerhafte Wirkung für Gläubige sicher, die im Licht wandeln. Johannes betont die Reinigung des Gewissens von Schuld und moralischer Befleckung, ein

Konzept, das auch im Brief an die Hebräer hervorgehoben wird (Hebräer 9:14; 10:2, 22). Diese Reinigung ist einer der wichtigsten Vorteile der erlösenden Selbstaufopferung Christi.

**1:8 Wenn wir sagen, wir haben keine Sünde, betrügen wir uns selbst, und die Wahrheit ist nicht in uns.**

Die Behauptung in Vers 6 gilt als schwerwiegender als die erste und führt zu schwerwiegenderen Konsequenzen: Wir täuschen andere und täuschen uns selbst, wenn wir behaupten, ohne Sünde zu sein. Diese Behauptung zielt darauf ab, Gott auf unsere menschliche Ebene herabzusetzen. Im Gegensatz dazu zielt die Behauptung in Vers 8 darauf ab, die Menschheit auf Gottes Ebene zu heben. Ein Christ, der sich zur Gemeinschaft mit Gott bekennt, könnte glauben, er sei völlig sündenfrei, doch unsere Sündhaftigkeit übersteigt unser Bewusstsein. Wir begreifen oft nicht das volle Ausmaß unserer Übertretungen, einschließlich Gedanken-, Unterlassungs- und Tatsünden sowie jener, die aus unserer inhärenten Natur stammen. Dieser Vers warnt vor allen Formen des ketzerischen Begriffs des Perfektionismus.

Die Interpretation des Ausdrucks „hat keine Sünde" als „hat keine Sündennatur" oder „hat kein Sündenprinzip" scheint nicht mit der konsequenten Verwendung durch Johannes an anderer Stelle zu vereinen, wo er wahrscheinlich bedeutet, keine Schuld für Sünde zu haben. Wenn jemand behauptet, „keine Sünde zu haben", deutet er im Wesentlichen an, dass Gottes Wahrheit, wie sie in der Heiligen Schrift offenbart wird, seine Gedanken oder sein Verhalten nicht vollständig beeinflusst. Diese Behauptung impliziert, dass die Wahrheiten der Heiligen Schrift keine Kontrolle über seine Handlungen haben, ähnlich wie Alkohol den Magen beeinflusst, und nicht wie ein Penny in der Tasche. Dieser Kontrast veranschaulicht den Unterschied zwischen echtem rettenden Glauben und bloßer intellektueller Zustimmung.

**1:9 Wenn wir unsere Sünden bekennen, ist er treu und gerecht, sodass er uns unsere Sünden vergibt und uns von aller Ungerechtigkeit reinigt.**

Dieser Vers dient als Umkehrung von Vers 8. Während das Eingestehen unserer Sünden mit dem Erkennen unserer Schuld für die Sünde einhergeht, bedeutet Bekennen, abgeleitet vom griechischen Wort „homologeo", wörtlich „dasselbe sagen". Bekennen bedeutet also, dass wir unser Eingeständnis der Sünde mit Gottes Perspektive in Einklang bringen und sie als Vergehen gegen Ihn und nicht als bloße Fehler erkennen. Dieses Bekenntnis muss nicht unbedingt öffentlich gemacht werden, obwohl einige Gelehrte dafür plädieren.

Augustinus fasste das Wesen der Beichte treffend zusammen, indem er feststellte, dass wir uns durch das Bekennen und Verurteilen unserer Sünden auf die Seite Gottes stellen, der unsere Sünden verurteilt. Wenn wir unsere Sünden bekennen, vergibt Gott uns und reinigt uns von aller Ungerechtigkeit. Diese Zusicherung erstreckt sich sogar auf Sünden, derer wir uns vielleicht nicht bewusst sind. Durch die Sünde entsteht eine Schuld gegenüber Gott, aber durch die Vergebung wird diese Schuld getilgt, und durch die Reinigung wird der Makel der Sünde entfernt, wodurch unser Zustand der Heiligkeit wiederhergestellt wird. Dieses Versprechen der Vergebung steht im Einklang mit Gottes Gerechtigkeit, da Jesus Christus die Strafe für alle unsere Sünden bezahlt hat.

Einige Interpretationen argumentieren, dass dieser Vers nicht auf Christen zutrifft, da Gott ihnen bereits vergeben hat, und verweisen dabei auf Passagen wie Römer 8:1. Diese Perspektive übersieht jedoch den Unterschied zwischen der richterlichen Vergebung, die man bei der Bekehrung erhält, und der fortlaufenden familiären Vergebung, die danach erforderlich ist. Zur Veranschaulichung betrachten wir einen Richter, der seinem Sohn vor Gericht die Geldstrafe erlässt und ihn so von rechtlichen Konsequenzen befreit, ihn aber dennoch zu Hause diszipliniert. In ähnlicher Weise wies Jesus die Gläubigen an, Vergebung beim „Vater" zu suchen, nicht beim Richter, und betonte damit den familiären Aspekt (Matthäus 6:12; Lukas 11:4).

Während die Vergebung durch die Bekehrung die Strafe für die Sünden aufhebt, wie in verschiedenen Schriften bestätigt wird, macht sie die Notwendigkeit häufiger Beichte nicht überflüssig. Der Schwerpunkt liegt nicht auf der Annahme durch Gott, sondern auf der Aufrechterhaltung der Gemeinschaft mit ihm. Die Vergebung durch die

Bekehrung macht Gläubige zu Mitgliedern der Familie Gottes. Im Gegensatz dazu fördert fortwährende Vergebung die enge Gemeinschaft als seine Kinder innerhalb der Familie.

Sünde unterbricht die Gemeinschaft, kann aber eine Beziehung nicht verändern. Sünde kann zwar unsere Gemeinschaft mit Gott stören, aber sie kann unsere grundlegende Beziehung zu ihm nicht verändern. So wie Gott Israel trotz seiner Fehler voll akzeptierte, bleibt unsere Beziehung zu ihm trotz unserer Unzulänglichkeiten intakt.

Was die Beichte betrifft, ist Reue ein wesentlicher Bestandteil. Wahre Beichte beinhaltet das Eingestehen und Abwenden von Sünden sowie die Ausrichtung unserer Handlungen an Gottes Maßstäben. Die Beichte, sowohl gegenüber Gott als auch gegenüber Mitgläubigen, wird im gesamten Neuen Testament gefördert, wobei die Wichtigkeit einer offenen Kommunikation mit Gott und anderen betont wird.

Es ist wichtig, kurze Gespräche mit Gott zu führen und Sünden umgehend anzusprechen, anstatt die Beichte hinauszuzögern. Manche interpretieren diesen Vers als Unterscheidung zwischen wahren und falschen Lehrern und meinen damit, dass echte Lehrer ihre Sünden offen bekennen, während falsche Lehrer dies nicht tun.

Diese Interpretation beruht auf der Überzeugung, dass die Hauptziele des Briefes darin bestanden, vertrauenswürdige Lehrer zu identifizieren (2:26) und Gläubige in ihrem Glauben zu bestärken (5:13). Indem der Vers die Bedeutung des Bekenntnisses betont, bietet er ein Kriterium, um authentische Lehrer, die ihre Sünden offen eingestehen, von falschen zu unterscheiden. Dieses Verständnis unterstreicht die umfassenderen Ziele des Briefes, nämlich den Glauben der Gläubigen zu stärken und sie vor Täuschung zu schützen.

**1:10 Wenn wir sagen, wir haben nicht gesündigt, machen wir ihn zum Lügner, und sein Wort ist nicht in uns.**

Die hier präsentierte falsche Behauptung ist, dass die Sünden, die wir begangen haben, keine echten Sünden sind. Dies ist die dritte und schwerwiegendste Behauptung, die die vorhergehenden falschen Behauptungen in den Versen 6 und 8 widerspiegelt. Indem sie diese Behauptung aufstellen, stellen sich die Menschen über Gottes Urteil über die Sünde, nennen Gott im Grunde einen Lügner und tun sein Wort als irrelevant ab (z. B. Psalm 14:3; Jesaja 53:6; Johannes 2:24-25; Römer 3:23).

Diese falschen Behauptungen widersprechen direkt den vorangegangenen Wahrheiten, die in den Versen 5, 7 und 9 dargelegt wurden. Die korrigierende Antwort auf jede falsche Behauptung folgt unmittelbar im darauffolgenden Vers und bietet einen klaren Kontrast zwischen Wahrheit und Täuschung.

Wahrheit: Gott ist Licht (V. 5). Falsch: Wir können Gemeinschaft mit ihm haben, auch wenn wir in der Dunkelheit wandeln (V. 6). Wahrheit: Um Gemeinschaft mit Gott zu haben, ist es notwendig, im Licht zu wandeln (V. 7). Falsch: Wir sind nicht schuldig, wenn wir sündigen (V. 8). Wahr: Um die Gemeinschaft mit Gott wiederherzustellen, ist Beichte notwendig (V. 9). Falsch: Wir haben nicht gesündigt (V. 10).

Dieser Abschnitt, der sich über 1. Johannes 1:5-10 erstreckt, ist von tiefgreifender Bedeutung für das alltägliche Leben als Christ. Er fasst die grundlegenden Prinzipien zusammen, die für eine lebendige Beziehung zu Gott unabdingbar sind, wie sie der Jünger, den Jesus liebte, formulierte.

Das Wesen der Gemeinschaft mit Gott lässt sich als Offenheit ihm gegenüber und unerschütterliche Integrität seines Wortes zusammenfassen.

Im christlichen Glauben akzeptieren wir die Realität unserer Unvollkommenheit. Der christliche Weg ist geprägt von fortwährender Reue, einem beständigen Vertrauen auf den Glauben, einer tiefen Dankbarkeit gegenüber dem Erlöser und einer Liebe, die anhält.

# Kapitel 1 Zusammenfassung

Kapitel 1 des 1. Johannesevangeliums konzentriert sich hauptsächlich auf die Gemeinschaft mit Gott und die Wichtigkeit, im Licht zu wandeln. Hier ist eine umfassende Zusammenfassung:

**Einleitung und Zweck (Verse 1-4):** Das Kapitel beginnt mit einer Einleitung, die die apostolische Autorität des Autors betont, der Jesus aus erster Hand kennengelernt hat. Der Zweck des Briefes besteht darin, die Leser in Gemeinschaft mit den Aposteln und im weiteren Sinne mit Gott und seinem Sohn Jesus Christus zu bringen.

**Im Licht wandeln (Verse 5-7):** Das zentrale Thema des Kapitels ist, dass Gott Licht ist und dass es in Ihm keine Dunkelheit gibt. Wer behauptet, mit Gott Gemeinschaft zu haben, muss im Licht wandeln, was bedeutet, nach Gottes Wahrheit und Gerechtigkeit zu leben. Gemeinschaft mit Gott ist durch Ehrlichkeit, Transparenz und Gehorsam gegenüber Seinen Geboten gekennzeichnet.

**Bekenntnis und Reinigung (Verse 8-10):** Das Kapitel befasst sich mit der Realität der Sünde im Leben der Gläubigen. Die Verleugnung der Sünde ist Selbsttäuschung und eine Ablehnung der Wahrheit Gottes. Das Anerkennen und Bekennen unserer Sünden vor Gott führt jedoch zu Vergebung und Reinigung. Das Kapitel betont die Notwendigkeit ständiger Reue und Demut vor Gott.

**Selbsttäuschung vermeiden (Verse 6, 8, 10):** Das Kapitel warnt vor den Gefahren der Selbsttäuschung, insbesondere vor der Verleugnung der Sünde. Zu behaupten, Gemeinschaft mit Gott zu haben, während man in der Dunkelheit wandelt, seine Sündhaftigkeit zu leugnen oder Gottes Einschätzung der Sünde abzulehnen, sind alles Formen der Selbsttäuschung, die eine echte Gemeinschaft mit Gott verhindern.

**Die Zusicherung der Vergebung (Vers 9):** Trotz der Realität der Sünde können Gläubige Zusicherung in Gottes Treue und Vergebungsbereitschaft finden. Das Bekenntnis der Sünde führt zur Vergebung und Wiederherstellung der Gemeinschaft mit Gott. Dieser Vers unterstreicht die Bedeutung von Demut, Ehrlichkeit und Reue im christlichen Leben.

Kapitel 1 des 1. Johannesbriefs legt den Grundstein für das Verständnis der Natur der Gemeinschaft mit Gott, der Realität der Sünde und der Gewissheit der Vergebung durch Beichte und Reue. Es ruft Gläubige dazu auf, im Licht zu wandeln, ehrlich zu ihrer Sündhaftigkeit zu sein und ständig nach Vergebung und Erneuerung ihrer Beziehung zu Gott zu streben.

# Kapitel 1 Gebet

Himmlischer Vater,

Wir treten in Demut und Dankbarkeit vor Dich und erkennen an, dass Du die Quelle allen Lichts und aller Wahrheit bist. Wir danken Dir für das Privileg, durch Deinen Sohn Jesus Christus mit Dir Gemeinschaft zu haben. Hilf uns, im Licht Deiner Gegenwart zu wandeln, damit Deine Wahrheit jeden Winkel unseres Lebens erhellt.

Herr, wir bekennen, dass wir oft versagen und im Dunkeln stolpern. Vergib uns die Zeiten, in denen wir unsere Sündhaftigkeit verleugnet oder uns selbst mit falschen Behauptungen getäuscht haben. Gib uns den Mut, unsere Unzulänglichkeiten ehrlich zu sehen, und die Weisheit, unsere Sünden vor Dir zu bekennen, im Wissen, dass Du treu und gerecht bist, um uns zu vergeben und uns von aller Ungerechtigkeit zu reinigen.

Möge Dein Geist uns befähigen, ein Leben in Integrität und Authentizität zu führen und stets danach zu streben, unsere Gedanken, Worte und Taten mit Deinem vollkommenen Willen in Einklang zu bringen. Beschütze unsere Herzen vor den subtilen Täuschungen des Feindes und schenke uns die Einsicht, Unwahrheiten zu erkennen und abzulehnen.

Herr, wir beten für Einheit und echte Gemeinschaft innerhalb der Gemeinschaft der Gläubigen. Hilf uns, einander tief zu lieben, die Lasten des anderen zu tragen und uns gegenseitig im Glauben zu ermutigen. Mögen unsere Beziehungen von Gnade, Demut und gegenseitiger Verantwortung geprägt sein.

Während wir unsere Reise mit Dir fortsetzen, vertiefe unser Verständnis Deines Wortes und stärke unsere Entschlossenheit, Deinen Geboten zu gehorchen. Möge Deine Liebe hell durch uns leuchten und andere in die Wärme Deiner Umarmung und die Schönheit Deiner Wahrheit ziehen.

Wir sprechen diese Gebete im Namen Jesu, unseres Erlösers und Retters.

Amen.

# Fragen zu Kapitel 1

Was ist die zentrale Botschaft des christlichen Evangeliums und Glaubens in 1. Johannes, Kapitel 1?

Welche Ausdrücke werden im 1. Johannesbrief verwendet, um die Gemeinschaft mit Gott zu beschreiben?

Was betont der Autor des 1. Johannesbriefs in Bezug auf die Gemeinschaft mit Gott?

Welche Absicht verfolgte Johannes mit seinem Brief an sein Publikum?

Was wird im 1. Johannesbrief als Quelle der Freude hervorgehoben?

Welche zwei grundlegenden Wahrheiten werden im 1. Johannesbrief gleich zu Beginn hervorgehoben?

Wie widerlegt Johannes die Behauptung, dass Gemeinschaft mit Gott ohne einen gemeinsamen Glauben an Christus möglich sei?

Welche Folgen hat es laut 1. Johannes, wenn man behauptet, Gemeinschaft mit Gott zu haben, während man in der Dunkelheit wandelt?

Wie beschreibt der 1. Johannesbrief das Wandeln „im Licht"?

Was beinhaltet das Bekennen von Sünden gemäß 1. Johannes?

Wie funktioniert der Reinigungsprozess im Leben des Gläubigen gemäß 1. Johannes?

Wie unterscheidet der 1. Johannesbrief zwischen richterlicher und familiärer Vergebung?

Welche Gefahr besteht gemäß 1. Johannes darin, zu behaupten, man sei ohne Sünde?

Wie widerlegt Johannes die Behauptung, wir hätten nicht gesündigt?

Welches Prinzip beinhaltet die Gemeinschaft mit Gott gemäß 1. Johannes?

Wie beschreibt der Autor das christliche Leben in Bezug auf die Sünde?

Wie charakterisiert der 1. Johannesbrief diejenigen, die ihre Sünden bekennen?

Welche Konsequenzen hat es, die Wahrheit über die Sünde gemäß 1. Johannes zu leugnen?

Welche Korrekturmaßnahmen sieht der 1. Johannesbrief für falsche Behauptungen über Sünde vor?

Was ist das entscheidende und grundlegende Prinzip für das tägliche christliche Leben im 1. Johannesbrief?

# 1. Johannes Kapitel 2:1-29

## Christus, unser Fürsprecher

**2:1 Meine Kinder, dies schreibe ich euch, damit ihr nicht sündigt. Und wenn jemand sündigt, so haben wir einen Fürsprecher bei dem Vater, Jesus Christus, den Gerechten.**

Johannes' vorangegangene Bemerkungen über die Unvermeidlichkeit sündigen Verhaltens (Verse 6–10) haben seine Leser möglicherweise zu zwei möglichen Schlussfolgerungen veranlasst: Entweder ist es sinnlos, der Sünde zu widerstehen, da eine völlige Befreiung davon in diesem Leben unerreichbar scheint, oder wenn es tatsächlich so einfach ist, der Sünde zu entkommen, warum sollte man sich dann Sorgen machen, ihr zu erliegen? Als Antwort darauf versichert Johannes seinem Publikum, dass er Sünde überhaupt nicht befürwortet, was seiner früheren Aussage in Johannes 5:14 entspricht. Diese Absicht, von Sünde abzuschrecken, ist einer der Hauptgründe für das Schreiben dieses Briefes und markiert das dritte der fünf erklärten Ziele von Johannes (vergleiche mit 1:3, 4). Obwohl eine absolute Vermeidung von Sünde möglicherweise nicht erreichbar ist, betont Johannes ihre Bedeutung und vergleicht sie mit unseren Bemühungen, widrigen Wetterbedingungen trotz ihrer Unvermeidlichkeit auszuweichen.

Bisher hat Johannes in seinem Brief den Zweck des Briefes dargelegt (1:1-4), den Charakter Gottes als Licht bestätigt (1:5) und die Auswirkungen des Charakters Gottes auf das Leben innerhalb der christlichen Gemeinschaft untersucht (1:6-10), wobei er sich insbesondere auf angemessene und unangemessene Reaktionen in Wort und Haltung konzentriert. Im folgenden Abschnitt (2:1-8) richtet Johannes seinen Fokus direkt auf seine Leser und beginnt mit einer Reihe herzlicher Appelle, die auf der tiefgründigen und doch prägnanten Grundlage beruhen, die er geschaffen hat.

Mit dem griechischen Wort, das hier mit „Kinder" übersetzt wird (teknia), verwendet Johannes eine familiäre Koseform, die ein Gefühl zärtlicher Zuneigung gegenüber seinen Lesern ausdrückt. Diese Bezeichnung bezeichnet „Kleingeborene" und kommt in seinen Briefen immer wieder vor (siehe 2:12, 28; 3:7, 18; 4:4; 5:21) sowie im Johannesevangelium (13:33) und findet sich auch in Galater 4:19. Die Hinzufügung von „meine" betont diese zärtliche Note noch weiter und unterstreicht Johannes' tiefe Sorge um sein Publikum. Obwohl diese Bezeichnungen „meine kleinen Kinder" und „ich" nicht zwangsläufig den Schluss zulassen, dass die Empfänger ausschließlich von Johannes persönlich bekehrte Personen waren, weisen sie doch auf eine tiefe Nähe hin. Die Empfänger, wahrscheinlich reife Christen, hatten möglicherweise Führungsrollen in verschiedenen Hauskirchen in Kleinasien inne, wie der Inhalt des Briefes andeutet.

Es ist bemerkenswert, dass der 1. Johannesbrief die familiären Bindungen innerhalb der Familie Gottes betont und die Gläubigen als Mitglieder einer eng verbundenen spirituellen Gemeinschaft darstellt.

Der Ausdruck „darf nicht sündigen" bedeutet nicht, dass die Sünde aus dem Leben des Gläubigen vollständig ausgelöscht wird. Sünde ist ein fester Bestandteil der menschlichen Natur und bleibt ein andauernder Kampf, selbst für Menschen, denen vergeben wurde. Doch in jeder Versuchung steckt die Möglichkeit des Widerstands, wie in 1. Korinther 10:13 hervorgehoben wird. Der Konditional „wenn" führt der Argumentation halber ein hypothetisches Szenario ein und verkörpert eine Bedingung dritter Klasse in der griechischen Grammatik.

Das Streben nach tieferer Intimität mit Gott kann schwierig erscheinen, wenn unser Leben reibungslos verläuft, ohne größere Hindernisse oder Sünden. Es ist verlockend, sich mit einer mittelmäßigen Beziehung zu Gott zufrieden zu geben und sich damit zufrieden zu geben, einfach durchs Leben zu gleiten. Gottes Wunsch für uns geht jedoch über bloße Angemessenheit hinaus; er ruft uns dazu auf, nach Heiligkeit zu streben, die seine Reinheit widerspiegelt, anstatt uns mit einem Leben ohne bedeutende Fehler zufrieden zu geben. Nur durch seine Ermächtigung können wir Heiligkeit wirklich als Lebensziel anstreben, wie es in Philipper 2:13 zum Ausdruck kommt.

Als unser „Fürsprecher" übernimmt Jesus Christus verschiedene Rollen, wie etwa die eines Freundes vor Gericht, eines Vermittlers, Fürsprechers oder Verteidigers. Er vertritt den reuigen Christen vor Gott, dem Vater (siehe Römer 8:34; Hebräer 7:25; 9:24). Diese Fürsprache umfasst mehr als nur Hilfe nach einer Sünde anzubieten; sie umfasst auch Fürsprache im Namen des Gläubigen, wann immer es nötig ist, ähnlich wie Jesus in Lukas 22:31-32 für den Glauben des Petrus betete. In diesem Zusammenhang liegt der Schwerpunkt auf Christi Hilfe nach der Sünde. Angesichts seiner Gerechtigkeit ist Jesus Christus der makellose Fürsprecher Gottes, wie in Apostelgeschichte 3:14 und 7:52 bestätigt wird.

Der griechische Begriff, der mit „Fürsprecher" übersetzt wird, ist „parakletos", was ins Englische als „Paraklet" transkribiert wird. Es bezeichnet jemanden, der an die Seite eines anderen gerufen wird, um Hilfe anzubieten. Jesus verwendete dieses Wort viermal in der Abendmahlsrede, um sich auf den Heiligen Geist zu beziehen (siehe Johannes 14:16, 26; 15:26; 16:7). Er beschrieb den Heiligen Geist als „einen anderen Helfer", der ihm ähnlich sei (Johannes 14:16), was dies zum einzigen anderen Vorkommen dieses griechischen Begriffs im Neuen Testament macht.

In diesem Kontext hat „parakletos" eine ähnliche Bedeutung wie Demosthenes, der damit Freunde des Angeklagten bezeichnete, die freiwillig intervenierten und sich vor dem Richter für ihn einsetzten und auf eine günstige Entscheidung drängten. Diese Interpretation stimmt mit der Vorstellung überein, dass Gott der Richter ist, auf den sowohl in dieser Passage als auch in 1. Johannes 1:9 Bezug genommen wird. Wenn der Heilige Geist jedoch in Johannes 14:16, 26; 15:26; 16:7 als Paraklet bezeichnet wird, nimmt der Begriff eine breitere, nicht forensische Bedeutung an und impliziert jemanden, der uns in verschiedenen Aspekten des Lebens zu Hilfe kommt.

Eine treffende Analogie charakterisiert den Heiligen Geist als unseren Tröster. Gleichzeitig leben wir auf der Erde, während Christus im Himmelreich unser Tröster ist.

Bei der Analyse des letzten Teils dieses Verses geht Johannes auf zwei mögliche Extreme ein: das Risiko, gegenüber Sünden zu nachsichtig zu sein, und die Gefahr, eine allzu harte Haltung einzunehmen. Er versucht, ein Gleichgewicht zu finden und die Leser von beiden Extremen fernzuhalten.

Wie ein mitfühlender Arzt, der einen Patienten berät, vermitteln Johannes' Worte ein ähnliches Gefühl: Er erkennt die Beständigkeit der Krankheit und den langwierigen Prozess an, der zu ihrer Ausrottung erforderlich ist. Er vergleicht die Sünde mit einer tief verwurzelten Krankheit und erkennt ihre tiefsitzende Natur im Individuum an. Dieses Eingeständnis soll jedoch weder entmutigen noch Selbstgefälligkeit fördern. Vielmehr dient es als Aufruf zur Wachsamkeit und Sorgfalt bei der Anwendung des Heilmittels.

So wie die Warnung eines Arztes vor der Dauer und Schwierigkeit einer Behandlungskur nicht darauf abzielt, den Patienten zu entmutigen, sondern ihn vielmehr zu größerer Sorgfalt und Einhaltung der verschriebenen Heilmittel anzuspornen, so fordert Johannes mit seiner Ermahnung vor der Beharrlichkeit der Sünde die Gläubigen auf, in ihrem Streben nach Gerechtigkeit wachsam und fleißig zu bleiben.

**2:2 Und er ist die Versöhnung für unsere Sünden, nicht nur für die unseren, sondern auch für die Sünden der ganzen Welt.**

Jesus Christus hat als Priester nicht nur für unsere Sünden Genugtuung geleistet, obwohl er diese Rolle tatsächlich erfüllt hat. Er ist selbst die Genugtuung und handelt als ultimatives Opfer. Dies spiegelt sich in Römer 3:25 wider, wo Jesus als Sühne für unsere Sünden dargestellt wird. Der Begriff „Sühne" (griechisch: hilasmos), der hier und in 1. Johannes 4:10 verwendet wird, ist dasselbe Wort, das die Übersetzer der Septuaginta zur Beschreibung des Gnadenstuhls auf der Bundeslade verwendeten. Jesu Körper wurde zum Ort, an dem Gott seinen Zorn über die Sünde besänftigte. Die Passage von 1. Johannes 1:5 bis 2:2 erinnert an die alttestamentarische Stiftshüttensymbolik. Jesu Tod hat nicht nur unsere Sünden gesühnt (gestrichen, verworfen, aufgehoben), sondern uns auch von ihrer Befleckung gereinigt und Gottes Zorn über die Sünde mit einem annehmbaren Opfer gestillt.

Dieser Vers unterstützt nachdrücklich die Lehre, dass Jesus Christus für alle Menschen gestorben ist, was als unbegrenzte Sühne bekannt ist. Durch seinen Tod hat Jesus allen („der ganzen Welt") ausreichende Erlösung gewährt.

Diese ist jedoch nur für diejenigen wirksam (effektiv, wirksam), die ihr Vertrauen in ihn setzen (siehe 2. Korinther 5:14-15, 19; Hebräer 2:9; Offenbarung 22:17). Mit anderen Worten: Christi Opfer hat das ewige Leben für alle zugänglich gemacht, aber es wird nicht automatisch allen zuteil. Der Begriff „unsere" bezieht sich auf die Sünden aller Gläubigen. Gleichzeitig umfasst „die ganze Welt" die gesamte Menschheit, nicht nur die Auserwählten (vergleiche mit 1. Johannes 4:14; Johannes 1:12, 29; 3:16).

Diejenigen, die an der Lehre der besonderen Erlösung (oder der begrenzten Sühne, die davon ausgeht, dass Jesus nur für die Auserwählten gestorben ist) festhalten, interpretieren „die ganze Welt" so, dass damit ausschließlich die Welt der Auserwählten gemeint ist. Die breitere Interpretation betont jedoch die Inklusivität des Sühneopfers Christi und erweitert das Erlösungspotenzial der Menschheit.

Im Denken und in der Terminologie des Johanninischen ist das Konzept einer eigenen „Welt der Auserwählten" nicht vorgesehen. Manche haben betont, dass Johannes Calvin die Lehre der begrenzten Sühne nicht vertrat. Viele seiner Anhänger hielten jedoch im Laufe der Jahre daran fest. Diese Theorie stammt von Theodore Beza, Calvins Nachfolger in Genf, und erlangte durch William Perkins in der britischen reformierten Theologie Bekanntheit.

In diesem Abschnitt seines Briefes (1. Johannes 1:8–2:2) wiederholt Johannes gegenüber seinen Zuhörern die Notwendigkeit, die Sünde in ihrem Leben zu bekämpfen, damit Gemeinschaft mit Gott möglich ist. Dieses Prinzip gilt gleichermaßen für Gläubige (1. Johannes 1:5–2:1) und Ungläubige (1. Johannes 2:2). Johannes legt vier grundlegende Prinzipien dar, die für die Förderung der Gemeinschaft mit Gott unerlässlich sind, und erleichtert seinen Lesern die Teilnahme an dieser Gemeinschaft. Zu diesen Prinzipien gehören der Verzicht auf die Sünde (1. Johannes 1:8–2:2), der Gehorsam gegenüber Gott (1. Johannes 2:3-11), die Ablehnung weltlicher Einflüsse (1. Johannes 2:12-17) und die Aufrechterhaltung der Treue (1. Johannes 2:18-29), um im Licht der Gegenwart Gottes zu leben.

**2:3** **Und daran erkennen wir, dass wir ihn erkannt haben, wenn wir seine Gebote halten.**

Der Autor des 1. Johannesbriefs wendet sich an die Mitglieder seiner Gemeinde, gibt ihnen Orientierung im Umgang mit aufkommenden häretischen Tendenzen und erläutert zugleich das Wesen echten christlichen Glaubens und Handelns und deren Zusammenhänge. Als zentrales Thema und Mahnung betont er den Imperativ, „im Licht zu leben" (1. Johannes 1,5-7). Zunächst hebt er die Notwendigkeit hervor, der Sünde abzuschwören, als negative Voraussetzung für die Verkörperung einer christusähnlichen Existenz (1. Johannes 1,8-2,2). Anschließend untersucht er die positive Voraussetzung: Gehorsam, insbesondere gegenüber dem Gesetz der Liebe (1. Johannes 2,3-11).

Obwohl die unmittelbare Funktion des Lichts darin besteht, Sünde aufzudecken, besteht sein Hauptzweck darin, die Pflicht zu erhellen. Johannes geht von Diskussionen über die Gemeinschaft mit Gott weg und erforscht das Konzept der Gotteskenntnis. Dieser Wechsel ermöglicht es seinen Lesern, die grundlegende Bedeutung der Gotteskenntnis und der innigen Gemeinschaft mit Gott zu begreifen, die er praktisch als synonym betrachtet. Johannes' Aussagen über die Gotteskenntnis spiegeln seine Lehren über die Gemeinschaft mit Gott wider: Eine verstärkte Gemeinschaft führt unweigerlich zu einer tieferen Kenntnis des Göttlichen. Dieser Fortschritt von der Gemeinschaft zur Erkenntnis unterstreicht ihre Untrennbarkeit.

In der Predigt wird „Gemeinschaft" (griechisch: koinonia) im 1. Johannesbrief viermal erwähnt, während „wissen" häufiger vorkommt. Johannes verwendet „ginosko" (erfahrungsgemäß wissen) 24 Mal und „oida" (intellektuelles Wissen) 15 Mal, verwendet in diesem Brief jedoch nicht das Substantiv „ginosis" (erfahrungsbasiertes Wissen).

Der Autor widerlegt dann falsche Wissensansprüche der Gegner und leitet jede Ablehnung mit der Phrase „der da sagt" ein (vgl. Verse 4, 6, 9). Er präsentiert Beweise oder „Tests" für wahres Wissen über Gott, darunter Gehorsam gegenüber seinen Geboten (Vers 5), ein Wandel in seinem Ebenbild (Vers 6) und die Demonstration von Liebe zum Bruder (Vers 10).

Johannes stellt einen praktischen Test vor, mit dem wir unser erfahrungsbasiertes Wissen über Gott, sowohl den Vater als auch den Sohn, messen können (1. Johannes 1:3). Dieser Test bewertet die Tiefe unserer Bekanntschaft mit ihm. Er schlägt vor, dass wir unsere Reaktion auf Gottes offenbarten Willen prüfen, insbesondere, wie gewissenhaft wir „seine Gebote halten". Seine Gebote „halten" (griechisch: tereo) bedeutet, sie genau zu beachten oder zu befolgen, im Gegensatz dazu, sie zu missachten oder wegzuwerfen (vgl. Vers 4; 3:22; 5:3). Es erfordert Gehorsam.

Eine anschauliche Studie der University of Southern California ergab, dass ein Drittel der Patienten im Land die Anweisungen ihres Arztes nicht befolgen. Auch Gläubige haben manchmal Schwierigkeiten, Gottes Anweisungen zu befolgen. Trotz ihres Wissens über Gott, das alle Gläubigen bis zu einem gewissen Grad besitzen (Johannes 17:3), kennen ihn manche intimer und umfassender als andere (Johannes 14:7-9, 21-23). Johannes zieht eine Parallele zu ehelichen Beziehungen: Auch wenn die Ehepartner ein grundlegendes Verständnis füreinander haben, fehlt es manchmal an tieferer und intimerer Kenntnis. So betont Johannes, dass unser persönliches, durch Erfahrung gewonnenes Wissen über Gott unseren Lebensstil direkt beeinflusst. Unser Gehorsam oder Ungehorsam ist ein Lackmustest, der die Tiefe unserer Intimität mit Gott offenbart.

Gott zu kennen geht über bloßes intellektuelles Begreifen hinaus; es führt zu einer innigen Freundschaft, ähnlich der Bindung zwischen Ehepartnern, wie sie im Hebräischen beschrieben wird, wo „erkennen" die tiefsten Ebenen relationaler Intimität bezeichnet, einschließlich der ehelichen Beziehung und des Geschlechtsverkehrs (vgl. Genesis 4:1).

1. Johannes 2:3 wird oft als Lackmustest für die Erlösung missverstanden, was der breiteren johanneischen Theologie widerspricht, die behauptet, dass die Erlösung durch den Glauben an Christus für das ewige Leben kommt (siehe Referenzen wie Johannes 3:16; 5:24; 6:35). Die Vorstellung, dass ein Gläubiger auf Christus vertrauen kann, ohne Gewissheit über seinen Glauben zu haben, ist unhaltbar; man kann tatsächlich wissen, ob man glaubt, wie zahlreiche Bibelstellen belegen (vgl. Johannes 9:35-38; 11:25-27).

Der in 1. Johannes 2:3 vorgeschlagene Test bezieht sich daher nicht auf die Gewissheit der Erlösung, sondern auf die Erfahrungskenntnis Gottes und seines Sohnes. Eine Fehlinterpretation dieses Tests kann zu einer Fehlinterpretation des gesamten Briefes führen. Dieser Fehler wurde in zeitgenössischen Kommentaren fortgeführt.

Das Kennzeichen der erfahrungsbasierten Erkenntnis Gottes ist Gehorsam gegenüber seinen Geboten und das Erkennen der Lebensweise, die er von seinem Volk erwartet. Dieses Verständnis unterstreicht, dass es bei der Erkenntnis Gottes nicht nur um korrekte theologische Konzepte geht, sondern um die Pflege einer echten spirituellen Beziehung. Erkenntnis Gottes und Gemeinschaft mit ihm sind einander ergänzende Facetten der christlichen Reise, beides wesentliche Bestandteile der authentischen christlichen Erfahrung.

**2:4 Wer sagt: „Ich kenne ihn", aber seine Gebote nicht hält, ist ein Lügner, und in ihm ist die Wahrheit nicht.**

Die in diesem Vers enthaltene Aussage („Ich habe ihn erkannt") muss im Kontext der umgebenden Passagen (1. Johannes 1:6, 8, 10) verstanden werden. Dort wird deutlich, dass es hier eher um die Behauptung einer engen Beziehung zu Gott geht als um den Anspruch auf Erlösung.

Es ist wichtig, zwischen einer Beziehung zu Gott, die konstant bleibt, und einer Gemeinschaft mit Gott, die schwanken kann, zu unterscheiden. Wenn jemand behauptet, Gott genau zu kennen, aber Seinem offenbarten Willen nicht gehorcht, bezeichnet Johannes ihn kategorisch als Betrüger. Einem solchen Menschen fehlt die echte Vertrautheit mit Gott und er hat keine enge Beziehung zu Ihm. Gottes Wahrheit hat keinen Einfluss auf sein Leben, da sie nicht in ihm wohnt (vgl. 1. Johannes 1:8, 10).

Manche mögen Johannes' Sprache als hart oder konfrontativ empfinden (wie man in Passagen wie 1. Johannes 4:20 sehen kann), doch seine Rolle als Hirtenbote, der Gottes Volk wachrütteln soll, kann nicht übersehen werden. Jesus selbst verwendete ähnliche Sprache in Passagen wie Matthäus 23:13-33 und Johannes 8:55. Johannes war neben seinem Bruder Jakobus einer der „Söhne des Donners" (Markus 3:17), was auf ihre leidenschaftliche und eifrige Gesinnung hinweist.

Die Aussage, dass jemand, der Gottes Gebote nicht befolgt, Gott nicht wirklich durch Erfahrung kennt, ungeachtet verbaler Behauptungen, unterstreicht die Bedeutung des Gehorsams für die Authentifizierung der eigenen Beziehung zu Gott.

Es fällt auf, dass Johannes in seinen Schriften konsequent den Begriff „entolai" (Gebot) anstelle von „nomos" (Gesetz) verwendet, wenn er sich auf die Regeln des christlichen Gehorsams bezieht. Letzterer Begriff ist im Johannesevangelium dem mosaischen Gesetz vorbehalten. Diese sprachliche Präzision unterstreicht die besondere Betonung göttlicher Gebote im christlichen Kontext.

In den Versen 4, 6 und 9 stellt Johannes drei weitere Behauptungen auf, die jeweils von einer entsprechenden Bedingung begleitet sind:

Anspruch: „Ich habe ihn erkannt" (Vers 4; vgl. Johannes 17,3). Bedingung: Er hält sein Wort (Vers 5).

Anspruch: „Ich bleibe in Ihm" (Vers 6; vgl. Johannes 15,4). Bedingung: Er geht, wie Er gegangen ist (Vers 6).

Behauptung: „Ich bin im Licht" (Vers 9; vgl. Johannes 12,46). Bedingung: Er liebt seinen Bruder (Vers 10).

Diese Aussagen, Gott zu kennen, in ihm zu bleiben und im Licht zu wandeln, sind parallele Ausdrücke derselben grundlegenden Behauptung: in einer richtigen Beziehung zum Vater durch den Sohn zu stehen. Jede Behauptung ist von der Erfüllung bestimmter Bedingungen abhängig und betont die Verbundenheit von Gehorsam, Gemeinschaft mit Gott und rechtschaffenem Leben.

**2:5 Wer aber sein Wort hält, in ihm ist wahrhaftig die Liebe Gottes vollkommen. Daran erkennen wir, dass wir in ihm sind: 2:6 Wer sagt, dass er in ihm bleibt, der soll auch so leben, wie er gelebt hat.**

Johannes verwendet den Ausdruck „in Ihm" anders als Paulus „in Christus". Während Paulus diesen Ausdruck verwendet, um die Beziehung jedes Gläubigen zu Christus aufgrund der Rechtfertigung zu beschreiben, bezieht sich Johannes' Verwendung im 1. Johannesbrief, ähnlich wie Jesus' Verwendung in der Abendmahlsrede, speziell auf die Untergruppe der Gläubigen, die in Christus bleiben (Johannes 15:1-8). In Johannes 15:8 betont Jesus, dass das Tragen vieler Früchte den Vater verherrlicht und Jüngerschaft demonstriert, nicht nur Glauben.

Die Verbindung zwischen dem Befolgen der Gebote Christi und dem Bleiben in seiner Liebe, wie sie in Johannes 15:10 zum Ausdruck kommt, verstärkt diese Vorstellung. Daher besteht der Test für das „Bleiben" in Christus darin, ob der Einzelne ein Leben im Gehorsam gegenüber Gott führt.

Der Begriff „in Christus bleibt" dient als Synonym für eine innige Beziehung zu ihm, ähnlich wie „Gemeinschaft mit Gott haben" und „Gott aus Erfahrung kennen". Johannes betont den Gläubigen, der in Gott („in ihm") bleibt und Gehorsam zeigt, ähnlich wie Jesus, der in Gott blieb und dem Vater gegenüber Gehorsam zeigte. Im gesamten 1. Johannesbrief wird der Begriff „bleibt" (gr. „meno") 24 Mal verwendet, was die Bedeutung der bleibenden Beziehung des Gläubigen unterstreicht.

Die Entscheidung, das griechische Wort „meno" in der NASB (Ausgabe 2020) mit „bleiben" statt „verweilen" wiederzugeben, kann eine statische Vorstellung implizieren und suggerieren, dass ein Christ einfach so bleiben muss, wie er ist, anstatt aktiv eine enge Beziehung zu Gott anzustreben und aufrechtzuerhalten.

Die Verpflichtung des Christen geht über das bloße Befolgen der Gebote Gottes (Verse 4-5) hinaus. Er muss auch so „leben" bzw. leben wie Jesus (Vers 6) und seinem gehorsamen Beispiel folgen.

Wer behaupten möchte, in Christus zu bleiben, muss sich wie er verhalten. Das unterstreicht, wie wichtig es ist, Christus zu gestatten, sein Leben durch die Gläubigen zu offenbaren, indem sie Gott gehorchen, ähnlich wie Jesus gelebt hat.

Um Jesus auf diese Weise nachzuahmen, bedarf es göttlicher Ermächtigung, da es sich um ein übernatürliches Unterfangen handelt, das über menschliche Fähigkeiten hinausgeht. Es bedeutet, ihm als hingebungsvoller, vollkommen ergebener Jünger zu folgen und seine Lehren zu vertreten.

In den nachfolgenden Versen wird näher erläutert, was es bedeutet, das Verhalten Jesu nachzuahmen.

# Das neue Gebot

**2:7 Geliebte, ich schreibe euch kein neues Gebot, sondern das alte, das ihr von Anfang an hattet. Das alte Gebot ist das Wort, das ihr gehört habt.**

Wenn man über Johannes' Anweisung in den Versen 3 und 4 nachdenkt, „seine Gebote zu halten", ist es wichtig, die Tiefe seiner Botschaft zu ergründen. In diesen Versen stellt Johannes keine neuen Anweisungen vor, sondern wiederholt ein zeitloses Prinzip, das seinem Publikum seit Beginn ihrer christlichen Reise bekannt ist.

Johannes' Erläuterung dreht sich um die Unterscheidung zwischen einem alten und einem neuen Gebot. Er stellt klar, dass das Gebot, auf das er sich bezieht, seinen Lesern nicht unbekannt ist, sondern tatsächlich tief in ihrem christlichen Bewusstsein verwurzelt ist. Dieses „alte Gebot" ist nichts anderes als das Grundprinzip der Liebe, das ihnen „von Anfang an" auf ihrer spirituellen Reise bekannt war.

Dieses grundlegende Gebot, „einander zu lieben", ist in allen Schriften des Neuen Testaments zu finden und unterstreicht seine überragende Bedeutung in der christlichen Lehre. Es kommt in verschiedenen Passagen zum Ausdruck, beispielsweise in Johannes 13:34; 15:9, 12, 17; Römer 13:8; 1. Thessalonicher 4:9; 1. Petrus 1:22; 1. Johannes 3:11, 23; 4:7, 11-12 und 2. Johannes 5. Diese Verweise dienen als Wandteppich, der das Gewebe der christlichen Ethik zusammenwebt und die zentrale Bedeutung der Liebe im Leben des Gläubigen betont.

Johannes' Ermahnung, „seine Gebote zu halten", geht über bloßes Befolgen einer Reihe von Regeln hinaus; sie umfasst die Verkörperung der aufopfernden Liebe Christi. Das Leben Jesu dient als Paradebeispiel selbstloser Hingabe, bei der die Liebe über bloße Sentimentalität hinausgeht und sich in konkreten Handlungen manifestiert, die das höchste Wohl anderer anstreben.

Im Mittelpunkt von Johannes' Botschaft steht die tiefe Wahrheit, dass Liebe nicht nur ein Gefühl ist, sondern eine transformierende Kraft, die den Willen des Gläubigen mit dem göttlichen Ziel in Einklang bringt. Liebe in ihrer reinsten Form ist gleichbedeutend mit Gehorsam gegenüber Gottes Willen, da sie die Erfüllung seiner Gebote umfasst. Indem Gläubige in Liebe wandeln, ahmen sie also nicht nur den Charakter Christi nach, sondern demonstrieren auch ihre Treue zum göttlichen Plan.

Die Worte des Johannes dienen als Weckruf, die Liebe als Leitprinzip christlichen Verhaltens anzunehmen. Indem Gläubige in ihrem Umgang mit anderen der Liebe den Vorrang geben, erfüllen sie nicht nur die Gebote Christi, sondern bezeugen auch seine transformative Kraft in ihrem Leben. Die Liebe wird daher zum Lackmustest echter Jüngerschaft und bestätigt die Identität des Gläubigen als Kind Gottes und als Träger seines Lichts in einer in Dunkelheit gehüllten Welt.

**2:8 Gleichzeitig schreibe ich euch ein neues Gebot, das in ihm und in euch wahr ist; denn die Dunkelheit vergeht, und das wahre Licht scheint bereits.**

In einer differenzierten Betrachtung lädt uns Johannes' Bezugnahme auf das „alte Gebot" als „neu" in den Versen 7 und 8 seines Briefes dazu ein, die Vielschichtigkeit seiner Botschaft zu bedenken. In seinen Schriften verwendet Johannes oft starke Kontraste, um seine Lehren zu vermitteln. Doch hier führt er ein Konzept ein, das solche binären Unterscheidungen übersteigt.

Mit der Menschwerdung, symbolisiert durch den Eintritt des göttlichen Lichts in die Welt, erhält das alte Gebot eine neue Bedeutung. Diese alte Anweisung, die in der zeitlosen Wahrheit Gottes verwurzelt ist, findet in der von Jesus Christus eingeleiteten Ära neue Relevanz (Johannes 14:6). Obwohl es sich nicht um eine neuartige Innovation handelt, ist sie qualitativ neu und von der Lebendigkeit der Erlösungsmission Christi durchdrungen.

Das „neue Gebot" findet seine Verkörperung in der Person Christi, dessen Gehorsam gegenüber dem Vater dessen Wesen verkörpert. Jesus hat dieses Gebot während seines irdischen Wirkens nicht nur gepredigt, sondern auch gelebt und damit einen Präzedenzfall für seine Nachfolger geschaffen. So wird die christliche Liebe, die durch Selbstlosigkeit und aufopfernde Hingabe gekennzeichnet ist, zu einem greifbaren Ausdruck göttlicher Wahrheit im irdischen Wirken Christi und im Leben seiner Jünger.

Die Metapher des Lichts, die in Johannes' Schriften immer wieder auftaucht, dient als starkes Symbol für die transformierende Kraft des Evangeliums. So wie das Licht die Dunkelheit vertreibt, erleuchtet das Evangelium Christi das menschliche Herz, indem es die Dunkelheit der Sünde enthüllt und auslöscht. Dieser Prozess der Erleuchtung ist ein fortlaufender Prozess, der schließlich im Triumph des Lichts über die Dunkelheit bei der Vollendung von Gottes Erlösungsplan gipfelt.

Wenn Jesus das Große Gebot wiederholt und es als „neu" bezeichnet, betont er seine erneuerte Bedeutung für sein irdisches Wirken. Obwohl es ursprünglich im Alten Testament (Levitikus 19:18) gegeben wurde, markiert seine Wiederholung durch Christus einen entscheidenden Moment in der Heilsgeschichte und signalisiert den Beginn einer neuen Ära, die durch die Gegenwart des Lichts der Welt gekennzeichnet ist.

Ob Johannes sich nun auf das Licht des Evangeliums oder auf die Person Jesu Christi bezieht, seine Aussage bleibt wahr: Das wahre Licht ist in die Welt gekommen, hat die Dunkelheit der Sünde vertrieben und eine neue Morgendämmerung der Erlösung eingeleitet. Diese Wahrheit, die im Liebesgebot zusammengefasst ist, ist der Eckstein des christlichen Glaubens. Sie leitet die Gläubigen auf dem Weg der Jüngerschaft und erhellt ihre Reise mit dem strahlenden Glanz göttlicher Liebe.

**2:9 Wer sagt, er sei im Licht, und hasst seinen Bruder, der ist noch in der Finsternis.**

In diesem Vers liegt eine konkrete Illustration des roten Fadens, der sich durch Johannes' Rede zieht. Es ist ein weiteres Beispiel dafür, dass das Verhalten einer Person als Lackmustest für den Anspruch auf innige Gemeinschaft mit Gott dient, der sich jedoch als falsch erweist, wenn man ihn am Maßstab der Liebe misst (1:6, 8, 10; 2:4, 6). Johannes stellt unmissverständlich fest, dass Hass gegenüber Mitgläubigen ein Zeichen dafür ist, dass man nicht mit Gottes Absichten übereinstimmt und nicht in enger Gemeinschaft mit ihm lebt.

Johannes' Sichtweise zu dieser Angelegenheit ist sowohl differenziert als auch pragmatisch. Es mag verlockend sein, diejenigen, die Hass gegenüber Mitchristen zeigen, als Ungläubige abzutun, doch Johannes stellt diese allzu vereinfachte Sichtweise in Frage. Er erkennt an, dass echte Christen, wenn auch unvollkommen, Feindseligkeit gegenüber ihren Brüdern erliegen können. In diesem Zusammenhang bezieht sich Johannes' Begriff „Bruder" speziell auf Mitgläubige innerhalb der christlichen Gemeinschaft und nicht auf Personen außerhalb des Glaubens.

Die Behauptung, dass Hassgefühle kategorisch einen Zustand der Unerlöslichkeit bedeuten, ist nach Johannes' Verständnis unhaltbar. Er erkennt die Komplexität menschlicher Emotionen und die inhärente Spannung zwischen Liebe und Hass an. Johannes' Sprache deutet auf ein vergleichendes Verständnis von Hass hin und spiegelt den rhetorischen Stil wider, den Jesus in seinen Lehren verwendete. So wie Jesus hyperbolische Sprache verwendete, um Kontraste hervorzuheben (z. B. Matthäus 6:24; 24:10; Lukas 14:26; 16:13), betont Johannes den starken Kontrast zwischen Liebe und Hass und stellt die Abwesenheit von Liebe als gleichbedeutend mit Hass dar.

Die Konsequenzen, wenn man behauptet, mit Gott verbunden zu sein, während man Hass hegt, sind tiefgreifend. Johannes behauptet, dass solche Menschen in der Dunkelheit leben, ohne innige Gemeinschaft mit Gott, der das Licht ist. Die Einschränkung „bis jetzt" bietet jedoch einen Hoffnungsschimmer und impliziert das Potenzial für Transformation und Wiederherstellung. Diese Anerkennung der Möglichkeit zur Veränderung unterstreicht

Johannes' zugrunde liegende Botschaft der Erlösung und Versöhnung, in der selbst diejenigen, die in der Dunkelheit gefangen sind, durch echte Reue und erneuerte Hingabe an die Liebe ihren Weg in die erleuchtende Gegenwart Gottes finden können.

**2:10** **Wer seinen Bruder liebt, bleibt im Licht, und für ihn gibt es keinen Grund zum Anstoßen.**

In der tiefen Weisheit der Worte von Johannes wird der Zusammenhang zwischen Liebe und spiritueller Erleuchtung auffallend deutlich. Er sagt: „Wer seinen Bruder liebt, bleibt im Licht", was darauf hindeutet, dass die Liebe als Leitstern dient und den Weg des Gläubigen erhellt. Wenn man in der Liebe bleibt, wird man von der Ausstrahlung der Gegenwart Gottes umhüllt, was es einem ermöglicht, seine Richtung klar zu erkennen und die Herausforderungen des Lebens mit Klarheit und Zielstrebigkeit zu meistern.

Die Bilder, die Johannes verwendet, sind reichhaltig und bedeutsam. Im Licht zu sein erhellt das Verständnis und ermöglicht es einem, seine Umgebung klar wahrzunehmen. Es hat aber auch eine transformierende Wirkung auf das Herz und entzündet die Flamme der Liebe im Inneren. So vertreibt das Licht des Evangeliums nicht nur die Dunkelheit der Unwissenheit, sondern entzündet auch die Wärme der Zuneigung und zwingt Gläubige, anderen Liebe und Mitgefühl entgegenzubringen.

Johannes hat tiefgründige Einsichten in die menschliche Natur. Er identifiziert den Mangel an Liebe als Grundursache zahlreicher Verfehlungen und betont, dass der Mangel an Liebe der fruchtbarste Nährboden für Vergehen ist. Wenn Liebe fehlt, verschlechtern sich Beziehungen und es entstehen Konflikte, die Zwietracht und Spaltung säen.

Im Mittelpunkt der Botschaft von Johannes steht die Erkenntnis, dass Hass im Herzen der Hauptgrund für das Straucheln auf dem spirituellen Weg ist. So wie physische Dunkelheit die Fähigkeit eines Menschen behindert, sicher zu navigieren, so verdunkelt die Dunkelheit des Hasses den Pfad der Tugend und führt zu spirituellem Straucheln und Schwanken auf der Reise mit Gott. Diese Korrelation spiegelt die Lehren Jesu wider, wie zum Beispiel in Johannes 11:9, wo er das Gehen in der Dunkelheit mit spirituellem Straucheln gleichsetzt.

Die Worte des Johannes erinnern eindringlich an die transformative Kraft der Liebe und die verderbliche Natur des Hasses. Die Liebe erleuchtet den Weg des Gläubigen, fördert sein spirituelles Wachstum und fördert die Einheit innerhalb der Glaubensgemeinschaft. Umgekehrt behindert der Hass mit seinen zerstörerischen Auswirkungen den Fortschritt des Gläubigen und verhindert seine Fähigkeit, Gottes Absichten zu erfüllen. Daher wirkt Johannes' Ermahnung, in Liebe zu wandeln, wie eine zeitlose Mahnung, die Gläubige zu einem Leben spiritueller Vitalität und Harmonie in ihren Beziehungen führt.

**2:11** **Wer aber seinen Bruder hasst, der ist in der Finsternis und wandelt in der Finsternis und weiß nicht, wohin er geht, weil die Finsternis seine Augen verblendet hat.**

Indem er die Folgen des Hasses analysiert, gibt Johannes tiefe Einblicke in dessen schädliche Auswirkungen auf das geistige Wohlbefinden des Einzelnen. Die Sünde des Hassers, so behauptet er, manifestiert sich auf drei verschiedene Arten, von denen jede erhebliche Auswirkungen auf seine Beziehung zu Gott und seinen Mitgläubigen hat.

Erstens versetzt Hass den Einzelnen in „die Dunkelheit" und entfremdet ihn von der Gemeinschaft mit Gott. Diese spirituelle Entfremdung ist eine eindringliche Erinnerung an die tiefgreifenden Folgen, wenn man Bitterkeit und Feindseligkeit im Herzen zulässt. Sie stellt eine Abkehr von der erleuchtenden Gegenwart der Liebe Gottes dar und stürzt den Einzelnen in den Abgrund spiritueller Isolation und Entfremdung.

Zweitens führt Hass zu ziellosem Umherirren, wobei der Einzelne orientierungslos und anfällig für spirituelle Gefahren wird. Das Fehlen von Liebe raubt ihm spirituelle Klarheit und Zielstrebigkeit, macht ihn anfällig für die Fallen der Versuchung und das Potenzial für einen moralischen Niedergang. Wie ein Schiff, das auf See treibt und kein Leitlicht hat, navigiert der Hasser durch tückische Gewässer ohne klare Orientierung.

Drittens reichen die zerstörerischen Auswirkungen des Hasses bis in den Bereich geistiger Verwirrung und trüben das Urteilsvermögen und die Wahrnehmung des Einzelnen. So wie körperliche Blindheit die Fähigkeit eines Menschen behindert, die Welt um ihn herum wahrzunehmen, so verdunkelt geistige Blindheit das Verständnis des Hassers und macht ihn unfähig, Gottes Willen und Absicht für sein Leben zu erkennen.

Johannes warnt unmissverständlich: Der Weg des Hasses ist voller Gefahren und stellt eine ernste Gefahr für das geistige Wohlergehen des Gläubigen dar. Indem der Hasser zulässt, dass der Krebs der Feindseligkeit in ihm wütet, verliert er seinen Sinn für geistige Orientierung und stürzt sich metaphorisch und geistig in die Dunkelheit.

Im Gegensatz dazu betont Johannes, dass eine innige Gemeinschaft mit Gott von einem Leben abhängt, das von der Abkehr von der Sünde und dem Gehorsam gegenüber seinen Geboten geprägt ist, insbesondere in Bezug auf die Liebe zu den Mitgläubigen. Indem Gläubige im Licht der Liebe Gottes wandeln und die Prinzipien der christusgleichen Liebe gegenüber ihren Mitmenschen verkörpern, bewahren sie ihre spirituelle Vitalität und erleben die transformierende Kraft der göttlichen Liebe in einer in Dunkelheit gehüllten Welt.

**2:12 Ich schreibe euch, meine Kinder, weil euch die Sünden um seines Namens willen vergeben sind.**

In diesem zentralen Abschnitt seines Briefes konfrontiert Johannes die Anwesenheit falscher Lehrer, die er als „Revisionisten" bezeichnet, unter seinen Lesern. Indem er diese Personen direkt anspricht, unterstreicht Johannes den übergeordneten Zweck seines Briefes: die fortwährende Gemeinschaft der Leser mit Gott zu schützen. Das Auftauchen dieser „Antichristen" stellt eine erhebliche Bedrohung für das geistige Wohlergehen der Gemeinde dar und veranlasst Johannes, mit seelsorgerischer Dringlichkeit einzugreifen.

Trotz des von diesen falschen Lehrern hervorgerufenen Täuschungs- und Lehrverwirrungspotenzials versichert Johannes seinen Lesern, dass ihre ewige Erlösung weiterhin gesichert ist. Er erkennt jedoch die Gefahr an, in der sie sich befinden, was ihre Erlösungsgewissheit betrifft, und betont die Notwendigkeit von Wachsamkeit und Urteilsvermögen angesichts spiritueller Täuschung.

Johannes geht in diesem Abschnitt nicht mit Verurteilung, sondern mit Bestätigung vor. Er beginnt damit, die spirituelle Kompetenz seiner Leser zu bekräftigen und sie an ihr reiches spirituelles Erbe als Kinder Gottes zu erinnern. Dies dient als Motivationskatalysator und drängt sie, eine tiefere Intimität mit Gott anzustreben und der Verlockung falscher Lehren zu widerstehen.

Johannes stellt klar, dass er seine Leser nicht als falsche Professoren betrachtet. Vielmehr betrachtet er sie als echte Gläubige, die die Kraft ihres Glaubens verkostet haben und zu edlen Bestrebungen fähig sind. Sein Ziel ist es nicht, sie einer Reihe von Prüfungen zu unterziehen, um ihre Erlösung festzustellen, sondern sie zu inspirieren, nach spiritueller Reife und Erfüllung zu streben.

Die Botschaft von John besteht aus jeweils zwei oder drei Sätzen und ist prägnant und nachdrücklich. Jeder Satz beginnt mit der Aussage „Ich schreibe Ihnen", gefolgt von einer Begründung für seine Mitteilung. Dieses rhetorische Mittel unterstreicht den Zweck und die Dringlichkeit von Johns Botschaft und betont den Ernst der Lage und die Bedeutung der Reaktion seiner Leser.

Der Brief des Johannes dient als Leuchtfeuer inmitten der sich ausbreitenden Dunkelheit der falschen Lehren. Er führt Gläubige zu einem tieferen Verständnis ihres Glaubens und einer tieferen Erfahrung der Gemeinschaft mit Gott. Indem er ihre spirituelle Identität bekräftigt und sie ermahnt, an der Wahrheit festzuhalten, befähigt Johannes seine Leser, im Angesicht von Widrigkeiten standhaft zu bleiben und ihre Reise hin zu spiritueller Reife und Freude fortzusetzen.

**2:13 Ich schreibe euch, Väter, weil ihr den erkennt, der von Anfang an ist. Ich schreibe euch, junge Männer, weil ihr den Bösen überwunden habt. Ich schreibe euch, Kinder, weil ihr den Vater erkennt. 2:14 Ich schreibe euch, Väter, weil ihr den erkennt, der von Anfang an ist. Ich schreibe euch, junge Männer, weil ihr stark seid und das Wort Gottes in euch bleibt und ihr den Bösen überwunden habt.**

Johannes' Verwendung der Begriffe „kleine Kinder", „Väter" und „junge Männer" in seiner Ansprache an seine Leser regt zum Nachdenken über die beabsichtigten Empfänger seiner Botschaft an. Es ist zwar plausibel, diese Bezeichnungen im wörtlichen Sinne zu interpretieren und Personen nach Alter oder Geschlecht zu kategorisieren, aber eine solche Interpretation ist schwierig, insbesondere wenn man Johannes' weibliche Leser und diejenigen berücksichtigt, die möglicherweise nicht genau in diese Kategorien passen.

Alternativ könnte Johannes diese Bezeichnungen metaphorisch verwendet haben, um Stufen der spirituellen Entwicklung zu symbolisieren und nicht physisches Alter oder Geschlecht. Diese Interpretation ermöglicht ein umfassenderes Verständnis seines Publikums, da sie Personen an verschiedenen Punkten ihrer spirituellen Reise einschließt.

Die Reihenfolge, in der Johannes diese Gruppen anspricht – beginnend mit „kleinen Kindern", gefolgt von „Vätern" und abschließend mit „jungen Männern" – mag auf den ersten Blick unkonventionell erscheinen. Es ist jedoch möglich, dass Johannes nicht die Absicht hatte, eine Hierarchie zu etablieren, sondern unterschiedliche Qualitäten oder Merkmale hervorzuheben, die mit jeder Stufe der spirituellen Reife verbunden sind.

Einige Gelehrte meinen, Johannes wollte typische Eigenschaften jeder Altersgruppe hervorheben, die im Idealfall alle Gläubigen auszeichnen sollten. In dieser Sichtweise repräsentieren „kleine Kinder" neuere Gläubige, die sich durch kindlichen Glauben und Abhängigkeit von Gott auszeichnen. „Väter" symbolisieren reife Gläubige, die sich durch tiefe spirituelle Einsicht und durch Erfahrung gewonnene Weisheit auszeichnen. „Junge Männer" hingegen können weniger reife Gläubige darstellen, die dennoch aktiv an spirituellem Wachstum und Entwicklung beteiligt sind.

Letztendlich unterstreicht Johannes mit der Verwendung dieser Bezeichnungen die Vielfalt und den Reichtum der christlichen Gemeinschaft, die Menschen in verschiedenen Stadien spirituellen Wachstums und Reife umfasst. Indem er seine Leser auf diese Weise anspricht, vermittelt Johannes zeitlose Wahrheiten, die unabhängig von Alter, Geschlecht und spiritueller Erfahrung Anklang finden, und lädt alle Gläubigen ein, sich auf die Reise des Glaubens zu begeben und eine immer tiefere Intimität mit Gott anzustreben.

Die Interpretation von Johannes' Verwendung des griechischen Partikels „hoti" in seiner Ansprache an verschiedene Gruppen wirft eine interessante Frage hinsichtlich der beabsichtigten Bedeutung seiner Botschaft auf. Dieser Artikel kann sowohl eine kausale als auch eine deklarative Bedeutung haben, was Raum für Mehrdeutigkeiten beim Verständnis von Johannes' Absicht lässt. Obwohl beide Interpretationen plausibel sind, erscheint die kausale Bedeutung etwas wahrscheinlicher, was darauf hindeutet, dass Johannes möglicherweise beabsichtigt haben könnte, die bereits wahren Gründe oder Bedingungen jeder Gruppe hervorzuheben.

Für die spirituellen „kleine Kinder" unter den Lesern von Johannes ist die Vergebung durch ihren himmlischen Vater ein grundlegender Aspekt ihres neu gefundenen Glaubens. Diese Gruppe, bestehend aus neuen Gläubigen, hat die tiefe Realität der Vergebung Gottes erfahren. Diese Wahrheit bildet das Fundament ihrer Heilsreise.

Im Gegensatz dazu deutet die Bezeichnung „Väter" auf Personen hin, die im Laufe der Zeit eine tiefe Gemeinschaft mit Jesus Christus aufgebaut haben. Diese Gläubigen werden als diejenigen dargestellt, die die zeitlose Gegenwart Christi gekannt und erlebt haben, symbolisiert durch seine ewige Natur als das Wort, das von Anfang an war.

Was die geistig „jungen Männer" unter den Lesern von Johannes betrifft, so ist ihre Identität durch einen gewissen Sieg über ihren geistigen Widersacher Satan gekennzeichnet. Durch ihren Glauben und ihre Ausdauer haben sie den Teufel besiegt und ihre Widerstandskraft und Entschlossenheit angesichts des geistigen Kampfes unter Beweis gestellt.

Johannes' Ansprache an diese verschiedenen Gruppen spiegelt die unterschiedlichen Erfahrungen und Stadien der spirituellen Entwicklung innerhalb der christlichen Gemeinschaft wider. Jede Bezeichnung bringt eine eigene Reihe von Erfahrungen und Siegen mit sich und unterstreicht die Vielschichtigkeit der Reise des Gläubigen. Ob neu im Glauben, erfahren in der Gemeinschaft mit Christus oder im spirituellen Kampf engagiert, alle Gläubigen sind aufgerufen, in ihrer Beziehung zu Gott zu wachsen und zu reifen und Kraft aus seiner Vergebung, seiner ewigen Gegenwart und seiner Macht zu schöpfen, die Mächte der Dunkelheit zu überwinden.

Johannes' sequenzielle Darstellung von Vergebung, Gemeinschaft mit Christus und Sieg über den Bösen spiegelt den typischen Erfahrungsverlauf im christlichen Leben wider. Diese bewusste Abfolge spiegelt die natürliche Entwicklung der spirituellen Reise eines Gläubigen wider, von der anfänglichen Wertschätzung der Vergebung Gottes über die zunehmende Intimität der Gemeinschaft mit Christus bis hin zur Ermächtigung, spirituelle Gegner zu überwinden.

Die Bezeichnung „junge Männer" nach den „Vätern" unterstreicht die Entwicklung der spirituellen Reife unter den Lesern des Johannes. Nachdem sie als „kleine Kinder" die Vergebung der Sünden erfahren und als „Väter" eine enge Beziehung zu Gott entwickelt hatten, werden sie nun als energische junge Männer dargestellt, die bereit sind, einen spirituellen Kampf gegen die Mächte der Dunkelheit zu führen. Diese Darstellung betont die dynamische und aktive Natur ihres Glaubens, die sich durch Widerstandsfähigkeit und Bereitschaft auszeichnet, sich spirituellen Herausforderungen zu stellen.

Johannes wiederholt den Beschreibungszyklus in den Versen 12-14 nicht nur, um das Wachstum und die Stärke seiner Leser hervorzuheben, sondern auch, um sie seiner Aufmerksamkeit und Ermutigung zu versichern. Indem er ihren Fortschritt anerkennt und ihre spirituelle Entwicklung bekräftigt, versucht Johannes, seinem Publikum Vertrauen und Ausdauer zu vermitteln und ihnen zu versichern, dass sie im Glauben weiter wachsen.

In den Versen 13c-14 untersucht Johannes die fortgeschritteneren spirituellen Erfahrungen, die für jede Wachstumsphase in der zweiten Reihe von drei Beschreibungen charakteristisch sind. Während die spirituell „kleinen Kinder" Gottes Vergebung zunächst zu schätzen wissen, bedeutet der Fortschritt zu „Kindern" ein tieferes Wissen und eine tiefere Vertrautheit mit dem Vater. Dies deutet darauf hin, dass neue Christen unter Johannes' Lesern von einem rudimentären Verständnis der Vergebung zu einer tieferen Beziehung zu Gott dem Vater übergegangen sind, was auf ihre Reifung im Glauben hinweist.

Johannes' bewusste Anordnung dieser Phasen des spirituellen Wachstums spiegelt sein tiefes Verständnis für die Reise des Gläubigen und seinen Wunsch wider, seine Leser auf dem Weg der spirituellen Reife zu führen und zu ermutigen. Indem er ihren Fortschritt bestätigt und ihre Wachstumskurve beleuchtet, flößt Johannes seinem Publikum Zuversicht und Stärke ein und befähigt es, seine Glaubensreise mit unerschütterlicher Entschlossenheit fortzusetzen.

Johannes' sorgfältige Wortwahl bei der Beschreibung der spirituellen Entwicklung seiner Leser unterstreicht die dynamische Natur ihrer Glaubensreise. Die identischen Aussagen über „Väter" betonen die grundlegende Wahrheit, dass die Erkenntnis Christi ein fortlaufender Prozess der Vertiefung von Intimität und Verständnis ist. Während die Beziehung der Gläubigen zu Christus wächst, sollte ihr Streben kontinuierlich darauf ausgerichtet sein, ihn vollständiger und inniger kennenzulernen.

Im Gegensatz dazu betont Johannes zunächst den Sieg der „jungen Männer" über die Bösen, gibt aber in der zweiten Aussage zusätzliche Einblicke, indem er sie als stark und vom Wort Gottes erfüllt darstellt. Diese Darstellung steht für einen robusteren und reiferen spirituellen Zustand und spiegelt ihr Wachstum und ihre Stärke wider, die sie durch das Befolgen des Wortes Gottes erlangt haben. Sie unterstreicht die transformative Kraft der Heiligen Schrift, die Gläubige stärkt und ihnen die Kraft gibt, spirituellen Herausforderungen standzuhalten.

Johannes' strategischer Gebrauch von Verben im Präsens in der ersten Satzgruppe und von Verben im Aorist in der zweiten Satzgruppe verstärkt bei seinen Lesern noch zusätzlich das Gefühl von Fortschritt und Reifung. Die durch die Verben im Präsens in den ersten Beschreibungen angedeutete andauernde Handlung deutet auf einen kontinuierlichen Prozess des Wachstums und der Entwicklung hin. Im Gegensatz dazu vermitteln die Verben im

Aorist in den nachfolgenden Beschreibungen ein Gefühl der Kulmination oder Errungenschaft und deuten auf einen Zustand größerer spiritueller Reife hin, der durch Ausdauer und Treue erreicht wird.

In den Schriften des Johannes ist Überwinden ein wiederkehrendes Motiv, das den Sieg unterstreicht, den Gläubige durch Christus, den ultimativen Überwinder, erreichen. Die Botschaft bleibt im Evangelium, den Episteln oder der Offenbarung gleich. Durch die Vereinigung mit Christus werden Gläubige befähigt, die Welt und ihre Herausforderungen zu überwinden. Dieses Thema ist ein Schlachtruf für Gläubige. Es erinnert sie an ihre Identität als Überwinder durch Christus und inspiriert sie, im Glauben und mit Ausdauer weiterzumachen.

Die Bedeutung des Siegesmotivs in den Schriften des Johannes zeigt sich in der Häufigkeit des Vorkommens des Verbs „nikao" und des Substantivs „nika", was das Thema des spirituellen Triumphs durch Christus unterstreicht. Dieses Motiv ist ein wiederkehrendes Thema in den Schriften des Johannes und betont die siegreiche Natur des christlichen Lebens und die Ermächtigung des Gläubigen durch die Vereinigung mit Christus.

In den Versen 12-14 spricht Johannes seine Leser nicht ausschließlich als unreife oder reife Gläubige an. Stattdessen erkennt er ihre unterschiedlichen spirituellen Zustände und ihren Glaubensfortschritt an und ermutigt sie, eine tiefere Intimität mit dem Herrn anzustreben. Anstatt seinen Brief als eine Reihe von Tests der Wiedergeburt darzustellen, fordert Johannes seine Leser mit Tests der Gemeinschaft heraus und drängt sie, eine lebendige Beziehung zu Gott zu pflegen, anstatt einfach ihren Status als wahre Gläubige zu bewerten.

Vielen Kommentatoren zufolge ist es ein beliebter, aber fehlgeleiteter Ansatz, den 1. Johannesbrief als Mittel zu interpretieren, mit dem die Leser ihre Erlösung feststellen können. Diese Sichtweise, die den Brief als eine Reihe von Tests betrachtet, um das Vorhandensein spirituellen Lebens festzustellen, steht nicht im Einklang mit den ausdrücklichen Aussagen des Johannes zu seinem Schreibzweck. Johannes bekräftigt den echten Glauben seiner Leser und ermutigt sie, in Christus zu bleiben und seinen Geboten beharrlich zu gehorchen, anstatt sie der Ungewissheit über ihren Erlösungsstatus auszusetzen.

Indem Johannes betont, wie wichtig es ist, in Christus zu bleiben und ein Leben zu führen, das von Gehorsam geprägt ist, liefert er einen Rahmen für die Gewissheit der Erlösung, die auf einer dynamischen Beziehung zum Erlöser gründet. Weit davon entfernt, Zweifel an der Stellung des Gläubigen vor Gott aufkommen zu lassen, bestätigt Johannes' Brief die Realität seines Glaubens und inspiriert ihn, in treuem Gehorsam und in Gemeinschaft mit Christus fortzufahren. Somit ist Johannes' Botschaft eine Botschaft der Gewissheit, die die Gläubigen drängt, Vertrauen und Sicherheit in ihrer Identität als Kinder Gottes zu finden, die durch Christi Sieg befähigt sind, zu überwinden.

## Liebt die Welt nicht

In diesem Abschnitt des 1. Johannesbriefs richtet Johannes, nachdem er den geistigen Zustand der Leser bestätigt hat (2:12-14), seinen Fokus auf die Herausforderungen und Widersacher, denen Gläubige auf ihrem christlichen Weg begegnen müssen. Er beginnt mit der Erörterung der Gefahren, die die Welt mit sich bringt, und betont, wie wichtig es ist, trotz weltlicher Versuchungen in seiner Hingabe an Gott standhaft zu bleiben.

Johannes' Ermahnung, „die Welt nicht zu lieben", ist eine warnende Erinnerung an die spirituellen Gefahren, die mit weltlichen Bestrebungen und Wünschen einhergehen. Indem er die Liebe des Vaters der Verlockung der Welt gegenüberstellt, unterstreicht Johannes die Notwendigkeit für Gläubige, ihre Zuneigung und Treue zu Gott über alles andere zu stellen. Diese Ermahnung soll Gläubige mit dem Bewusstsein und der Urteilskraft ausstatten, die notwendig sind, um die weltlichen Einflüsse zu meistern, die ihren Glauben untergraben wollen.

Johannes versichert seinen Lesern zwar, dass sie mit Gott verbunden sind, ist sich aber auch der fortwährenden Versuchungen und Herausforderungen bewusst, denen sie in der Welt ausgesetzt sind. Seine seelsorgerische Sorge veranlasst ihn, praktische Anleitung und Ermutigung zu geben und die Gläubigen zu drängen, den Verlockungen der Welt zu widerstehen und in ihrem Gehorsam gegenüber Gott standhaft zu bleiben.

Der Begriff „Welt" (gr. kosmos) hat im Neuen Testament mehrere Bedeutungen, von der physischen Welt bis hin zur von Satan beeinflussten menschlichen Gesellschaft und Kultur. Hier verwendet Johannes den Begriff, um sich auf das weltliche System zu beziehen, das durch Werte und Prinzipien gekennzeichnet ist, die Gott entgegengesetzt sind. Indem Johannes die vergängliche Natur der Welt hervorhebt und sie der ewigen Bedeutung des Gehorsams gegenüber Gott gegenüberstellt, hebt er die flüchtige Natur weltlicher Bestrebungen im Gegensatz zu den dauerhaften Belohnungen treuen Gehorsams hervor.

Bei der Darstellung dieser Kontraste verwendet Johannes seinen typischen Stil, Paare zu verwenden, um spirituelle Wahrheiten zu vermitteln, und betont die Dichotomie zwischen der vergänglichen Verlockung der Welt und der dauerhaften Bedeutung des Gehorsams gegenüber Gott. Dieses thematische Muster verstärkt die übergeordnete Botschaft der Passage und fordert die Gläubigen auf, trotz der allgegenwärtigen Verlockungen der Welt in ihrer Hingabe an Gott standhaft zu bleiben.

**2:15 Habt nicht lieb die Welt, noch was in der Welt ist. Wer die Welt lieb hat, in dem ist die Liebe des Vaters nicht.**

Im Kontext des 1. Johannesbriefs hat das griechische negative Verbot „mich", wenn es mit einem aktiven Imperativverb im Präsens verbunden ist, die Bedeutung, entweder eine Handlung einzustellen oder sich einer üblichen Beschäftigung zu enthalten. Hier fordert Johannes' Anweisung, „die Welt nicht zu lieben", die Gläubigen auf, den Verlockungen eines bestimmten Aspekts der menschlichen Existenz zu widerstehen: dem vorherrschenden System von Werten, Prioritäten und Glaubenssätzen, das Gott ausschließt.

Johannes verwendet den Begriff „die Welt" (Kosmos), um dieses System zu beschreiben, das sich Gott und seinen göttlichen Absichten widersetzt. Anders als die Welt der Schöpfung oder die Menschheit im Allgemeinen, die Gott liebt (Johannes 3:16), bezieht sich diese „Welt" auf eine moralische und spirituelle Ordnung, die von Feindseligkeit gegenüber Gott und seiner Liebe geprägt ist. Es ist ein System, das im grundlegenden Widerspruch zu den Prinzipien der Gerechtigkeit und Wahrheit steht und von Satan inszeniert wurde, um die Menschen von Gott wegzuziehen.

Dieses weltliche System wirkt wie eine verführerische Kraft und spricht die Wünsche und Neigungen von Gläubigen und Ungläubigen gleichermaßen an. Es versucht, Menschen in seine Herde zu locken und verlangt ihre Zuneigung, Teilnahme und Loyalität. Gläubige sind jedoch aufgerufen, seinen Verlockungen zu widerstehen und seinen Einfluss zu meiden, da sie erkennen, dass es letztlich unter der Kontrolle Satans selbst steht (vgl. 5:19; Johannes 12:31; 14:30).

Während „die Welt" die geschaffene Ordnung umfasst, liegt Johannes' Schwerpunkt vor allem auf den spirituellen und moralischen Dimensionen dieses Systems. Obwohl die geschaffene Ordnung vergänglich und vergehend ist, stellt der moralische und spirituelle Rahmen des Weltsystems die größte Bedrohung für Gläubige dar. Indem Johannes Gläubige ermahnt, die Welt nicht zu lieben, betont er die Notwendigkeit, Gott und seiner Wahrheit treu zu bleiben, trotz des allgegenwärtigen Einflusses weltlicher Werte und Prioritäten.

In 1. Johannes 2:15 wird der Gegensatz zwischen der Liebe des Gläubigen zum Vater und der Verlockung der Welt deutlich hervorgehoben. Dies steht im Gegensatz zum Antagonismus zwischen Geist und Fleisch in anderen Bibelstellen, wie Galater 5:16 und Römer 8:12-13, und dem Konflikt zwischen Christus und Satan oder Antichrist, wie er in 1. Johannes 3:8 und Hebräer 2:14-15 dargestellt wird.

Der Konditionalsatz „wenn" in diesem Vers impliziert die bedauerliche Realität, dass manche Christen tatsächlich eine Zuneigung zur Welt entwickeln könnten – eine ernüchternde Wahrheit, die viele anerkennen. Aber was genau macht die Welt so problematisch? Diese Frage veranlasst eine tiefere Untersuchung der Natur und der Auswirkungen weltlicher Bindung.

„Die Liebe des Vaters" bezieht sich wahrscheinlich eher auf die Liebe der Gläubigen zum Vater als auf Seine Liebe zu ihnen. Diese Interpretation, die durch den objektiven Genitiv angedeutet wird, unterstreicht die Verantwortung des Gläubigen, seine Zuneigung zu Gott über weltliche Verlockungen zu stellen. Umgekehrt gilt: Angenommen, jemandes Liebe richtet sich auf die Welt. In diesem Fall deutet sie auf eine Abweichung von einem Herzen hin, das sich voll und ganz dem Vater verschrieben hat – eine Abkehr der Loyalität von Ihm hin zu den vergänglichen Verlockungen der Welt.

Der Ausdruck „in ihm" bedeutet einen vorherrschenden Einfluss und deutet an, dass das Objekt der eigenen Liebe eine kontrollierende Macht über die eigenen Zuneigungen und Prioritäten ausübt. Wenn also die Liebe eines Menschen auf die Welt gerichtet ist, liegen seine Loyalität und Hingabe woanders und nicht bei Gott. Dies unterstreicht den inhärenten Konflikt zwischen den Werten und Prioritäten der Welt und der spirituellen Loyalität, die Gläubige gegenüber dem Vater aufrechterhalten sollen.

**2:16 Denn alles, was in der Welt ist – die Begierde des Fleisches und die Begierde der Augen und der Hochmut des Lebens –, ist nicht vom Vater, sondern ist von der Welt.**

Johannes' Zusammenfassung der Anziehungskraft des Weltsystems fasst das Wesen der weltlichen Versuchung zusammen und stellt sie als eine Triade heimtückischer Einflüsse dar, die einer höllischen Dreifaltigkeit gleicht. Diese drei Facetten, die an die Versuchungen erinnern, denen Adam und Eva im Garten Eden und Jesus in der Wildnis ausgesetzt waren, stellen die Hauptquellen weltlicher Verlockungen dar.

„Die Begierden des Fleisches" umfassen Begierden oder Wünsche, die dem Willen Gottes zuwiderlaufen. Sie umfassen alle verdorbenen körperlichen Begierden und sündigen Aktivitäten, die die Herzen der Menschen verführen und fesseln und sie von der Rechtschaffenheit abbringen.

„Die Begierden der Augen" bezeichnen den Wunsch, Dinge zu besitzen, die außerhalb der Grenzen von Gottes Willen liegen. Diese Neigung äußert sich in einem unersättlichen Verlangen nach Sinnesfreuden und materiellem Besitz und verleitet Menschen dazu, Dinge zu begehren, die ihnen nicht rechtmäßig zustehen.

„Der Hochmut des Lebens" spiegelt den Wunsch wider, sich selbst zu erhöhen, ohne Gottes Willen zu beachten. Dies äußert sich in arroganter Zurschaustellung von Überlegenheit und Selbstgefälligkeit in weltlichen Angelegenheiten, wenn Individuen versuchen, Kontrolle über Menschen, Umstände und sogar die göttliche Ordnung auszuüben.

Jede Facette dieser höllischen Dreifaltigkeit spricht unterschiedliche Aspekte der menschlichen Existenz an: Die Lust des Fleisches zielt auf den physischen Körper, die Lust der Augen auf die Seele oder den Intellekt und der Hochmut des Lebens auf den Geist oder das Wesen des Seins.

In der heutigen westlichen Gesellschaft finden diese Erscheinungsformen weltlicher Versuchung verschiedene Ausdrucksformen. Die Lust des Fleisches äußert sich oft in hedonistischem Streben, vergöttertem Vergnügen und Genusssucht, insbesondere im Bereich der unerlaubten Sexualität. Die Lust der Augen äußert sich in Materialismus und Konsumismus und treibt den Einzelnen zu übermäßigem Konsum und dem unermüdlichen Streben nach Besitz. Schließlich äußert sich Stolz im Leben in Egoismus und Machtstreben, da der Einzelne danach strebt, Kontrolle über seine Umgebung, Beziehungen und sogar göttliche Autorität auszuüben.

Das Verständnis dieser dreifachen Versuchungen befähigt Gläubige, die Verlockungen des Weltsystems zu erkennen und ihnen zu widerstehen, indem sie sich statt dessen im Gehorsam gegenüber dem Willen Gottes und im Streben nach spiritueller Wahrheit und Gerechtigkeit verankern.

Die Unterscheidungen, die innerhalb des Konzepts der Verlockungen der Welt getroffen werden – insbesondere zwischen der Fleischeslust, der Augenlust und dem Hochmut des Lebens – bieten tiefe Einblicke in die vielschichtige Natur weltlicher Versuchungen.

Fleischeslust bezieht sich auf Verlangen, das von innen kommt und von den inneren Neigungen der menschlichen Natur getrieben wird. Dazu gehört eine Reihe unerlaubter körperlicher Aktivitäten, die das sündige Herz des

Einzelnen ansprechen und ihn dazu verleiten, sich einer Befriedigung hinzugeben, die über die Grenzen moralischer Rechtschaffenheit hinausgeht.

Im Gegensatz dazu bezieht sich die Lust der Augen auf Wünsche, die durch äußere Reize ausgelöst werden – Objekte, Personen oder Situationen, die die Sinne fesseln und Begehrlichkeit wecken. Sie umfasst optisch ansprechende Aspekte des Lebens, die Menschen dazu verleiten können, sich nach Besitztümern oder Erfahrungen zu sehnen, die über das Erlaubte oder Ethische hinausgehen.

Der Stolz des Lebens verkörpert Arroganz und Selbstgefälligkeit, die aus Besitz oder Macht resultieren. Er manifestiert sich in eitlem Zurschaustellen irdischen Status, in Prahlerei mit den eigenen Errungenschaften, Besitztümern oder dem sozialen Status. Diese Haltung des Stolzes führt dazu, dass Menschen ihre Abhängigkeit von Gott vergessen, sich über andere erheben und echte Demut und Mitgefühl verlieren.

In seinem Kommentar setzte Matthew Henry die Lust des Fleisches mit Luxus, die Lust der Augen mit Habgier und den Stolz des Lebens mit Ehrgeiz gleich und hob die verschiedenen Formen hervor, in denen sich weltliche Versuchungen manifestieren.

Zane Hodges lieferte eine umfassende Definition, in der er die Fleischeslust als alle unerlaubten körperlichen Aktivitäten beschreibt, die sündige Wünsche ansprechen, die Augenlust als optisch ansprechende, aber unangebrachte Wünsche und den Hochmut des Lebens als eitle Zurschaustellung irdischen Erfolgs und Selbstverherrlichung.

Letztlich ziehen diese Versuchungen die Menschen von Gott weg und fördern einen Geist der Ichbezogenheit und der Loslösung von spirituellen Wahrheiten und Werten. Das Erkennen und Widerstehen dieser Verlockungen ist für Gläubige von entscheidender Bedeutung, um ihre spirituelle Integrität zu bewahren und in ihrer Hingabe an Gott standhaft zu bleiben.

Wie Johannes es darstellt, umfasst das Konzept der Welt ein Werte- und Prioritätensystem, das den Prinzipien Gottes diametral entgegengesetzt ist. Es geht dabei nicht nur um die physische Welt oder die Menschheit im Allgemeinen, sondern vielmehr um eine spirituelle und moralische Ordnung, die von Feindseligkeit gegenüber Gott und seinem Willen geprägt ist. Dieses Weltsystem übt unter der Herrschaft Satans einen verführerischen Einfluss aus und verleitet Menschen dazu, Wünsche und Bestrebungen zu verfolgen, die im Widerspruch zu Gottes Wahrheit und Gerechtigkeit stehen.

In diesem Rahmen identifiziert Johannes drei Hauptquellen weltlicher Versuchung: die Lust des Fleisches, die Lust der Augen und den Hochmut des Lebens. Diese Versuchungen stellen die höllische Dreifaltigkeit dar, die die Menschen von Gott wegführt und sie dazu bringt, egozentrisch weltlichen Vergnügungen und Ambitionen nachzugehen.

Die Lust des Fleisches umfasst Verlangen, das von innen kommt und Menschen dazu bringt, sich an unerlaubten Aktivitäten zu beteiligen, die dem Willen Gottes zuwiderlaufen. Die Lust der Augen hingegen entsteht durch äußere Reize und verleitet Menschen dazu, Besitztümer oder Erfahrungen zu begehren und zu verfolgen, die über das hinausgehen, was recht ist. Schließlich manifestiert sich der Stolz im Leben als Arroganz und Selbstgefälligkeit, die durch Besitztümer, Erfolge oder sozialen Status genährt werden und Menschen dazu bringen, zu prahlen und sich selbst zu erhöhen.

Johannes' Ermahnung an die Gläubigen ist eindeutig: Sie sollen den Verlockungen der Welt widerstehen und stattdessen den Wünschen des Vaters folgen. Er betont, dass Moral nicht die Grundlage für die Erlösung ist, sondern vielmehr die Frucht echten Glaubens. Indem Gläubige den Versuchungen der Welt entfliehen, fleischliche Begierden verleugnen und den Plänen des Teufels widerstehen, können sie ihre spirituelle Integrität bewahren und in ihrer Hingabe an Gott standhaft bleiben.

Die Schriften des Johannes geben tiefe Einblicke in die Wirkung der Dreifaltigkeit bei der Erlösung. Durch Christus haben die Gläubigen Gemeinschaft mit dem Vater, werden von Sünde gereinigt und erhalten durch den innewohnenden Heiligen Geist die Gewissheit der Erlösung. Jede Person der Dreifaltigkeit spielt eine eigene, aber harmonische Rolle bei der Verwirklichung von Gottes Erlösungsplan, was die Einheit und Kohärenz des göttlichen Vorhabens in der gesamten Heiligen Schrift unterstreicht.

**2:17 Und die Welt vergeht mit ihrer Begierde; wer aber den Willen Gottes tut, der bleibt in Ewigkeit.**

Johannes warnt davor, den Begierden der Welt nachzugeben, und zwar nicht nur, weil sie dem Willen Gottes widersprechen, sondern auch, weil sie vergänglich sind. Er betont, dass wir in der letzten Stunde der Existenz der Welt leben, eine zeitliche Realität, die in der gesamten Heiligen Schrift widerhallt. Trotz ihrer Verlockung sind die Welt und ihre Begierden vergänglich und dazu bestimmt, zu vergehen. Im Gegensatz dazu bleiben diejenigen, die sich dem Willen Gottes anschließen, für immer und genießen eine ewige Beziehung zu ihm.

Gehorsam gegenüber Gott verdient zwar kein ewiges Leben, ermöglicht aber eine gegenwärtige Erfahrung von erfülltem Leben und inniger Gemeinschaft mit Gott. So wie Abraham aufgrund seines Gehorsams als Freund Gottes bekannt war, können auch gehorsame Christen eine tiefe, dauerhafte Beziehung zum Schöpfer pflegen.

Johannes erkennt die Fallstricke weltlicher Versuchungen und ermahnt die Gläubigen, sich an vier wichtige Wahrheiten zu erinnern: Erstens bedeutet Liebe zur Welt einen Mangel an Liebe zu Gott. Zweitens behindert das Befriedigen weltlicher Wünsche die innige Gemeinschaft mit Gott. Drittens stehen die Folgen weltlicher Bestrebungen im Widerspruch zu Gottes Wünschen für unser Wohlergehen. Und schließlich sind die Freuden der Welt kurzlebig und bieten nur vorübergehende Befriedigung.

Im Lichte dieser Erkenntnisse ermutigt Johannes die Gläubigen, den Verlockungen weltlicher Versuchungen zu widerstehen und ihrer Liebe zu Gott und ihrer ewigen Beziehung zu ihm den Vorrang vor den flüchtigen Freuden dieser Welt zu geben.

# Warnung vor Antichristen

Johannes' Ansatz ändert sich, wenn er die trügerischen Bedrohungen anspricht, denen seine Leser ausgesetzt sind, insbesondere durch falsche Lehrer, die die Wahrheit über die Intimität mit Gott verdrehen. Er schlägt einen direkteren Ton an und bezeichnet diese Betrüger als „Antichristen", um die Ernsthaftigkeit ihrer Lehren zu betonen.

Bei der Strukturierung dieses Abschnitts verwendet Johannes einen dreifachen Rahmen. Zunächst identifiziert er drei Zeichen oder Indikatoren der Endzeit (Verse 18-19). Dann beschreibt er drei Unterscheidungsmerkmale der Gläubigen (Verse 20-23). Schließlich beleuchtet er drei Merkmale derjenigen, die im Licht bleiben (Verse 24-25). Die Verse 26 und 27 fassen die in den vorhergehenden Versen (18-25) dargelegten Offenbarungen zusammen und erweitern sie. Dieser strukturierte Ansatz bietet seinen Lesern Klarheit und Orientierung und befähigt sie, die Täuschungen, denen sie begegnen, zu erkennen und sich vor ihnen zu schützen.

**2:18 Kinder, es ist die letzte Stunde. Und wie ihr gehört habt, dass der Antichrist kommt, sind schon viele Antichristen gekommen. Deshalb wissen wir, dass es die letzte Stunde ist.**

Die Wahl des griechischen Wortes „paidia" („Kinder", das auch in Vers 12 vorkommt) durch Johannes rührt wahrscheinlich daher, dass es ein Kind bezeichnet, das sich in der Lernphase befindet. Seine Leser, einschließlich uns, waren Lernende, die die Offenbarungen, die er vermittelte, aufnahmen.

In der großen Erzählung der Menschheitsgeschichte spielen alle Zuhörer von Johannes, die sich über die Zeit erstrecken, einschließlich uns, ihre Rollen im letzten Akt, wenn auch mit verschiedenen Szenen innerhalb dieses Akts. Die neutestamentliche Zeit nach der Menschwerdung und der Rückkehr des Herrn für seine Anhänger wird oft als „die letzte Stunde" oder „die letzten Tage" bezeichnet. Diese Epoche bedeutet den Höhepunkt vor der bevorstehenden Rückkehr des Herrn und der darauffolgenden Entwicklung der Ereignisse. Zunächst wird diese Ära Zeuge des Gerichts (der Trübsal), gefolgt von einer Phase des Segens. In der letzten Phase wird Jesus Christus die

Menschheit direkt regieren, zuerst in der tausendjährigen Herrschaft und schließlich im neuen Himmel und auf der neuen Erde.

Der Begriff „Stunde", der im Johannesevangelium immer wieder auftaucht, symbolisiert die entscheidenden Momente auf Jesu irdischer Reise, insbesondere seinen Tod und seine Rückkehr zum Vater. Diese Verwendung hilft uns, Johannes' Absicht hier zu verstehen – die „letzte Stunde" markiert den Höhepunkt einer Ära, das Ende eines schwindenden Tages.

Johannes' Zuhörer waren wahrscheinlich gut vertraut mit dem Konzept des Weltherrschers, der oft als „Antichrist" bezeichnet wird und sich gegen Gott stellen würde – eine Idee, die in verschiedenen Bibelstellen wie Daniel 11:36-45, Matthäus 24, Markus 13, 2. Thessalonicher 2:3-5, 2. Johannes 7 und Offenbarung 12–13 aufkommt. Schon als Johannes seine Worte niederschrieb, traten zahlreiche Personen als Vorläufer dieses ultimativen Antagonisten hervor. Diese „Antichristen" zeichneten sich durch ihre Opposition gegen Jesus Christus und seine Lehren aus und beanspruchten manchmal sogar den Status eines Messias für sich. Offenbarung 13 geht näher auf dieses Thema ein und beschreibt zwei unterschiedliche Wesen – das erste „Tier", das die Rolle des Messias einnimmt, und das zweite „Tier", das sich in Opposition zu Christus stellt.

Im Begriff „Antichristos" vermittelt das Präfix „anti" sowohl die Vorstellung von Stellvertretung als auch von Opposition und deutet auf einen Gegner hin, der sich gegen Christus stellt oder versucht, ihn zu verdrängen. Im gesamten Neuen Testament kommt dieser Begriff an mehreren Stellen vor (1. Johannes 2:18, 2:22, 4:3; 2. Johannes 7).

Johannes' Schilderung der Gegner entspricht der geistigen Reife seiner Zuhörer. Für die geistig Jungen war der Hauptgegner die Welt. Im Gegensatz dazu stellten falsche Lehrer eine erhebliche Bedrohung für die Neulinge im Glauben dar. Der Rat, der diesen geistigen Neulingen gegeben wurde, betont die Wichtigkeit, sich mit dem Wort Gottes zu nähren – eine Ermahnung, die in anderen Bibelstellen widerhallt (Hebräer 5:12-14; 1. Petrus 2:2).

**2:19 Sie sind von uns ausgegangen, aber sie waren nicht von uns. Wären sie von uns gewesen, so wären sie bei uns geblieben. Aber sie sind ausgegangen, damit offenbar werde, dass sie alle nicht von uns sind.**

Der Ausdruck „die sich Christus widersetzten" bezeichnet eine Gruppe, die sich von der christlichen Gemeinschaft abgespalten hatte und als „wir" bezeichnet wurde. Der Begriff „uns" umfasst wahrscheinlich sowohl die apostolischen Augenzeugen, wie in anderen Teilen des Briefes zu sehen ist (1. Johannes 1:1-5; 4:6), als auch die breitere gläubige Gemeinschaft (1. Johannes 1:6–2:2). Während es möglich ist, dass sich „uns" in erster Linie auf die Apostel bezieht, was darauf hindeutet, dass die falschen Lehrer sich aus ihren Reihen entfernt hatten, ist es wahrscheinlicher, dass damit die christliche Gemeinschaft als Ganzes bezeichnet wird.

Diese falschen Lehrer, die als „Antichristen" bezeichnet wurden, waren Personen, die einst Teil lokaler Hauskirchen waren, diese aber aufgrund von Meinungsverschiedenheiten in der Glaubenslehre verließen. Die physische Trennung von den Aposteln und den Gläubigen spiegelte ihre Abweichung in der Glaubenslehre vom orthodoxen christlichen Glauben wider.

Im gesamten Brief werden „Antichristen" als ehemalige Mitglieder der christlichen Gemeinschaft dargestellt, die auf verschiedene Weise die wahre Identität Jesu leugnen und Gottes Erlösungswerk durch ihn ablehnen.

Es ist denkbar, dass diese Personen zunächst einen echten, aber möglicherweise fehlgeleiteten Glauben an Jesus besaßen und erst später ketzerischen Überzeugungen und Handlungen erlagen. Diese Entwicklung vom echten Glauben zur doktrinellen Abweichung unterstreicht die Bedeutung einer fundierten Lehre und Urteilskraft innerhalb der christlichen Gemeinschaft.

Die Entwicklung vieler falscher Kulte und antichristlicher Religionssysteme beginnt oft innerhalb der Grenzen einer örtlichen Kirchengemeinde. Die Untersuchung der Geschichte dieser Gruppen zeigt, dass ihre Gründer ursprünglich aus etablierten Gemeinden hervorgingen. Diese Personen waren möglicherweise physisch in der Gemeinde anwesend . Dennoch wichen ihre Überzeugungen und Motivationen letztendlich von den orthodoxen christlichen Lehren ab. Infolgedessen verließen sie die Gemeinde, zu der sie einst gehörten, und gründeten ihre eigenen Gruppen, in denen sie Lehren vertraten, die dem Glauben widersprachen, den sie einst verkündeten.

Während ein echtes Glaubensbekenntnis normalerweise die Verpflichtung zum Beharren auf seinen Überzeugungen bedeutet, warnt Johannes seine Leser vor der Gefahr, dieses Beharren zu vernachlässigen. Das Neue Testament enthält zahlreiche Warnungen und Ermahnungen, die Gläubige dazu drängen, im Glauben und in guten Werken zu verharren, und betont, dass Beharrlichkeit für Christen normal, aber nicht unvermeidlich ist.

Interessanterweise kann Gott trotz der Herausforderungen innerhalb der Christenheit aus diesen Spaltungen etwas Positives hervorbringen. Spaltungen verdeutlichen oft Glaubensunterschiede und heben Abweichungen von der Wahrheit hervor, was letztlich zu einem tieferen Verständnis und zur Einhaltung der wahren Lehre innerhalb der breiteren christlichen Gemeinschaft führt.

**2:20 Aber ihr seid von dem Heiligen gesalbt worden, und ihr alle besitzt Erkenntnis. 2:21 Ich schreibe euch nicht, weil ihr die Wahrheit nicht kennt, sondern weil ihr sie kennt und weil keine Lüge aus der Wahrheit kommt.**

Im Gegensatz zu denen, die die Gemeinde aufgrund heterodoxer Glaubensvorstellungen verließen, blieben die treuen Gläubigen innerhalb der Gemeinde ihrem Glauben treu. Johannes spielt auf die „Salbung" an, die sich wahrscheinlich auf den Heiligen Geist bezieht, den Jesus jedem Gläubigen zum Zeitpunkt der Bekehrung verleiht. Dieses Konzept entspricht dem biblischen Verständnis der Rolle des Heiligen Geistes bei der Heiligung und Führung der Gläubigen (Römer 8,9; 1. Korinther 12,13).

Johannes betont, dass diese Salbung, die die Weihe für heilige Zwecke symbolisiert, bei seinen Lesern verbleibt, um sie in der Wahrheit zu unterweisen. Anstatt die Lehrfunktion allein dem Wort Gottes zuzuschreiben, schreibt Johannes sie dem Heiligen Geist zu, der von Christus selbst gesandt wurde. Dieses Verständnis wird durch Johannes' frühere Bezugnahmen auf Jesus als „das Leben" und die Funktion des Heiligen Geistes als Führer in alle Wahrheit unterstützt (Johannes 14:26; 16:13).

Obwohl alle Gläubigen den Heiligen Geist besitzen, kann die individuelle Ebene der spirituellen Wahrnehmung aufgrund von Faktoren wie gottgegebenen Fähigkeiten, von Satan verursachter spiritueller Blindheit, dem Einfluss menschlicher Lehrer, persönlicher Sünde und anderen Umständen variieren. Dennoch drückt Johannes sein Vertrauen in das Wissen seiner Leser über die Wahrheit aus, insbesondere in Bezug auf die Person und das Werk Christi, was in seinen Lehren deutlich wird.

**2:22 Wer ist der Lügner, wenn nicht der, der leugnet, dass Jesus der Christus ist? Das ist der Antichrist, der den Vater und den Sohn leugnet. 2:23 Wer den Sohn leugnet, hat nicht den Vater; wer den Sohn bekennt, hat auch den Vater.**

Der Begriff „Antichrist" umfasst diejenigen, die Unwahrheiten verbreiten, indem sie Jesus als Christus, Gottes Sohn und Erlöser der Menschheit leugnen. Diesen Glauben teilen nicht nur bestimmte Juden, sondern auch verschiedene falsche Lehrer, darunter die Gnostiker. Die Gnostiker, die jede materielle Existenz für sündig hielten, lehnten die Vorstellung von Jesus als Gottes Sohn ab und betrachteten „Jesus" und „den Christus" als unterschiedliche Wesen.

Darüber hinaus behaupteten die Doketisten, dass Jesus keine echte Menschlichkeit besaß, und stellten damit seine Fähigkeit in Frage, der Menschheit als Erlöser zu dienen. Anhänger des Gnostikers Kerinthos behaupteten, dass Jesus nicht vollkommen göttlich war, sondern dass die Göttlichkeit bei seiner Taufe vorübergehend auf ihn herabgestiegen sei, ihn aber vor seiner Kreuzigung wieder verließ.

Obwohl diese falschen Lehrer behaupteten, göttliche Einsicht zu haben, widersprachen sie sich selbst, indem sie die Einheit von „dem Sohn" und „dem Vater" leugneten, wie sie in Passagen wie Matthäus 10:32-33 und Johannes 14:10-11 bestätigt wird. Indem sie den Sohn ablehnten, leugneten sie zwangsläufig auch den Vater.

Die Vorstellung, dass wahre Christen den Sohn niemals verleugnen könnten, scheint unhaltbar, wenn man sowohl Bibelstellen wie 2. Timotheus 2:12 als auch Beispiele aus der Menschheitsgeschichte betrachtet. Tatsächlich haben einige aufrichtige Gläubige Christus unter Zwang abgeschworen, etwa um dem Martyrium zu entgehen. Johannes betont die dauerhafte Beziehung zu Gott und nicht nur die anfängliche Erlösung.

Johannes' Aussage bezüglich der Verleugnung des Sohnes weist nicht nur auf einen Mangel an dauerhafter Beziehung zum Vater hin, sondern umfasst auch alle Ungläubigen und Gläubigen, die nicht aktiv in Gott verharren. Diese Interpretation legt nahe, dass die Verleugnung des Sohnes eine dauerhafte Verbindung zum Vater ausschließt und eine spirituelle Entfremdung impliziert.

Alternativ könnte Johannes' Aussage ein typisches Szenario beschreiben, in dem er anerkennt, dass die meisten Menschen, die den Vater haben, den Sohn nicht verleugnen, es aber Ausnahmen geben kann. Der breite Anwendungsbereich von „wer auch immer" in diesem Vers scheint jedoch Universalität zu implizieren, was der zweiten Erklärung Gewicht verleiht.

Im Gegensatz zur Verleugnung des Sohnes stellt das Bekenntnis zu ihm das positive Gegenstück dar. Beim Bekenntnis geht es darum, öffentlich den Glauben an Christus zu bekennen, nicht nur innerlich an ihn zu glauben. Das Bekenntnis zum Sohn führt dazu, dass der Vater im Bekenner bleibt, was auf eine tiefere spirituelle Verbindung hinweist. Während der Glaube im Herzen zu zugeschriebener Gerechtigkeit führt, bedeutet das Bekenntnis mit dem Mund Erlösung und befreit die Gläubigen von den Folgen der Heimlichkeit.

Es ist wichtig zu beachten, dass weder die Verleugnung noch das Bekennen Christi die Erlösung bestimmt. Die Verleugnung Christi führt nicht zum Verlust der ewigen Erlösung, noch sichert das Bekennen zu ihm diese. Vielmehr spiegeln diese Handlungen ein persönliches Glaubensbekenntnis wider, ohne das ewige Schicksal direkt zu beeinflussen.

Johannes' Behauptung, kein echter Christ könne den Sohn verleugnen, impliziert, dass jeder echte Gläubige sich zu ihm bekennt. Dies würde jedoch nahelegen, dass das öffentliche Bekenntnis zu Christus neben dem Glauben an ihn eine Voraussetzung für die Erlösung ist, eine Vorstellung, die in der Heiligen Schrift nicht unterstützt wird.

Johannes warnte seine Leser vor den Lehren derer, die Jesus als Christus verleugneten, und betonte, dass diese Lehren ihre innige Gemeinschaft mit Gott bedrohten. Die Ablehnung des Sohnes gefährdete ihre Fähigkeit, eine enge Beziehung zum Vater aufrechtzuerhalten.

Es ist wichtig zu erkennen, dass Johannes in seinem Brief nicht vor der größten Gefahr für seine Leser war, die er als sicher ansah, sondern vor dem echten Risiko, von der Welt und ihren antichristlichen Einflüssen verführt zu werden. Diese Unterscheidung ist für ein richtiges Verständnis von Johannes' Botschaft wesentlich.

**2:24 Was ihr von Anfang an gehört habt, das bleibe in euch. Wenn in euch bleibt, was ihr von Anfang an gehört habt, dann werdet auch ihr im Sohn und im Vater bleiben.**

Johannes fordert seine Leser auf, an den grundlegenden Wahrheiten Jesu Christi festzuhalten, und betont, wie wichtig es ist, den Lehren treu zu bleiben, die sie von Anfang an erhalten haben und die zu ihrer Erlösung geführt haben. Dieser Aufruf zur Treue ähnelt den Warnungen im Hebräerbrief, die die Gläubigen auffordern, nicht von der Wahrheit abzuweichen, die sie ursprünglich angenommen haben.

Wenn Gläubige treu bleiben, können sie ihre innige Gemeinschaft mit Gott aufrechterhalten. Johannes beschreibt dieses Konzept mit dem Wort „bleiben", das Jesu Worte in der Abendmahlsrede widerspiegelt. Dieses Bleiben bedeutet eine enge und andauernde Beziehung zu Gott, die davon abhängt, dass man im Einklang mit seinem Wort lebt. Gemeinschaft mit Gott ist daher keine Alles-oder-Nichts-Erfahrung, sondern eine, die in unterschiedlichem Ausmaß auftritt, je nachdem, wie die Gläubigen weiterhin in seiner Wahrheit verharren.

Johannes versichert seinen Lesern, dass sie Gott und seine Wahrheit kennen. Das stärkt ihre Entschlossenheit gegen die unter ihnen kursierenden falschen Lehren und bekräftigt ihre Entschlossenheit, auch angesichts von Widerstand standhaft zu bleiben.

Johannes betont, dass unser ewiges Leben nicht zur Debatte steht oder ungewiss ist, wenn wir an dem Glauben festhalten, dass Jesus der Christus ist, trotz der Behauptungen der Antichristen seiner Zeit und der Gegenwart. Die Gewissheit unseres ewigen Lebens ist in Gottes Versprechen verankert, eine Wahrheit, die Johannes durch die Verwendung des griechischen Wortes „epaggelia" hervorhebt, das „Versprechen" bedeutet und in diesem Zusammenhang in seinen Schriften einzigartig erscheint.

Das Versprechen des ewigen Lebens wird in Passagen wie Johannes 3:36 und Johannes 6:47 ausdrücklich erwähnt. Es wird bestätigt, dass jeder, der an den Sohn glaubt, ewiges Leben besitzt. Diese Zusicherung ist eine feste Grundlage für Gläubige. Diese Wahrheit bleibt unerschütterlich durch die falschen Behauptungen derer, die sie untergraben wollen.

**2:25 Und das ist die Verheißung, die er uns gegeben hat: das ewige Leben.**

Johannes betont, dass unser ewiges Leben nicht zur Debatte steht oder ungewiss ist, wenn wir an dem Glauben festhalten, dass Jesus der Christus ist, trotz der Behauptungen der Antichristen seiner Zeit und der Gegenwart. Die Gewissheit unseres ewigen Lebens ist in Gottes Versprechen verankert, eine Wahrheit, die Johannes durch die Verwendung des griechischen Wortes „epaggelia" hervorhebt, das „Versprechen" bedeutet und in diesem Zusammenhang in seinen Schriften einzigartig erscheint.

Das Versprechen des ewigen Lebens wird in Passagen wie Johannes 3:36 und Johannes 6:47 ausdrücklich erwähnt. Es wird bestätigt, dass jeder, der an den Sohn glaubt, ewiges Leben besitzt. Diese Zusicherung ist eine feste Grundlage für Gläubige. Diese Wahrheit bleibt unerschütterlich durch die falschen Behauptungen derer, die sie untergraben wollen.

**2:26 Dies schreibe ich euch wegen derer, die euch zu betrügen versuchen.**

Der Ausdruck „diese Dinge" bezieht sich wahrscheinlich in erster Linie auf den Inhalt, den Johannes gerade in den Versen 18-25 übermittelt hatte. Sein Hauptanliegen im gesamten Brief war es jedoch, seine Leser vor den Gefahren falscher Lehrer zu warnen.

Mit diesem Vers schließt Johannes seine Ausführungen über falsche Lehren mit einer Warnung und einem Wort der Ermutigung an seine Zuhörer ab.

Die Verwendung des Wortes „Sie" in diesem Zusammenhang unterstreicht die potenzielle Anfälligkeit der Gläubigen für die Täuschung durch falsche Lehren.

Gelehrte wie James Allman meinen, dieser Vers dient zusammen mit 5:13 dazu, die doppelte Absicht zu verdeutlichen, die Johannes mit diesem Brief verfolgte: Er möchte seinen Lesern Werkzeuge an die Hand geben, mit denen sie zuverlässige Lehrer erkennen können und er möchte den Glauben der Gläubigen an ihre Überzeugungen stärken.

**2:27 Und die Salbung, die ihr von ihm empfangen habt, bleibt in euch, und ihr habt nicht nötig, dass euch jemand belehre. Sondern wie seine Salbung euch alles belehrt, so ist es wahr und keine Lüge, so wie sie euch belehrt hat, so bleibt in ihm.**

„Die Salbung" ist gleichbedeutend mit dem Heiligen Geist, wie in Vers 20 festgestellt wird. Johannes erinnert seine Leser daran, dass sie den Heiligen Geist von Jesus empfangen hatten, dessen Rolle darin besteht, die Gläubigen in alle Wahrheit zu führen und sie die Offenbarungen Gottes zu lehren, wie in Johannes 14:26 und 16:13 betont wird. Daher waren sie nicht auf andere menschliche Lehrer angewiesen, insbesondere nicht auf die falschen, vor denen Johannes sie gewarnt hatte.

Einige Christen haben diesen Vers so interpretiert, dass sie keinem menschlichen Lehrer folgen sollten. Dies ist jedoch nicht die beabsichtigte Botschaft von Johannes. Vielmehr wollte er, dass seine Zuhörer den Heiligen Geist als ihren ultimativen Lehrer anerkennen, die primäre Quelle spiritueller Erleuchtung. Er schloss die Rolle sekundärer Lehrer, durch die der Heilige Geist Wissen vermittelt, nicht aus. Wenn Johannes dafür plädiert hätte, alle menschlichen Lehren zu ignorieren, hätte er diesen Brief, in dem er seinen Lesern als Lehrer diente, nicht verfasst.

Johannes betonte, dass man sich nicht ausschließlich auf Menschen als ultimative Quelle spirituellen Wissens verlassen sollte, eine Haltung, die die falschen Lehrer propagierten. Stattdessen betonte er, dass der Heilige Geist das Wort Gottes als sein wichtigstes Werkzeug zur Unterweisung der Gläubigen nutzt, wie in Johannes 16:14-15 angegeben. Johannes schlug also nicht vor, dass Gläubige ihre Bibeln wegwerfen könnten. Obwohl unreife Gläubige menschliche Lehrer benötigen (Hebräer 5:12), sind sie nicht völlig von ihnen abhängig. Es scheint, dass Johannes' Leser geistig recht reif waren.

Menschliche Lehrer sind in der Tat ein Geschenk für die Kirche, wie unter anderem in Epheser 4:11 und 1. Korinther 12:28 (Römer 12:7) dargelegt wird. Johannes' Aussage, dass sie niemanden brauchen, der sie unterrichtet, ist ironisch gemeint, denn sie deutet an, dass ihnen klar war, wozu er sie ermutigte.

Die Salbung, die die Leser empfingen, war echt. Während falsche Lehrer behaupteten, göttliche Inspiration zu haben, warnte Johannes seine Leser vor denen, die vorgaben, Offenbarungen zu besitzen, die über das hinausgingen, was Jesus Christus und die Apostel gelehrt hatten. Stattdessen drängte er sie, in Gott zu bleiben und positiv auf den Dienst des Heiligen Geistes zu reagieren (Johannes 15:4-7).

Johannes' ursprüngliche Zuhörerschaft wurde zu Beginn dieses Abschnitts seines Briefes für ihre geistige Gesundheit gelobt (2:12-14). Er fuhr jedoch fort, sie vor geistigen Gegnern zu warnen (2:15-27), einschließlich der Verlockungen der Welt (2:15-17) und der Verlockungen falscher Lehrer (2:18-27).

Es gibt eine bemerkenswerte Parallele zwischen Johannes' Ermahnungen an seine Leser und Moses' Geboten an die Israeliten. Beide betonten die Heiligkeit, die Gott von denen verlangt, die in engen und vertrauten Kontakt mit ihm kommen, sei es in der Stiftshütte oder in der Kirche. Moses plädierte dafür, der Sünde abzuschwören, Gott zu gehorchen, Weltlichkeit abzulehnen und dem mosaischen Gesetz treu zu bleiben, wie es in verschiedenen Gesetzbüchern dargelegt ist. In ähnlicher Weise forderte Johannes seine Zuhörer auf, der Sünde abzuschwören, Gottes Geboten zu gehorchen, weltlichen Versuchungen zu entgehen und in ihrem Glauben standhaft zu bleiben.

Das gemeinsame Anliegen beider Propheten war die Heiligkeit der Gläubigen, die die Heiligkeit Gottes selbst widerspiegelt. Dieses Thema zieht sich durch die ganze Heilige Schrift und unterstreicht die Notwendigkeit, dass Gottes Volk heilig sein muss, um den heiligen Gott wirklich zu kennen, zu sehen und mit ihm Gemeinschaft zu haben. Dies spiegelt die biblische Anweisung an die Gläubigen wider, nach Heiligkeit zu streben und ihre Bedeutung für ihre Beziehung zu Gott anzuerkennen (Hebräer 12:10-14).

# Kinder Gottes

Die Warnung vor den Antichristen, auch bekannt als Revisionisten, ist nun abgeschlossen. In dieser Passage betont der Apostel die spirituelle Reife seiner Zuhörer und ermutigt sie, auf ihrem derzeitigen Weg des spirituellen Wachstums zu verharren. Trotz der irreführenden Lehren der Revisionisten werden sie aufgefordert, den grundlegenden Wahrheiten, die ihnen von Anfang an beigebracht wurden, treu zu bleiben und zuzulassen, dass diese Wahrheiten ihr Inneres tief beeinflussen. Von diesem Weg abzuweichen und die Lehren der Antichristen anzunehmen, würde bedeuten, die tiefgreifenden Erfahrungen zu verlieren, die sich aus dem Verweilen im Sohn und im Vater ergeben.

Aber was bedeutet es, auf diese Weise zu bleiben? Obwohl der Apostel zuvor einen christusähnlichen Lebensstil als Teil des Bleibens erwähnt hat (2,6), hat er dessen genaue Natur nicht ausführlich erläutert. Dennoch beinhaltet das Bleiben Gehorsam gegenüber dem grundlegenden Gebot, einander zu lieben (vgl. 2,7-11). Wenn wir den Abschnitt von 2,28 bis 4,19 untersuchen, stoßen wir auf den Kern dieses Briefes. Dieser Teil bildet eine zusammenhängende Einheit, wie seine strukturelle Inclusio zeigt. Die einklammernden Aussagen in 2,28, die von

Vertrauen auf Christi Wiederkunft sprechen, und in 4,17, die Vertrauen auf den Tag des Gerichts betreffen, unterstreichen die Einheit dieses Abschnitts.

Von 1:5 bis 2:27 entwickelt Johannes das Konzept der Gemeinschaft mit Gott und in Gott, das durch die Botschaft Jesu Christi verwirklicht wird, der als „im Licht" lebend und wandelnd dargestellt wird. Ab den Versen 2:28 bis 3:3 nimmt diese Gemeinschaft jedoch einen intimeren und lebendigeren Charakter an. Sie entwickelt sich zu einer Beziehung, die von Sohnschaft gegenüber Gott und Brüderlichkeit gegenüber Mitgläubigen geprägt ist, was dem Text eine tiefere emotionale Resonanz und Beziehungstiefe verleiht.

**2:28 Und nun, meine Kinder, bleibt in ihm, damit wir, wenn er erscheint, Zuversicht haben und bei seiner Wiederkunft nicht vor ihm beschämt zurückweichen müssen.**

Johannes führt das Konzept ein, dass Gläubige Jesus Christus nach seinem Tod oder während der Entrückung begegnen, und betont dies, um seine Zuhörer zu ermutigen, eine enge Gemeinschaft mit Gott aufrechtzuerhalten. Diese Aussicht bleibt bis 4:19 eine grundlegende Motivation in all seinen Anweisungen. Vers 28 dient als thematischer Dreh- und Angelpunkt, fasst den vorhergehenden Abschnitt zusammen und legt die Agenda für das fest, was in diesem entscheidenden Teil des Briefes folgt.

Johannes' Verse greifen auf die Bilderwelt des Janus zurück, des römischen Gottes der Anfänge und Enden, dessen zweigesichtige Darstellung den Blick nach hinten und nach vorn zugleich symbolisiert. Wie Janus blickt er zurück auf das, was besprochen wurde, und nach vorn auf das, was vor uns liegt, und gibt damit dem Diskurs den Rahmen.

Der griechische Begriff „bleiben" oder „bleiben" (meno) erscheint in 2:12-27 an prominenter Stelle und unterstreicht Johannes' beharrliche Betonung dieses Konzepts. Der Aufruf zum Bleiben in Vers 28 ist eine natürliche Fortsetzung seiner früheren Ermahnung. Während der Zeitpunkt von Christi Erscheinen unbestimmt bleibt, ist seine Gewissheit unbestreitbar. Johannes deutet an, dass Christi Wiederkehr noch zu Lebzeiten seiner Leser stattfinden könnte, und betont die Unmittelbarkeit dieses Ereignisses.

Zahlreiche Passagen im Neuen Testament spiegeln dieses Gefühl der Unmittelbarkeit der Wiederkehr Christi wider und fördern eine Geisteshaltung der Vorbereitung und Erwartung unter den Gläubigen. Der Begriff „Vertrauen" (gr. parresia) vermittelt die Idee von Kühnheit oder Redefreiheit, die aus einem reinen Gewissen erwächst. Johannes behauptet, dass Gläubige, die in Gemeinschaft mit Gott leben, der Aussicht, ihm zu begegnen, ohne Scham oder Zögern entgegensehen können. Die unmittelbar bevorstehende Möglichkeit, Jesus Christus zu begegnen, sollte für Gläubige ein starker Anreiz sein, eifrig in ihm zu bleiben und ihr Leben an seinen Lehren und seinem Beispiel auszurichten (vgl. Jakobus 5:8).

Die tiefgreifende Wirkung, die es hat, in der Gegenwart Christi zu stehen und Rechenschaft über sein Leben abzulegen, kann nicht genug betont werden. Dieses Wissen sollte die täglichen Handlungen und Einstellungen der Gläubigen tiefgreifend prägen und motivieren. Ein Kommentator drückt es treffend aus: „Nichts wird Ihr Leben so sehr beeinflussen wie das Wissen, dass Sie in der Gegenwart Christi stehen und Rechenschaft über Ihre Werke ablegen werden."

Mit diesem Verständnis werden Gläubige dazu angehalten, angesichts der bevorstehenden Prüfung ihres Lebens zielgerichtet zu leben. Die metaphorische „Prüfung" dient als ernüchternde Erinnerung daran, mit Integrität und Sorgfalt zu leben und sicherzustellen, dass das eigene Leben in den zu prüfenden Aufzeichnungen ein ehrenhaftes Bild abgibt.

Obwohl die Erlösung ein Geschenk ist, das nicht verloren gehen kann, stellt das Neue Testament klar, dass Gläubige in Christi Gegenwart dennoch Rechenschaft über ihr christliches Leben ablegen müssen. Dieses Gericht ist nicht nur eine Aufzählung guter Taten, sondern eine umfassende Bewertung, die sowohl positive als auch negative Aspekte umfasst. Daher ist die Möglichkeit, vor dem Richterstuhl Scham zu empfinden, real.

Die Erwartung, zu diesem Zeitpunkt ewige Körper zu erhalten, beseitigt alle Hindernisse für Reue oder Verlegenheit über vergangene Verfehlungen. Ob sich „wir" speziell auf Johannes und die Apostel oder auf alle

Christen bezieht, die zugrunde liegende Botschaft bleibt gleich: In Christus zu bleiben ist der Schlüssel, um diesem Gericht ohne Scham entgegenzutreten. Wenn Gläubige weiterhin in Christus bleiben, können sie zuversichtlich erwarten, ohne Angst vor Vorwürfen vor ihm zu stehen. Dies unterstreicht die Bedeutung einer unerschütterlichen Verbindung mit Christus in jedem Aspekt des Lebens.

**2:29 Wenn ihr wisst, dass er gerecht ist, könnt ihr sicher sein, dass jeder, der Gerechtigkeit tut, aus ihm geboren ist.**

Johannes geht in seiner Diskussion über das Bleiben in Christus zu einem neuen Gedankengang über und verwendet ein Asyndeton – eine Konstruktion ohne Konjunktion –, um die Vorbereitung auf die schamlose Begegnung mit dem Herrn zu betonen. Dieser Abschnitt dreht sich um das Konzept der Manifestation, eingerahmt von Verweisen auf die Erscheinung Christi in 2:28 und die Offensichtlichkeit der Gerechtigkeit in 3:10a, was eine weitere Inclusio bildet.

In 2:29 behauptet Johannes, dass jedes Kind Gottes aufgrund der Gerechtigkeit Gottes normalerweise rechtschaffenes Verhalten zeigt. Dieses Verhalten dient als verräterisches Zeichen oder Familienmerkmal der Zugehörigkeit zum Vater, ähnlich wie Kinder oft die Eigenschaften ihrer Eltern widerspiegeln. Während wir Gottes Gerechtigkeit intellektuell aus der Heiligen Schrift verstehen, erkennen wir Mitgläubige erfahrungsgemäß an ihren rechtschaffenen Taten. Johannes' Aussage bedeutet jedoch nicht, dass ein Mangel an rechtschaffenem Verhalten den Status als Kind Gottes negiert. Er betont, dass der Schwerpunkt hier darauf liegt, die Manifestation der Natur Gottes in Gläubigen wahrzunehmen, anstatt die Erlösung einer Person ausschließlich anhand ihres Verhaltens zu bestimmen.

Es ist wichtig zu beachten, dass nicht jeder, der von Gott geboren ist, konsequent Gerechtigkeit praktiziert. Wie in früheren Versen hervorgehoben, können Gläubige immer noch straucheln und in der Dunkelheit wandeln. Umgekehrt können auch Ungläubige rechtschaffenes Verhalten zeigen. Daher sollte man die Erlösung einer Person nicht vorschnell allein auf Grundlage ihrer Taten beurteilen. Während das Praktizieren von Gerechtigkeit eine Norm für diejenigen ist, die von Gott geboren sind, ist es keine absolute Garantie. Vielmehr dient es als Erkennungsmerkmal der eigenen christlichen Identität. Daher drängt Johannes auf Urteilsvermögen bei der Beurteilung der Beziehung zwischen dem eigenen Verhalten und dem spirituellen Zustand.

# Kapitel 2 Zusammenfassung

Kapitel 2 des ersten Johannesbriefs untersucht verschiedene Aspekte des christlichen Lebens und der Gemeinschaft mit Gott. Hier ist eine detaillierte Zusammenfassung:

**Im Licht wandeln (1-6):** Johannes betont zunächst, wie wichtig es ist, im Licht zu wandeln, was ein Leben im Einklang mit Gottes Wahrheit und Gerechtigkeit symbolisiert. Er betont, wie wichtig es ist, die eigene Sündhaftigkeit anzuerkennen und Vergebung durch Jesus Christus, den Fürsprecher beim Vater, zu suchen. Wer behauptet, Gemeinschaft mit Gott zu haben, aber in der Dunkelheit wandelt, betrügt sich selbst.

**Liebe und Gehorsam (7-11):** Johannes betont die Verbundenheit von Liebe und Gehorsam. Einander zu lieben ist kein neues Gebot, sondern ein wesentlicher Aspekt des christlichen Lebens. Wer seinen Bruder hasst, wandelt in der Dunkelheit, während diejenigen, die lieben, im Licht bleiben.

**Warnungen vor der Welt (12-17):** Johannes spricht verschiedene Stadien der spirituellen Reife innerhalb der Gemeinde an und erinnert sie an ihren Sieg in Christus über die Welt und die flüchtige Natur weltlicher Wünsche. Gläubige werden davor gewarnt, sich den Werten und Wünschen der Welt anzupassen.

**Antichristen und die Salbung (18-27):** Johannes warnt die Gläubigen vor der Gegenwart von Antichristen – jenen, die Jesus als Christus verleugnen. Er ermutigt sie, der Wahrheit, die sie empfangen haben, treu zu bleiben. Die Salbung, die sie vom Heiligen Geist empfangen haben, lehrt sie alles und hilft ihnen, Wahrheit von Täuschung zu unterscheiden.

**In Christus bleiben (28-29):** Johannes schließt das Kapitel ab, indem er die Gläubigen drängt, in Christus zu bleiben, und betont, wie wichtig es ist, auf die Wiederkehr Christi vorbereitet zu sein. Diejenigen, die in ihm bleiben, werden zuversichtlich sein und sich nicht schämen, wenn er erscheint.

Kapitel 2 des 1. Johannesbriefs liefert praktische Anleitung für ein Leben als Christ und betont, wie wichtig es ist, im Licht zu wandeln, einander zu lieben, gegenüber weltlichen Einflüssen wachsam zu bleiben und in Christus zu bleiben, um das Vertrauen und die Bereitschaft für seine Wiederkehr aufrechtzuerhalten.

## Kapitel 2 Gebet

Himmlischer Vater,

Wenn wir heute vor dich treten, werden wir an die zeitlosen Wahrheiten in deinem Wort erinnert, besonders im zweiten Kapitel des 1. Johannesbriefs. Wir danken dir für die Führung und Weisheit, die es uns als zeitgenössische Christen bietet.

Herr, wir beten um ein tieferes Verständnis Deiner Gebote, wie Johannes es in seinem Brief betont. Hilf uns, Deinem Willen zu gehorchen und Deine Gebote nicht aus Pflichtgefühl, sondern aus Liebe zu Dir zu befolgen.

Vater, wir bitten um deine Gnade, einander so zu lieben, wie du uns geliebt hast. Hilf uns, die aufopfernde Liebe Jesu während seiner Zeit auf Erden zu verkörpern. Mögen unsere Taten und Worte deine Liebe für die Menschen um uns herum widerspiegeln und andere in die Gemeinschaft mit dir führen.

Herr, beschütze uns vor den Verlockungen der Welt und den Begierden des Fleisches. Stärke unseren Glauben, damit wir uns nicht von den Versuchungen um uns herum beeinflussen lassen. Hilf uns stattdessen, unsere Augen auf Jesus zu richten, den Urheber und Vollender unseres Glaubens.

Wir beten für die Einheit der Gläubigen, so wie Jesus für seine Jünger gebetet hat. Mögen wir in Ziel und Mission vereint sein und zusammenarbeiten, um die Botschaft Deiner Liebe und Erlösung bis an die Enden der Erde zu verbreiten.

Abschließend, Herr, bitten wir dich um Führung und Schutz, während wir uns den Herausforderungen des Lebens stellen. Gib uns Urteilsvermögen und Weisheit, wenn wir versuchen, unseren Glauben in einer Welt auszuleben, die ihm oft entgegensteht.

Wir beten im Namen Jesu. Amen.

## Fragen zu Kapitel 2

Was betont Johannes in Kapitel 2 in Bezug auf die Sünde?

Was ist laut Johannes der Beweis dafür, dass man Gott kennt?

Was sagt Johannes über diejenigen, die behaupten, Gott zu kennen, aber seine Gebote nicht halten?

Wie beschreibt Johannes die Liebe Gottes?

Wovor warnt Johannes in Bezug auf die Welt?

Wie charakterisiert Johannes diejenigen, die die Welt lieben?

Was sagt Johannes über die Begierde des Fleisches, die Begierde der Augen und den Stolz auf Besitz?

Was sagt Johannes über das Vergehen der Welt und ihrer Wünsche?

Wie wendet sich Johannes an den Antichristen?

Was sagt Johannes über diejenigen, die die christliche Gemeinschaft verlassen haben?

Was sagt Johannes über die Salbung, die die Gläubigen empfangen haben?

Wozu ermutigt Johannes die Gläubigen in Bezug auf die Wahrheit?

Wie beschreibt Johannes das Versprechen, das Gott den Gläubigen gegeben hat?

Wie beschreibt Johannes diejenigen, die den Vater und den Sohn leugnen?

Was sagt Johannes über diejenigen, die den Sohn bekennen?

Wie ermutigt Johannes die Gläubigen hinsichtlich der Salbung, die sie empfangen haben?

Welche Lehren zieht Johannes hinsichtlich des Bleibens in Christus?

Wozu mahnt Johannes in Bezug auf die Sünde?

Wie beschreibt Johannes denjenigen, der Gerechtigkeit praktiziert?

Wie fasst Johannes den Zweck von Jesu Erscheinung zusammen?

# 1. Johannes Kapitel 3:1-24

**3:1 Seht, welch eine Liebe hat uns der Vater erwiesen: Wir heißen Kinder Gottes und sind es auch. Darum erkennt uns die Welt nicht, weil sie ihn nicht erkannt hat.**

Das Wirken des Heiligen Geistes, der Christen zu rechtschaffenem Verhalten anregt, ist ein greifbarer Beweis der tiefen Liebe Gottes zu uns, wie die Heilige Schrift betont. Der Apostel Johannes verwendete das Wort „Liebe" bemerkenswerterweise häufiger als jeder andere neutestamentliche Autor und erwähnte es 46 Mal in seinem ersten Brief und 44 Mal in seinem Evangelium. Dies unterstreicht die zentrale Bedeutung der Liebe im christlichen Glauben.

Laut der Heiligen Schrift werden Gläubige Gottes „Kinder" (griechisch: tekna) genannt, was ihren Status in Gottes Familie widerspiegelt. Diese Identität ist nicht bloß symbolisch, sondern stellt eine tiefgreifende spirituelle Realität dar. Johannes stellt dem den Begriff „huios" gegenüber, der Jesus vorbehalten ist, um seine einzigartige Beziehung zu Gott zu bezeichnen (Johannes 3:2, 10; 5:2).

Diese Unterscheidung ist bedeutsam, weil sie die Verbundenheit der Gläubigen mit Gott hervorhebt und auf eine kontinuierliche Entwicklung und Wachstum hindeutet, nicht bloß auf einen privilegierten Status. Dieses Verständnis steht im Einklang mit dem Konzept der Wiedergeburt (1. Petrus 1:4) und betont eine transformierende Reise in Christus.

Johannes erklärt weiter, dass Ungläubige Schwierigkeiten haben, Gläubige als Kinder Gottes zu begreifen oder anzuerkennen, weil sie Gott selbst nicht vollständig verstehen. Dieses mangelnde Verständnis rührt von ihrer Unkenntnis von Gott als Vater her, was im Johannesevangelium parallel ist, wo Jesus erklärt, dass diejenigen, die ihn nicht kennen, den Vater nicht kennen können (Johannes 1:12-13; 5:37; 7:28; 16:3).

Die Schriften des Johannes betonen die transformative Kraft der Liebe Gottes durch den Heiligen Geist und verdeutlichen die besondere Identität und Beziehung der Gläubigen als Kinder Gottes. Diese Wahrheit bleibt denen verborgen, die Gott nicht genau kennen. Diese Offenbarung unterstreicht die Tiefe der Liebe Gottes und die spirituelle Realität, die die Anhänger Christi erfahren.

Der Autor betont, dass die Suche nach Anerkennung durch die Welt für Gläubige keine Priorität haben sollte. Tatsächlich sollte die Missbilligung oder sogar Feindseligkeit der Welt ihnen gegenüber als Bestätigung ihrer Identität als geliebte Kinder Gottes dienen. Diese Perspektive spiegelt die Lehren Jesu wider, als er warnte, dass die Welt seine Anhänger hassen würde, weil sie ihren Maßstäben nicht entsprechen (Johannes 15:18-19). Dieser Hass beruht nicht auf persönlichen Verfehlungen, sondern auf der grundsätzlichen Opposition der Welt gegenüber Gottes Wegen.

Johannes zieht eine Parallele zwischen der Art und Weise, wie die Welt Jesus behandelte, und der Art und Weise, wie sie seine Anhänger behandelt. So wie die Welt Jesus hasste, weil er sich nicht an ihre Werte hielt, so hasst sie auch diejenigen, die zu Gott gehören. Diese Ablehnung durch die Welt ist paradoxerweise ein Beweis dafür, dass Gläubige auf der Linie Gottes und nicht der Welt sind. Sie unterstreicht ihre Besonderheit als Kinder Gottes, losgelöst von den Normen und Prioritäten der Welt.

Die Aussage „Die Welt erkennt sie nicht" unterstreicht ihre Unfähigkeit, diejenigen zu verstehen oder zu akzeptieren, die zu Gott gehören. Diese mangelnde Anerkennung wurzelt in der Unwissenheit der Welt gegenüber Gott, wie sie auch Jesus während seines irdischen Wirkens erlebte (Johannes 1:12). Daher ermutigt Johannes seine Leser, Gewissheit in Gottes Liebe zu finden, die über die flüchtige Zustimmung oder Verachtung der Welt hinausgeht. Diese Gewissheit stärkt die Glaubensgemeinschaft und bekräftigt ihre Identität und ihren Zweck inmitten von Widerstand und Missverständnissen.

**3:2 Geliebte, wir sind jetzt Kinder Gottes; was wir sein werden, ist noch nicht offenbar geworden; wir wissen aber, dass wir ihm gleich sein werden, wenn es offenbar wird; denn wir werden ihn sehen, wie er ist.**

Der Apostel Johannes geht von der Diskussion über die gegenwärtige Würde der Gläubigen als Kinder Gottes zu ihrem zukünftigen Schicksal über . Obwohl wir den Status von Kindern Gottes haben, haben wir sein Bild noch nicht vollständig manifestiert. Johannes spricht jedoch mit Gewissheit über die zukünftige Transformation, die die Gläubigen erwartet, wenn Jesus Christus erscheint. Die Verwendung von „wenn" statt „falls" im Griechischen weist auf die Gewissheit dieses Ereignisses hin und betont, dass die Begegnung mit Jesus eine vollständige und herrliche Transformation mit sich bringen wird. Diese Transformation umfasst unser physisches und spirituelles Selbst und steht im Einklang mit dem Versprechen, dass wir wie er sein werden, wenn wir ihn sehen (1. Johannes 3:2).

Die Vorfreude auf die Begegnung mit Jesus wird als unvergleichliche Freude beschrieben. Trotz aller Möglichkeiten, auf denen wir jetzt mit ihm interagieren – durch Anbetung, Studium und Gebet – wird es der ultimative Höhepunkt unserer spirituellen Reise sein, ihn von Angesicht zu Angesicht zu sehen. Dieser Moment der Offenbarung wird alle vorherigen Begegnungen übertreffen und den Höhepunkt unserer Beziehung zu Christus markieren.

Johannes verwendet eine anschauliche Metapher, um den gegenwärtigen Zustand der Gläubigen zu veranschaulichen: wie ein Diamant, der innerlich rein ist, aber noch nicht so geschliffen ist, dass er seinen vollen Glanz entfaltet. Auch wenn wir jetzt schon die Essenz der Kinder Gottes besitzen, wird unsere zukünftige Begegnung mit Christus diese Identität auf eine Weise offenbaren und verstärken, die unser gegenwärtiges Verständnis übersteigt.

Johannes' Hinweise auf die Erscheinung Christi in 1. Johannes 2:28 und 3:2 spiegeln seine frühere Erörterung der Wiedergeburt in 1. Johannes 2:29 und 3:1 wider. Diese Passagen bekräftigen die sichere Hoffnung, dass jeder wahre Gläubige eines Tages Jesus Christus sehen wird. Diese zukünftige Begegnung ist ein Versprechen der Verwandlung und die Erfüllung unserer tiefsten Sehnsucht, vollständig mit unserem Erlöser vereint zu sein.

### 3:3 Und jeder, der diese Hoffnung auf ihn hat, reinigt sich, so wie auch er rein ist.

In der Zwischenzeit ist jeder Christ, der die vollständige Offenbarung und das intime Wissen Jesu Christi sehnsüchtig erwartet – diejenigen, die „diese Hoffnung haben" – motiviert, sich selbst zu reinigen, so wie Christus rein ist (1. Johannes 3:2-3). Dieser Reinigungsprozess ist nicht nur eine rituelle Reinigung, sondern ein kontinuierliches Bemühen, sein Leben mit der Reinheit und Heiligkeit in Einklang zu bringen, die Christus selbst verkörpert (1. Johannes 2:1, 6, 29; 3:7, 16; 4:17).

Johannes nennt zwei zwingende Gründe, warum Reinheit für Gläubige so wichtig ist. Erstens bezieht sie sich auf eine vergangene Handlung Gottes und bezieht sich wahrscheinlich auf die Reinigung und Vergebung, die wir durch Christi Opfer erfahren haben (1. Johannes 1,7). Zweitens ist Reinheit mit einer zukünftigen Hoffnung verbunden – Christus vollständig zu sehen und zu kennen wird eine vollständige Reinigung unseres Wesens bewirken (2. Korinther 3,18). Diese zukünftige Vision von Christus wird uns vollständig verwandeln und seine Reinheit sowohl in unserer geistigen als auch in unserer physischen Existenz widerspiegeln.

Diese doppelte Perspektive unterstreicht die dynamische Natur der christlichen Heiligung: Sie wurzelt in der Vergebung und Reinigung, die durch Christi Werk am Kreuz gewährt wird, und wird angetrieben durch die zukünftige Hoffnung, vollständig in sein Ebenbild verwandelt zu werden. Das Streben nach Reinheit ist also nicht nur eine moralische Pflicht. Es ist vielmehr eine Antwort des Glaubens und der Vorfreude auf die glorreiche Zukunft, die allen versprochen ist, die zu Christus gehören.

### 3:4 Wer Sünde tut, tut auch Gesetzlosigkeit; und die Sünde ist Gesetzlosigkeit.

Im vorhergehenden Abschnitt betont Johannes, wie wichtig es ist, in Christus zu bleiben, rechtschaffen zu leben und sich in Erwartung seiner Wiederkehr zu reinigen. Nun richtet er den Fokus auf den negativen Aspekt: die Notwendigkeit für Gläubige, sich von der Sünde fernzuhalten, und die Möglichkeit, dies zu erreichen.

In 1. Johannes 3:4-9 strukturiert Johannes seine Argumentation in sechs Abschnitte, die jeweils grob in zwei Hälften unterteilt sind. Die zweite Hälfte jedes Abschnitts entwickelt entweder die in der ersten Hälfte eingeführte

Idee weiter (Verse 4, 5, 7), stellt sie parallel dazu dar (Verse 6, 9) oder stellt sie kontrastierend dar (Vers 8). Diese sorgfältige Strukturierung unterstreicht den starken Kontrast zwischen Sünde und Reinheit.

Sünde, die im direkten Widerspruch zur Reinheit steht, wird als schwerwiegende Angelegenheit dargestellt. Johannes verwendet den griechischen Begriff „Gesetzlosigkeit" (anomia), um Sünde zu beschreiben, was tiefe Schlechtigkeit impliziert. Dieser Begriff deutet auf eine umfassendere Ablehnung von Gesetz und Autorität hin, nicht nur auf das Brechen bestimmter Gebote (Matthäus 7:23; 13:41; 24:12; 2. Thessalonicher 2:7). Er bedeutet eine eklatante Missachtung der Autorität Gottes und spiegelt eine vorsätzliche und ungezügelte Natur der Sünde wider.

JN Darby erläutert dieses Konzept, indem er erklärt, dass diejenigen, die gesetzlos handeln, dies ohne Hemmungen tun und ihrem eigenen Willen folgen, anstatt sich einer höheren Autorität zu unterwerfen. Diese Definition betont die rebellische Natur der Sünde, bei der Individuen ohne die Zügel des Gesetzes oder die Hemmungen der Autorität eines anderen handeln und damit eine eigenwillige Missachtung Gottes verkörpern.

Diese Sichtweise auf die Sünde ist entscheidend, insbesondere angesichts der nachsichtigen Sicht der falschen Lehrer auf die Sünde (1. Johannes 3:7-8). Johannes' strenge Warnungen vor Sünde und Gesetzlosigkeit sollen diesen falschen Lehren entgegenwirken und die Gläubigen an die Schwere der Sünde und die Notwendigkeit erinnern, im Hinblick auf die Wiederkehr Christi nach Reinheit zu streben.

**3:5 Ihr wisst, dass er erschienen ist, um die Sünden wegzunehmen, und dass er keine Sünde hat.**

Zwei entscheidende Tatsachen, die Gläubige „wissen", betonen die Schwere der Sünde. Erstens wurde Jesus Christus speziell inkarniert, „um Sünden wegzunehmen", und zweitens „ist in ihm keine Sünde". Diese Wahrheiten bekräftigen nachdrücklich die Sündlosigkeit Jesu, ein Thema, das im gesamten Neuen Testament immer wieder betont wird (1. Johannes 2:1; 3:3; Matthäus 3:14; Johannes 8:31-59; 10:30; 17:22; Apostelgeschichte 2:27; 3:14; 4:30; 7:52; 2. Korinther 5:21; Hebräer 4:15; 1. Petrus 1:19; 2:22).

Weil Jesus heilig und ohne Sünde ist, können diejenigen, die in ihm bleiben, auch seinen Charakter widerspiegeln (Hebräer 2,10-4,16; 5,9). Diese bleibende Beziehung zu Christus ermöglicht es Gläubigen, ein Leben frei von der Dominanz der Sünde zu führen und ihren Charakter mit seinem in Einklang zu bringen.

Der dominierende Gedanke in diesem Zusammenhang ist nicht nur die Selbstaufopferung Christi, sondern sein absoluter Widerstand gegen jede Form der Sünde. Seine Menschwerdung und Sündenlosigkeit bieten Gläubigen die Mittel und das Vorbild, rechtschaffen zu leben. Daher ist Johannes' Betonung von Jesu Mission, die Sünde zu beseitigen, und seiner vollkommenen Reinheit eine starke Motivation für Christen, sich von der Sünde fernzuhalten und in ihrem täglichen Leben nach Heiligkeit zu streben.

**3:6 Wer in ihm bleibt, sündigt nicht; wer in ihm bleibt, hat ihn nicht gesehen oder erkannt.**

Das Konzept des Bleibens in Gott als gleichbedeutend mit dem Christsein zu verstehen, stellt eine theologische Herausforderung dar, wenn man es mit Johannes' früheren Aussagen in 1. Johannes 1:8 und 1:10 in Einklang bringt, wo er anerkennt, dass Christen tatsächlich sündigen (1. Johannes 2:1, 15; 3:18; 5:16, 21). Dieser scheinbare Widerspruch wird noch deutlicher, wenn man die persönlichen Erfahrungen echter Christen betrachtet, die mit der Sünde kämpfen.

Um diese Spannung aufzulösen, ist es wichtig, Johannes' spezifische Begriffe in 1. Johannes 3:6 zu untersuchen: „Wer in ihm bleibt, der sündigt nicht; wer sündigt, hat ihn nicht gesehen und kennt ihn nicht." Hier verwendet Johannes im gesamten Brief durchgängig Begriffe wie „bleibt", „hat gesehen" und „kennt", um Gläubige zu beschreiben, die in inniger Gemeinschaft mit Gott leben (1. Johannes 1:7; 2:3, 10). Diese innige Gemeinschaft impliziert einen Zustand, in dem man aktiv mit Gott kommuniziert.

Die Interpretation beruht auf der Vorstellung, dass Christen zwar aktiv in Christus bleiben und diese enge Beziehung pflegen, aber nicht gewohnheitsmäßig sündigen. Dies deutet nicht auf Perfektion hin, sondern auf einen Lebensstil, der von Gehorsam und Übereinstimmung mit Gottes Willen geprägt ist (1. Johannes 3:6).

Wenn ein Gläubiger jedoch sündigt, wird diese innige Gemeinschaft mit Gott gestört. Er verlässt vorübergehend das Licht der Gegenwart Gottes und betritt die Dunkelheit, was seine geistige Gemeinschaft und sein Verständnis von Gott beeinträchtigt (1. Johannes 1:6-7).

Johannes' Aussage unterstreicht, dass diejenigen, die in einer andauernden und innigen Beziehung beständig in Christus verharren, Sünde nicht als gewohnheitsmäßigen Lebensstil praktizieren. Dieser Zustand der Sündenfreiheit kennzeichnet den idealen Zustand des christlichen Lebenswandels und spiegelt die transformierende Kraft des Verharrens in Christus wider (1. Johannes 3:6).

Johannes leugnet also nicht die Realität gelegentlicher Sünde im Leben der Gläubigen, sondern betont, dass diejenigen, die wahrhaftig in Christus bleiben, ein Leben führen werden, das von Gerechtigkeit und Gehorsam geprägt ist, wobei Sünde eher die Ausnahme als die Regel ist. Diese Perspektive steht im Einklang mit Johannes' umfassenderem Thema, im Licht zu wandeln, die Gemeinschaft mit Gott aufrechtzuerhalten und als Antwort auf Gottes Gnade und Vergebung nach Heiligkeit zu streben (1. Johannes 1:9; 2:1-2).

Die Interpretation von 1. Johannes 3:6, die besagt: „Wer in ihm bleibt, der sündigt nicht; wer sündigt, hat ihn nicht gesehen und kennt ihn nicht", war unter Gelehrten und Theologen ein Diskussionsthema. Dieser Vers beruht auf der Behauptung, dass Jesus Christus vollkommen und ohne Sünde war (Vers 5) und dem Vater gegenüber stets gehorsam war (Johannes 14:9). Daraus folgt, dass ein Christ, der beständig in dem sündlosen Christus bleibt, ebenfalls nicht sündigen würde (Vers 6).

Dies steht jedoch in unmittelbarem Widerspruch zu dem allgemeineren Verständnis aus der Heiligen Schrift und der menschlichen Erfahrung, dass Christen tatsächlich sündigen (1. Johannes 1:8-9; Römer 7:15-25). Einige haben diesen Vers so interpretiert, dass er andeutet, dass Christen sündenfrei und vollkommen sein sollten, was im Widerspruch zu den Lehren der Bibel und der Realität menschlicher Fehlbarkeit steht. Andere argumentieren, dass dies impliziert, dass ein Christ nicht gewohnheitsmäßig oder fortwährend sündigt, was durch die Gegenwartsform des griechischen Verbs „sündigen" (harmartanei) unterstützt wird.

Diejenigen, die die Gegenwart betonen, argumentieren, dass sie eine andauernde oder gewohnheitsmäßige Handlung bezeichnet, was darauf schließen lässt, dass ein wahrer Gläubiger zwar gelegentlich sündigen kann, aber nicht in einem Sündenmuster verharrt. Kritiker dieser Interpretation weisen jedoch darauf hin, dass die Anwendung eines so strengen Verständnisses der Gegenwart hier nicht mit ihrer Verwendung an anderer Stelle im Neuen Testament vereinbar ist.

Zusammenfassend lässt sich sagen, dass 1. Johannes 3:6 uns zwar auffordert, auf unserem Weg mit Christus nach Heiligkeit und Gehorsam zu streben, aber nicht die Vorstellung unterstützt, dass Christen in diesem Leben völlig sündenfrei sind oder sein sollten. Stattdessen betont es das Ideal, nach Christi sündenfreier Natur zu leben und fortwährend nach Gerechtigkeit zu streben. Diese Spannung ermutigt Gläubige, sich auf Gottes Gnade zu verlassen, wenn sie versagen, während sie versuchen, ihr Leben mit seinem Willen und Charakter in Einklang zu bringen.

Die Interpretation der Gegenwartsform in 1. Johannes 3:6, wo es heißt: „Wer in ihm bleibt, der sündigt nicht; wer sündigt, hat ihn nicht gesehen oder kennt ihn", war Gegenstand wissenschaftlicher Debatten, insbesondere hinsichtlich ihrer Auswirkungen auf das christliche Verhalten und die Lehre von der Sündlosigkeit. Kritiker argumentieren, dass die Gegenwartsform im Griechischen ohne zusätzliche Qualifizierungen normalerweise keine kontinuierliche oder gewohnheitsmäßige Handlung vermittelt. Griechische Gelehrte weisen darauf hin, dass bestimmte Wörter eine andauernde oder kontinuierliche Handlung anzeigten, die in diesem Vers fehlen.

Im Gegensatz dazu bezeichnet das Perfekt im Griechischen einen Sachverhalt und nicht den laufenden Prozess einer Handlung. Es betont den aktuellen Zustand oder die aktuelle Bedingung, die sich aus vergangenen Handlungen ergibt. Angewandt auf 1. Johannes 3:6 unterstreicht diese Zeitform die Tatsache, dass jemand, der in Christus bleibt, nicht sündigt. Dies impliziert keine absolute Sündenlosigkeit, sondern vielmehr einen allgemeinen Lebenszustand, der auf den Lehren und dem Beispiel Christi basiert.

Um dies mit Passagen wie 1. Johannes 1:8 und 5:16 in Einklang zu bringen, wo ebenfalls die Gegenwartsform verwendet wird („habt nicht fortwährend Sünde", „fortwährend eine Sünde begehen"), ist es wichtig, den breiteren Kontext zu verstehen. Diese Passagen erkennen die Realität der Sünde im Leben der Gläubigen an. Sie bedeuten jedoch nicht, dass Christen beharrlich und unaufhörlich sündigen. Stattdessen sprechen sie die Natur der Sünde als eine gelegentliche Realität an, die Beichte und Reue erfordert (1. Johannes 1:9).

Wenn wir 1. Johannes 3:6 als Hinweis auf absolute Sündenlosigkeit interpretieren würden, würde dies dem Eingeständnis in 1. Johannes 1:8 widersprechen, dass Gläubige sündigen. Stattdessen soll mit 1. Johannes 3:6 betont werden, dass ein Leben, das durch das Bleiben in Christus gekennzeichnet ist, grundsätzlich unvereinbar mit einem Lebensstil der gewohnheitsmäßigen Sünde ist. Wer behauptet, in Christus zu bleiben, aber in der Sünde verharrt, offenbart einen Mangel an wahrer Erkenntnis und Gemeinschaft mit ihm (1. Johannes 3:6).

Obwohl 1. Johannes 3:6 Gläubige dazu auffordert, nach Heiligkeit und Gehorsam zu streben, unterstützt es nicht die Vorstellung einer völligen Sündenlosigkeit in diesem Leben. Vielmehr ermutigt es Christen, im Einklang mit den Lehren Christi zu leben und sich mit Sünden durch Beichte und Vertrauen auf Gottes Gnade auseinanderzusetzen.

Die Debatte über die Gegenwartsform in 1. Johannes 3:6, wo es heißt: „Wer in ihm bleibt, der sündigt nicht; wer sündigt, hat ihn nicht gesehen und kennt ihn nicht", spiegelt unterschiedliche Interpretationen unter Gelehrten und Theologen wider. Einige argumentieren, dass die Interpretation dieses Verses, wonach ein Gläubiger nicht gewohnheitsmäßig sündigt, seine beabsichtigte Bedeutung untergräbt, und ziehen Vergleiche mit Johannes 14:6, wo eine Änderung der Gegenwartsform („niemand kommt fortwährend zum Vater außer durch mich") gelegentliche Ausnahmen implizieren würde, was theologisch nicht akzeptiert wird.

Kommentatoren, die Johannes' Aussage abschwächen wollen, meinen oft, sie beziehe sich nur auf die Freiheit von Gewohnheitssünden. Diese Interpretation kann jedoch die Klarheit des Textes aus pastoralen Gründen abschwächen. Richtig verstanden bietet der Vers echten Trost und Zuversicht, muss aber seiner ursprünglichen Absicht treu behandelt werden.

Andere interpretieren Johannes so, dass er betont, dass diejenigen, die in Christus bleiben, nicht die Macht haben zu sündigen, oder positiv, dass sie die Macht haben, nicht zu sündigen. Obwohl dies im Prinzip wahr ist – Christen, die in Christus bleiben, sind befähigt, der Sünde zu widerstehen –, könnte diese Interpretation dem Text eine Idee aufdrängen, die Johannes nicht ausdrücklich beabsichtigt hat. Johannes scheint das Bleiben in Christus direkt mit dem Verzicht auf die Sünde in einer Ursache-Wirkungs-Beziehung zu verknüpfen.

Es ist jedoch entscheidend, die menschliche Verderbtheit anzuerkennen. Die Behauptung, wahre Gläubige würden nicht gewohnheitsmäßig sündigen, vereinfacht möglicherweise die Komplexität der menschlichen Natur und den andauernden Kampf gegen die Sünde. Jeder aufrichtige Christ, der nach Heiligkeit strebt, erkennt seine täglichen Fehler an – ob durch Handlungen, Motivationen oder Unterlassungen.

Obwohl 1. Johannes 3:6 Gläubige dazu auffordert, ein Leben in Gehorsam und Rechtschaffenheit anzustreben, bedeutet dies nicht, dass dieses Leben vollkommen oder absolut sündlos sein muss. Stattdessen werden Christen ermutigt, eine enge Beziehung zu Christus zu pflegen, sich auf seine Gnade zu verlassen und zu versuchen, ihr Leben an seinen Lehren auszurichten. Dieses ausgewogene Verständnis respektiert den Text der Heiligen Schrift und die Realität menschlicher Schwächen und fördert Demut und Abhängigkeit von Gottes Barmherzigkeit im christlichen Leben.

Echte Christen geben offen zu, dass sie mit Gewohnheitssünden kämpfen, manchmal über längere Zeiträume. Es ist eine anerkannte Tatsache, dass jeder Christ mit der Sünde als einem fortwährenden Problem ringt, bis er die Herrlichkeit des Herrn erreicht. Dieses Eingeständnis bedeutet nicht, dass man die Sünde akzeptiert oder sich damit abfindet (1. Johannes 2:1; Römer 6:1); es betont vielmehr den fortwährenden Kampf gegen die Sünde, den Gläubige führen müssen (Epheser 6:10-18). Trotz dieser Bemühungen bleibt eine völlige Freiheit vom verderblichen Einfluss der Sünde in diesem irdischen Leben unerreichbar.

In 1. Johannes 3:4-6 wird die Sünde in ihrem Wesen, ihrer Beziehung zur Person und dem Werk Christi und ihren Auswirkungen auf die Menschheit untersucht. Vers 4 definiert das Wesen der Sünde, Vers 5 bezieht sie auf Christi Mission, Sünden wegzunehmen, und Vers 6 hebt ihre universelle Präsenz unter den Menschen hervor.

Diese ganzheitliche Sicht der Sünde erkennt ihre allgegenwärtige Natur an und bekräftigt zugleich die transformative Kraft des Werkes Christi und den fortwährenden Heiligungsprozess im Leben der Gläubigen. Sie ermutigt Christen, nach Gerechtigkeit und Reinheit zu streben und sich in ihrem täglichen Kampf gegen die Sünde auf Gottes Gnade und Vergebung zu verlassen.

**3:7 Meine Kinder, lasst euch von niemandem verführen. Wer Gerechtigkeit tut, ist gerecht, so wie er gerecht ist. 3:8 Wer Sünde tut, ist vom Teufel; denn der Teufel sündigt von Anfang an. Der Sohn Gottes ist erschienen, um die Werke des Teufels zu zerstören.**

Aus den Lehren des Johannes geht klar hervor, dass falsche Lehrer eine erhebliche Bedrohung für sein Publikum darstellten, da sie versuchten, die Wahrheiten, die er vermittelt hatte, zu verdrehen. Die Botschaft des Johannes dreht sich um zwei Kernpunkte: Erstens, dass das Verhalten eines Menschen seine spirituelle Beziehung widerspiegelt, wie bereits betont (vgl. 2:29), und zweitens, dass Gott der Sünde vehement entgegentritt (vgl. Vers 5). Die Sünde stammt vom „Teufel", wenn auch nicht direkt von ihm, sondern von der ultimativen Quelle des Bösen.

Johannes greift zur Veranschaulichung dieses Konzepts auf Genesis 3:1-15 zurück, wo die Schlange, die die Macht des Bösen symbolisiert, die Frau und anschließend den Mann dazu verführt, Gott nicht zu gehorchen. Diese Bilder verdeutlichen die tiefgreifenden spirituellen Konsequenzen der Sünde, wie sie Johannes in Vers 12 mit seiner Erwähnung von Kain und Abel erwähnt, was seinen alttestamentlichen Kontext weiter festigt.

Es ist wichtig, hier Johannes' Unterscheidung zu beachten. Während er bestätigt, dass diejenigen, die ständig in Sünde verstrickt sind, „dem Teufel angehören", setzt er dies nicht damit gleich, „vom Teufel geboren" zu sein, da er davon spricht, „von Gott geboren" zu sein. Wie Augustinus es formuliert, unterstreicht diese Unterscheidung, dass der Teufel nicht auf dieselbe Weise zeugt oder erschafft wie Gott; vielmehr wird man durch Nachahmung ein Kind des Teufels, nicht durch angeborene Geburt.

Johannes möchte damit nicht sagen, dass jede Sünde sofort bedeutet, dass eine Person nicht errettet werden kann. Er hat bereits zuvor anerkannt, dass auch Christen sündigen können (1:7-10), und betont damit den andauernden Kampf gegen die Sünde und nicht ihr gelegentliches Auftreten.

Die Lehre des Johannes warnt vor falschen Lehren, die diese Wahrheiten verzerren würden. Sie betont die spirituelle Schwere der Sünde gegenüber der Gerechtigkeit Gottes.

**3:9 Wer aus Gott geboren ist, tut nichts als Sünde, denn Gottes Same bleibt in ihm. Er kann nicht fortwährend sündigen, weil er aus Gott geboren ist.**

Die Interpretation der griechischen Gegenwartsform in 1. Johannes 3:6 in Bezug auf gewohnheitsmäßiges oder fortwährendes Sündigen war Gegenstand erheblicher Debatten unter Gelehrten und Übersetzern. Einige englische Versionen, wie die New King James Version, interpretieren die Zeitform so, dass ein Christ nicht gewohnheitsmäßig sündigt, und geben den Satz als „Wer aus Gott geboren ist, sündigt nicht" wieder. Auf der anderen Seite unterscheiden sich Übersetzungen wie die NET Bible in ihrer Herangehensweise und übersetzen Vers 6 als „sündigt nicht", aber Vers 9 als „übt keine Sünde".

Kritisch anzumerken ist, dass die griechische Gegenwartsform nicht immer eine gewohnheitsmäßige Handlung bezeichnet; sie kann auch eine absolute Handlung bezeichnen. Diese Nuance ist wichtig, weil sie die Interpretation in Frage stellt, die suggeriert, dass Christen nie gewohnheitsmäßig sündigen. Johannes gibt in seinem Brief bereits früher zu, dass Christen sündigen (1:6-10; 2:1), und betont dabei den andauernden Kampf gegen die Sünde und nicht die völlige Vermeidung.

Obwohl die Interpretationen variieren, tendiert der Konsens unter zeitgenössischen Gelehrten dazu, die griechische Gegenwartsform in diesen Versen so zu verstehen, dass sie die absolute Natur der Sündenlosigkeit betont und nicht die gewohnheitsmäßige Vermeidung. Dieses differenzierte Verständnis steht im Einklang mit Johannes' umfassenderer Lehre von Sünde und Gerechtigkeit im christlichen Leben.

Johannes' Behauptung, dass „niemand, der aus Gott geboren ist", sündigt, ergibt sich aus der transformativen Natur der Wiedergeburt. Wenn ein Mensch eine spirituelle Wiedergeburt erlebt, wird er Teilhaber von Gottes göttlicher, sündenfreier Natur. Dieses Konzept unterstreicht, dass die den Christen zugeschriebene Sündlosigkeit aus ihrer neuen Identität als Kinder Gottes herrührt, die aus Ihm geboren sind und ohne Sünde sind.

Der christliche Zustand umfasst eine göttliche Natur, die durch Wiedergeburt erlangt wird, und eine menschliche Natur, die zur Sünde neigt. Johannes konzentriert sich in 1. Johannes 3:9 auf den sündlosen Aspekt der göttlichen Natur, die den Gläubigen innewohnt. Diese Perspektive stimmt mit der Lehre Jesu an Nikodemus überein, die die Notwendigkeit der geistigen Wiedergeburt anspricht (Johannes 3:5-7), und betont, dass jeder Christ sowohl eine körperliche als auch eine geistige Geburt durchmacht.

In der Praxis bedeutet das, dass Christen als ganze Menschen aufgrund ihrer menschlichen Natur sündigen, ihr wiedergeborenes inneres Selbst, in dem Christus in vollkommener Heiligkeit wohnt, jedoch frei von Sünde bleibt. Johannes formuliert diese Dichotomie als Koexistenz der Sünde im menschlichen Bereich. Gleichzeitig bleibt die göttliche Natur von der Sünde unbefleckt.

Die Analogie des verlorenen Sohnes veranschaulicht diese Doppelnatur: So wie die inhärente Identität des Sohnes als Kind des Vaters ihn aus dem Schweinestall zurück ins Haus des Vaters führte, so führt auch die neue, von Gott abgeleitete Natur des Christen ihn weg von der Sünde hin zur Heiligkeit Gottes.

Johannes' Lehre in 1. Johannes 3:9 unterstreicht die tiefgreifende Wirkung der spirituellen Wiedergeburt, bei der Gläubige trotz des anhaltenden Kampfes gegen die Sünde in ihrer menschlichen Existenz eine sündenfreie göttliche Natur besitzen. Dieses Verständnis unterstreicht die transformierende Kraft der Gnade Gottes und die Gewissheit des ewigen Lebens, das in Christus zu finden ist.

Die Analogie des Samens, der in die Seelen der Gläubigen eingepflanzt wird, erfasst die Essenz des spirituellen Wachstums und der Transformation. So wie ein Samen allmählich wächst und gelegentlich Rückschläge erleidet, so entwickelt sich auch das göttliche Leben in den Gläubigen bis zur vollen Reife. Die gelegentlichen Sündenfälle des Gläubigen werden mit vorübergehenden Hindernissen verglichen, ähnlich wie Wetterstörungen, die das Wachstum eines Samens beeinträchtigen. Diese Rückschläge negieren jedoch nicht das innewohnende Leben im Samen selbst.

In diesem Zusammenhang symbolisiert der „Same" wahrscheinlich den Heiligen Geist, auf den in den früheren Schriften des Johannes Bezug genommen wird (vgl. 2:27; 3:24). Das Wachstum dieses göttlichen Lebens in Gläubigen wird als ein Prozess verstanden, der durch die Gewissheit einer letztendlichen Erfüllung gekennzeichnet ist. Die Fähigkeit des Gläubigen, ohne Unterbrechung in Christus zu bleiben, ist in diesem Wachstumsprozess von zentraler Bedeutung. Johannes betont , dass ein ununterbrochenes Bleiben in Christus Sünde gänzlich ausschließt (vgl. Vers 6). Die sündlose Natur Christi lenkt und regiert das Leben des treuen Christen, im scharfen Gegensatz zu der Kontrolle, die die sündige menschliche Natur über diejenigen ausübt, die nicht in Christus bleiben (vgl. Römer 6:16).

Sünde ist daher kein natürliches Produkt der Erfahrung des treuen Christen, sondern entsteht aus Unwissenheit und geistiger Blindheit gegenüber Gott (vgl. 1. Johannes 3:6b). Um einen geistigen Sieg über die Sünde zu erringen, muss man sie als grundsätzlich fremd für die wiedergeborene Natur in Christus betrachten.

Die Aussagen von Johannes in Vers 9 spiegeln eine idealistische Perspektive wider, die in absoluter Wahrheit auf den „vollkommenen Menschen" in Christus Jesus anwendbar ist. Dieser Idealismus unterstreicht den hohen Standard, den Christus gesetzt hat, dessen sündlose Natur Gläubige im Zuge ihrer spirituellen Reifung widerspiegeln und in sie hineinwachsen möchten.

Die Lehren des Johannes illustrieren die transformierende Reise der Gläubigen, bei der das eingepflanzte göttliche Leben trotz zeitweiliger Rückschläge stetig zur Reife heranwächst. Dieses Wachstum wird durch ununterbrochenes Verweilen in Christus erleichtert. Es manifestiert sich im allmählichen Sieg über die Sünde und bringt die Gläubigen stärker mit der sündlosen Natur Christi in Einklang.

Johannes betont in seiner Lehre, dass Christen, wenn sie mit Gott verbunden bleiben, ganz natürlich den Charakter ihres himmlischen Vaters widerspiegeln. Diese dauerhafte Beziehung manifestiert sich in einem Verhalten, das mit ihrer Identität als Kinder Gottes übereinstimmt und für andere als Spiegelbild ihrer spirituellen Abstammung erkennbar ist.

Die Analogie zum Verhalten eines Priesters veranschaulicht dieses Konzept weiter: Obwohl ein Priester als Mensch Sünden begehen kann, diktiert seine Rolle als Priester einen höheren Verhaltensstandard. Ebenso verdeutlicht Jesu Analogie von einem guten Baum, der gute Früchte hervorbringt, dass es zwar Ausnahmen geben kann, aber die Natur eines guten Baumes von Natur aus gute Früchte hervorbringt. Dies steht im Einklang mit der Behauptung von Johannes, dass treue Christen, die von Gottes innewohnender Gegenwart geleitet werden, ein Verhalten an den Tag legen, das mit ihrer wahren Identität übereinstimmt.

Paulus spiegelt diese Perspektive wider, insbesondere in Galater 2,20, wo Paulus erklärt, dass sein Leben nicht mehr ihm gehört, sondern Christus in ihm lebt. Diese Einheit mit Christus definiert Paulus' Existenz und impliziert, dass jede Sünde, die er begehen könnte, nicht seine wahre Identität in Christus widerspiegelt. Dies spiegelt Paulus' Kampf wider, der in Römer 7,20-25 beschrieben wird, wo er zwischen der sündigen Natur und der erlösten, von Christus selbst regierten Natur unterscheidet.

Sowohl Johannes als auch Paulus betonen, dass das Verhalten der Gläubigen ihr neues Leben in Christus widerspiegeln sollte. Obwohl Christen aufgrund ihrer menschlichen Natur in Sünde fallen können, bleibt ihre wahre Identität in Christus verwurzelt und führt sie zu einem Leben, das die Heiligkeit und Gerechtigkeit ihres himmlischen Vaters widerspiegelt. Dieses Verständnis ermutigt die Gläubigen, ihren Glauben authentisch auszuleben und danach zu streben, den Charakter Christi in allen Aspekten des Lebens zu manifestieren.

Johannes' Sichtweise auf die Sünde im christlichen Leben ist differenziert und vielschichtig. Obwohl er anerkennt, dass Christen sündigen können (1. Johannes 2,1), unterscheidet er zwischen dem Akt des Sündigens und der wahren Identität des Gläubigen. Wenn Christen sündigen, so behauptet Johannes, verhalten sie sich in einer Weise, die ihrer Identität als Kinder Gottes zuwiderläuft. In Paulus' Worten wandeln sie als „einfache Menschen", beeinflusst von ihrer alten sündigen Natur (1. Korinther 3,3).

Der Kern der Lehre des Johannes besteht darin, dass jede Sünde, die ein wiedergeborenes Kind Gottes begeht, nicht aus der neuen spirituellen Natur stammt, die es durch die Wiedergeburt erhalten hat. Stattdessen stammen diese Sünden aus den Überresten der alten sündigen Natur, mit der die Gläubigen weiterhin zu kämpfen haben. Dieses Verständnis steht im Einklang mit den früheren Schriften des Johannes (1. Johannes 1:6-10; 2:1) und steht im Einklang mit der allgemeinen Erfahrung von Christen, die mit der Spannung zwischen ihrer neuen Identität in Christus und ihrer anhaltenden Neigung zur Sünde zu kämpfen haben.

Entgegen einer weit verbreiteten, aber widersprüchlichen Ansicht behauptet Johannes nicht, dass nur die Unbekehrten oder die Betrüger ein Leben führen, das von selbstsüchtiger Sünde beherrscht wird. Vielmehr erkennt er an, dass selbst echte Gläubige in die Sünde fallen können, und betont damit den anhaltenden spirituellen Kampf, der dem christlichen Weg innewohnt.

Johannes nennt fünf zwingende Gründe, warum seine Leser sich von der Sünde fernhalten sollten: erstens, um auf die Begegnung mit dem Herrn vorbereitet zu sein (Vers 3); zweitens, weil die Sünde gegen Gottes Gesetz verstößt (Vers 4); drittens, weil sie dem Wesen des christlichen Lebens widerspricht (Verse 5-7); viertens, weil sie mit teuflischen Einflüssen einhergeht (Vers 8); und schließlich, weil sie für diejenigen, die Kinder Gottes sind, grundsätzlich unnatürlich ist (Vers 9).

Johannes' Lehren über die Sünde betonen die Spannung zwischen der neuen Identität des Gläubigen in Christus und dem andauernden Kampf mit den Überresten seiner alten sündigen Natur. Christen mögen zwar sündigen, ihre wahre Identität bleibt jedoch in Christus verwurzelt, was sie dazu aufruft, gemäß ihrer spirituellen Wiedergeburt zu leben und der Anziehungskraft der Sünde durch die Kraft der Gnade Gottes zu widerstehen.

**3:10 Daran wird offenbar, wer die Kinder Gottes und wer die Kinder des Teufels sind: Wer nicht tut, was recht ist, der ist nicht von Gott; und wer seinen Bruder nicht liebt, der ist nicht von Gott.**

Johannes' Lehre hebt hervor, dass das Vorhandensein oder Fehlen von Sünde im Leben eines Gläubigen ein Beweis seiner spirituellen Treue ist – zu Gott oder Satan. Es spiegelt wider, unter wessen Autorität sie zu einem bestimmten Zeitpunkt leben. Johannes teilt die Menschheit in zwei unterschiedliche Gruppen ein: diejenigen, deren spirituelle Abstammung göttlich oder teuflisch ist. Diejenigen „des Teufels", ob gerettet oder nicht, führen das Werk des Teufels aus, indem sie sich der Wahrheit widersetzen, was sich als Missachtung der Gebote Gottes äußern kann (vgl. Matthäus 13:38; 16:23; Johannes 8:44; Apostelgeschichte 13:10; 2. Johannes 9). Sogar gerettete Personen können manchmal dem Einfluss des Teufels folgen und gegen ihre neue Natur in Christus handeln. Sie gehören jedoch nicht mehr dem Teufel. Dies steht im Einklang mit Johannes' früheren Warnungen vor Antichristen (2:22-23), die sich Christus trotz ihrer religiösen Zugehörigkeit widersetzen.

Der entscheidende Begriff hier ist „offenbar". Wenn Christen sündigen, verschleiern sie ihre wahre Identität und ihren Charakter und offenbaren diese nur durch Heiligkeit und rechtschaffenes Verhalten. Im Gegensatz dazu zeigen diejenigen, die mit Satan verbündet sind, ihre wahre Natur durch sündige Taten.

Es ist wichtig zu unterscheiden, dass nicht jeder wahre Christ ausnahmslos gute Werke hervorbringt (Johannes 15:1-8), Christen, die in Gott bleiben, jedoch durchweg rechtschaffenes Verhalten an den Tag legen . Andere können sie als solche an ihrer offensichtlichen Frömmigkeit erkennen. Diese äußere Manifestation gottesfürchtigen Verhaltens spiegelt Gottes Liebe wider, die durch sie wirkt (Vers 1). Johannes stellt klar, dass er Verhalten nicht als Lackmustest für die Erlösung vorschlägt; vielmehr behauptet er, dass der Glaube an Jesus Christus allein das einzige Kriterium für die Erlösung ist (5:1, 9-13). Er konzentriert sich darauf, wie sich Gottes Kinder manifestieren und von anderen als solche erkannt werden.

Der erste Teil von Vers 10 schließt die Diskussion über die Manifestation ab („sind offensichtlich") und dient als Übergang zu einer umfassenderen Betrachtung, ähnlich wie frühere Janus-Verse in Johannes' Schriften (vgl. 2:28), wobei er in seinem theologischen Diskurs sowohl zurück als auch nach vorn blickt. Diese doppelte Perspektive verstärkt die Kontinuität von Johannes' Lehre über die spirituelle Identität und das Verhalten der Gläubigen in Christus.

Der Brief des Johannes macht deutlich, dass Christen an ihrem rechtschaffenen Verhalten zu erkennen sind. Dennoch ist es wichtig zu verstehen, dass diese Gerechtigkeit nicht nur die Abwesenheit von Sünde ist. Johannes behauptet nie, dass sich Christen allein dadurch auszeichnen, dass sie frei von Sünde sind. Stattdessen konzentriert er sich auf bestimmte Eigenschaften, insbesondere die Nächstenliebe, als Kennzeichen echter Gerechtigkeit.

Johannes fragt: „Wie können wir ‚Gerechtigkeit' erkennen?" Seine Antwort betont, dass Gerechtigkeit nicht nur im moralischen Verhalten gesehen wird, das auch Ungläubige zeigen können, sondern im Kontext der brüderlichen Liebe. Dieses Thema der brüderlichen Liebe ist zentral und dient als Inclusio, die den Abschnitt am Anfang und am Ende umrahmt und seine Bedeutung unterstreicht.

Johannes beginnt diesen Abschnitt damit, zu klären, was Liebe nicht ist. Er geht insbesondere auf das Fehlen rechtschaffenen Verhaltens als Anzeichen für einen Mangel an Intimität mit Gott ein. Eine solche Person führt nicht das Leben Gottes, sondern das Leben des Teufels. Das Fehlen von Liebe zu Mitchristen bedeutet auch einen Mangel an Gemeinschaft mit Gott. Johannes hebt hervor, dass Liebe die primäre Manifestation rechtschaffenen Verhaltens ist , wie in Johannes 13:34-35 und Matthäus 22:37-39 hervorgehoben wird.

Er geht näher auf diesen Punkt ein und stellt fest, dass der gesamte Zweck des Evangeliums darin besteht, die Liebe unter den Gläubigen zu fördern und zu stärken. Dieser Fokus auf die Liebe ist entscheidend, da sie das entscheidende Kennzeichen eines wahren Jüngers Christi ist.

Johannes kritisiert Übersetzungen wie die NIV, in der es heißt: „Wer nicht tut, was recht ist, ist kein Kind Gottes", und argumentiert, dass eine solche Wiedergabe den Text verzerrt. Er stellt klar, dass der Text nicht auf die Frage des Status als Kind Gottes eingeht. Ein Mensch muss ein Kind Gottes sein, bevor er seinen Bruder hassen kann. Ein nicht erlöster Mensch kann seinen christlichen Bruder nicht hassen, weil sie keine solche Beziehung haben.

Ein liebloser Christ ist also nicht „von Gott" in dem Sinne, dass Gott nicht die Quelle seiner Handlungen ist. Ein solcher Gläubiger ist nicht auf Gottes Seite, sondern tut stattdessen das Werk des Teufels. Diese Unterscheidung ist entscheidend, um die wahre Natur der christlichen Gerechtigkeit zu verstehen, die sich im Wesentlichen durch Liebe ausdrückt.

Die Botschaft des Johannes ist klar: Das Wesen wahrer Gerechtigkeit und der Beweis einer echten Beziehung zu Gott liegt in der Liebe der Gläubigen zueinander. Diese Liebe ist die ultimative Manifestation ihres Glaubens und das Erkennungszeichen derjenigen, die wirklich Gottes Kinder sind.

## Einander lieben

**3:11 Und das ist die Botschaft, die ihr von Anfang an gehört habt, dass wir einander lieben sollen.**

Die grundlegende Botschaft, die Johannes und seine Mitgläubigen „von Anfang an" erhielten, wurzelte in Jesu ausdrücklichem Gebot an seine Jünger: einander zu lieben, so wie er sie geliebt hatte. Dieses Gebot fasst den Kern der Lehren Jesu zusammen und betont eine selbstlose und aufopfernde Liebe, die seinem eigenen Beispiel folgt.

Jesus formulierte dieses Gebot in Johannes 13:34-35, wo er seine Jünger anweist: „Ein neues Gebot gebe ich euch, dass ihr einander liebt, damit auch ihr einander liebt, so wie ich euch geliebt habe. Daran werden alle erkennen, dass ihr meine Jünger seid, wenn ihr einander liebt." Diese Anweisung hebt das besondere Merkmal christlicher Jüngerschaft hervor – Liebe, die die Liebe Christi widerspiegelt und von Demut, Mitgefühl und bedingungsloser Fürsorge für andere geprägt ist.

Darüber hinaus bekräftigt Jesus diese Lehre in Johannes 15:12 mit den Worten: „Das ist mein Gebot, dass ihr einander liebt, so wie ich euch geliebt habe." Hier betont Jesus die Kontinuität und Wichtigkeit dieses Gebotes und fordert seine Anhänger auf, eine Liebe zu bewahren, die seine eigene tiefe und aufopfernde Liebe widerspiegelt.

Für Johannes und die frühen Christen war dieses Gebot, einander zu lieben, der Eckpfeiler ihres Glaubens und ihres Gemeinschaftslebens. Es war nicht nur eine ethische Vorschrift, sondern ein bestimmendes Merkmal, das sie als Anhänger Christi auszeichnete. Durch ihre Liebe zueinander bezeugten sie die transformierende Kraft der Liebe Christi und die Realität ihres Glaubens in der Welt um sie herum.

Das Gebot Jesu, einander zu lieben, wie er geliebt hat, ist grundlegend für die christliche Identität und Gemeinschaft. Es bringt die Essenz der Jüngerschaft auf den Punkt und spiegelt die bleibende Botschaft wider, die Johannes und seine Mitgläubigen annahmen und täglich zu leben versuchten.

**3:12 Wir sollten nicht wie Kain sein, der vom Bösen war und seinen Bruder ermordete. Und warum ermordete er ihn? Weil seine Taten böse waren, die seines Bruders aber gerecht.**

Der Bericht über Kains Ermordung seines Bruders Abel dient als eindringliches Beispiel für die Kontrolle, die Satan über diejenigen ausübt, die sich ihm anschließen („dem Bösen"). In Vers 10 des 1. Johannesevangeliums beschreibt „dem Bösen angehören" Satan als die treibende Kraft hinter Kains Handlungen, ähnlich wie „von Gott angehören" Gott als die belebende Kraft der Gerechtigkeit beschreibt. Diese Unterscheidung bezeichnet nicht unbedingt eine rettende Beziehung zu Gott, sondern zeigt, wer die Handlungen eines Menschen beeinflusst und lenkt.

Kains Eifersucht und der darauf folgende Mord an Abel, von denen in Genesis 4:3-8 berichtet wird, verdeutlichen seine Feindseligkeit gegenüber der Rechtschaffenheit seines Bruders. Dieser Neid führte ihn dazu, die schwere Sünde des Brudermordes zu begehen, getrieben von dem Wunsch, das zu beseitigen, was er als Bedrohung seines Status oder seiner Gunst ansah. Auch Jesu Rede in Johannes 8 betont diese geistige Abstammung, wo er die Juden konfrontiert und erklärt, dass ihre Taten ihren wahren geistigen Vater, den Teufel, offenbaren, da sie ihn als Sohn Gottes ablehnen (Johannes 8:40, 42, 44).

Neid, definiert als Unzufriedenheit oder Unbehagen angesichts der Vortrefflichkeit oder des Glücks eines anderen, begleitet von dem Wunsch, die gleichen Vorteile zu haben, ist der Kern von Kains sündiger Tat. Dieser Verweis auf das Alte Testament in Johannes' Brief verdeutlicht, wie Liebe und Hass jeweils Ausdruck von Rechtschaffenheit und Sünde sind. Unterschiede in einer Gemeinschaft, wie Neid oder Eifersucht, können zu tiefsitzenden Feindseligkeiten und Konflikten führen.

Es ist wichtig, nicht allein aufgrund seiner Taten zu dem Schluss zu kommen, Kain sei nicht erlöst. Die Bibel gibt Kains Erlösungsstatus nicht explizit an. Es ist wichtig anzuerkennen, dass auch Christen schwere Sünden begehen können, darunter Mord (1. Petrus 4:15). Dieses Eingeständnis stellt die Vorstellung in Frage, dass echte Gläubige keinen Hass hegen oder schwere Sünden begehen können. Stattdessen unterstreicht es die anhaltende Spannung zwischen dem neuen Leben in Christus und den anhaltenden Auswirkungen unserer gefallenen Natur.

Johannes' Verwendung der Geschichte von Kain und Abel verdeutlicht die spirituelle Dynamik, die dabei im Spiel ist – entweder sich mit Gott zu verbünden oder dem Einfluss des Teufels zu erliegen. Es dient als ernüchternde Erinnerung an das Potenzial zur Sünde im Leben der Gläubigen. Es betont die Notwendigkeit ständiger Abhängigkeit von Gottes Gnade und Transformation durch das Erlösungswerk Christi.

### 3:13 Wundert euch nicht, Brüder, dass die Welt euch hasst.

Als Christen sollte es uns nicht überraschen, wenn wir Feindseligkeit oder Hass von Menschen erfahren, die unseren Glauben nicht teilen. Die ersten Leser von Johannes setzten sich mit dieser Realität auseinander, was ihn dazu veranlasste, sie mit der Ermahnung zu beruhigen: „Wundert euch nicht" (1. Johannes 3:13). Der Grund für diese Feindseligkeit liegt im krassen Gegensatz zwischen dem rechtschaffenen Verhalten der Gläubigen und der in der Welt vorherrschenden Ungerechtigkeit.

Johannes zieht eine Parallele zwischen Christen und Abel, der von seinem Bruder Kain wegen seiner Gerechtigkeit gehasst wurde (Genesis 4:8). Ähnlich kann es sein, dass wir, wenn wir liebevolle Fürsorge zeigen und uns gerechter verhalten als die Menschen um uns herum, bei denen, die in Sünde verstrickt sind, Groll und Feindseligkeit hervorrufen. Diese Reaktion spiegelt oft einen tieferen Widerstand gegen Gott wider, der sich in Feindseligkeit gegenüber seinen Vertretern auf Erden äußert.

Der Hass der Welt gegenüber Gläubigen ist eine natürliche Reaktion, die in ihrer sündigen Veranlagung wurzelt. Hiebert betont, wie wichtig es ist, diese Dynamik zu erkennen, um zu siegen, wenn man Verfolgung oder Ablehnung ausgesetzt ist. Das Verständnis, dass Hass gegenüber der Gerechtigkeit der sündigen Welt innewohnt, bereitet Christen darauf vor, solchen Widerstand mit unerschütterlichem Glauben und Entschlossenheit zu ertragen (Hiebert, „An Expositional Commentary", 146:302).

Es ist wichtig zu beachten, dass die Welt Jesus zwar nicht immer hasste, seine Anwesenheit und seine Lehren jedoch oft die in der Gesellschaft vorherrschende Gier, Habgier und Schlechtigkeit konfrontierten und entlarvten. Ähnlich verhält es sich mit der Glaubensgemeinschaft, wenn sie die sündigen Praktiken der Welt in Frage stellt oder bekämpft, denn sie riskiert Ablehnung und Verfolgung, wie die Erfahrungen Jesu selbst zeigen (Johannes 15:18-19, 25; 17:14).

Johannes' Botschaft unterstreicht, dass es unvermeidlich ist, dass wir als Anhänger Christi auf Feindseligkeit stoßen. Unser Festhalten an Gerechtigkeit und Liebe kann negative Reaktionen hervorrufen, nicht weil wir persönlich so sind, sondern weil Gottes Wahrheit und Licht in uns sind, die uns überzeugen. Dieses Verständnis befähigt uns, die Herausforderungen zu meistern, die es mit sich bringt, unseren Glauben in einer Welt auszuleben, die sich oft gegen Gottes Maßstäbe und Werte stellt.

**3:14 Wir wissen, dass wir aus dem Tod in das Leben hinübergegangen sind, weil wir die Brüder lieben. Wer nicht liebt, bleibt im Tod.**

Die „Liebe" zu unseren Mitchristen ist ein überzeugender Hinweis auf die Gegenwart des ewigen Lebens Christi in uns. Nach der Lehre des Johannes wird die Liebe zu einem sekundären, aber wichtigen Grund für die Gewissheit, dass wir dieses neue Leben in Christus besitzen. Sie ergänzt die Verheißungen Gottes, die in seinem Brief dargelegt und insbesondere in 1. Johannes 5:13 hervorgehoben werden.

Der starke Kontrast zwischen „Tod" und „Leben" veranschaulicht die tiefgreifende Transformation, die im Leben eines wiedergeborenen Gläubigen stattfindet. Diese Transformation geht über eine bloße Verhaltensänderung hinaus; sie bedeutet einen Wechsel vom Verweilen im spirituellen Tod zum Verweilen im ewigen Leben. Diejenigen, die keine Liebe zeigen, werden als im Tod verweilend beschrieben, was ihre Trennung vom neuen Leben, das durch das Erlösungswerk Christi angeboten wird, unterstreicht.

Es ist wichtig zu beachten, dass manche Ungläubige zwar Liebe zeigen, ein solches Verhalten jedoch nicht mit ihrer grundlegenden Natur und ihrem spirituellen Zustand vereinbar ist. Johannes verwendet extreme Kontraste – Tod gegen Leben, Hass gegen Liebe, Dunkelheit gegen Licht –, um die radikale Veränderung zu betonen, die entsteht, wenn jemand Christus und seine Lehren annimmt.

Die Botschaft des Johannes ermutigt die Gläubigen, die Liebe als eine kraftvolle Manifestation des Lebens Christi in ihnen zu erkennen. Diese Liebe bereichert ihre Beziehungen zu Mitchristen. Sie ist ein greifbarer Ausdruck ihrer veränderten Identität und ihrer fortwährenden spirituellen Reise. Die von Johannes verwendeten Kontraste veranschaulichen anschaulich die spirituellen Realitäten, die hier eine Rolle spielen, und unterstreichen die Bedeutung des Auslebens der Liebe Gottes als Beweis unseres neuen Lebens in Christus.

**3:15 Jeder, der seinen Bruder hasst, ist ein Mörder, und ihr wisst, dass kein Mörder ewiges Leben in sich hat.**

Die Aussage, dass „alle" auch Christen einschließen, ist grundlegend für das Verständnis der Lehren von Johannes. Er bekräftigt, dass Mord die extremste äußere Manifestation von Hass darstellt, was mit den Lehren Jesu in Matthäus 5:21-22 übereinstimmt, wo Hass hinsichtlich seiner Schwere mit Mord gleichgesetzt wird.

Der Kern von Johannes' Aussage liegt in der Formulierung „in ihm bleiben". Hier macht Johannes deutlich, dass kein Christ, der unter der Kontrolle des ewigen Lebens steht – vertreten durch Jesus Christus selbst (1. Johannes 1:2) – und der in ständiger Gemeinschaft mit Gott lebt, einen Mord begehen wird. Der Akt des Mordes ist im Widerspruch zur Natur Christi und bedeutet eine Abkehr vom Bleiben in ihm.

Obwohl es Fälle gibt, in denen Menschen, die sich zu Christus bekennen, einen Mord begangen haben, bleibt Johannes' Standpunkt unerschütterlich: Solche Taten sind mit einem echten Leben in Christus unvereinbar (Johannes 15:4). Gläubige können zwar schwere Sünden begehen, darunter Mord, aber solche Taten sind nicht typisch für diejenigen, die aktiv in Christus bleiben und in seiner Gemeinschaft wandeln.

Die Paraphrase der NIV, „Kein Mörder hat ewiges Leben in sich", erfordert eine sorgfältige Interpretation. Sie könnte dahingehend missverstanden werden, dass Gläubige unfähig sind, einen Mord zu begehen, was sowohl biblischen Erzählungen als auch historischen Berichten widerspricht. Johannes betont vielmehr die gewohnheitsmäßige Natur der Sünde und die Zusicherung, dass diejenigen, die durch Christus wirklich ewiges Leben besitzen, nicht dauerhaft in reueloser Sünde wie Mord leben werden.

Johannes' Lehre betont die transformierende Kraft des Lebens Christi in den Gläubigen und führt sie weg von der Sünde und hin zu einem Leben, das von Liebe, Gerechtigkeit und Gemeinschaft mit Gott geprägt ist. Johannes erkennt zwar an, dass Gläubige straucheln können, aber seine übergeordnete Botschaft bestätigt, dass diejenigen, die in Christus bleiben, zunehmend seine Natur widerspiegeln und so schwere Sünden wie Mord vermeiden werden.

**3:16 Daran haben wir die Liebe erkannt, dass er sein Leben für uns hingegeben hat; auch wir sind es schuldig, für die Brüder das Leben hinzugeben.**

In 1. Johannes 3:16 stellt Johannes Kains extremen Hass dem tiefen Beispiel der Liebe gegenüber, das Jesus Christus bewies. Während Kains Mord an Abel Hass verkörpert, verkörpert Jesus Christus Liebe, indem er bereitwillig sein Leben für die Menschheit hingibt, ein Opferakt, der sich in seiner Aussage in Johannes 10:11 widerspiegelt.

Die aufopfernde Natur der Liebe Jesu wird dadurch unterstrichen, dass er sein Leben ein für alle Mal hingab. Im Gegensatz dazu fordert Johannes die Gläubigen auf, ein kontinuierliches Muster selbstaufopfernder Liebe zu demonstrieren, indem sie ihr Leben „für die Brüder und Schwestern" hingeben. Die hier verwendeten griechischen Verben deuten auf andauernde und wiederholte Handlungen hin und heben einen Lebensstil aufopfernder Liebe hervor, statt eines einzelnen Ereignisses.

Johannes' Klarstellung zur Liebe ist entscheidend und unterscheidet die christliche Liebe von weltlichen Konzepten. Im Gegensatz zu oberflächlichen oder eigennützigen Vorstellungen von Liebe ist wahre christliche Liebe durch die Bereitschaft gekennzeichnet, anderen zu dienen und ihnen zu helfen, selbst wenn dies persönliche Kosten verursacht. Dieses Konzept geht über große Gesten hinaus und umfasst tägliche Akte der Demut, Selbstverleugnung und unbemerkte Opfer, die die Liebe Christi auf praktische Weise widerspiegeln.

Daher liegt das Wesen der christlichen Liebe in großen Märtyrer- oder Heldentaten und der konsequenten Bereitschaft, das Wohl anderer über die eigenen Wünsche und Bequemlichkeiten zu stellen. Diese selbstlose Haltung spiegelt das Beispiel Christi wider und ist ein Kennzeichen echten christlichen Glaubens . Diese Liebe ist aufopfernd, beständig und von der Liebe Christi zu uns motiviert.

**3:17 Wenn aber jemand weltliche Güter hat und sieht seinen Bruder Not leiden, aber sein Herz vor ihm verschließt, wie kann die Liebe Gottes in ihm bleiben?**

Während die meisten von uns nicht in Situationen geraten, in denen wir physisch unser Leben für andere hingeben können, betont Johannes, dass es sinnvolle Möglichkeiten gibt, Christi aufopfernde Liebe in unserem täglichen Leben nachzuahmen. Eine praktische Möglichkeit besteht darin, die materiellen Bedürfnisse unserer Brüder und Schwestern in Christus zu erfüllen. Wenn wir für jemanden in Not sorgen, selbst wenn das bedeutet, dass wir etwas geben müssen, von dem wir für unseren Lebensunterhalt abhängig sind, zeigen wir aufopfernde Liebe, ähnlich dem Beispiel, das Jesus uns gegeben hat.

Die Lehren des Johannes stimmen mit Jesu Gebot überein, einander zu lieben, wie er uns geliebt hat (Johannes 13:34). Für Christen wird unsere Liebe zu Gott sichtbar durch Gehorsam gegenüber seinen Geboten zum Ausdruck gebracht. Umgekehrt zeigt sich unsere Liebe zu unseren Mitgläubigen durch unsere Bereitschaft, persönliche Opfer für sie zu bringen. Diese aufopfernde Liebe ist nicht nur ein Gefühl oder eine Emotion; sie ist ein aktiver und greifbarer Ausdruck unserer Hingabe an Christus und seinen Leib, die Kirche.

Der Akt des aufopfernden Gebens spiegelt das Herzstück von Jesu Wirken wider, bei dem er die Bedürfnisse anderer stets über seinen eigenen Komfort und seine eigene Sicherheit stellte. Indem wir seinem Beispiel in diesen Akten der Großzügigkeit und Selbstlosigkeit folgen, erfüllen wir die Gebote Christi und nehmen an seinem fortwährenden Werk der Liebe und des Mitgefühls teil.

Johannes ermutigt uns, aufopfernde Liebe als Kennzeichen christlichen Lebens anzunehmen. Ob durch finanzielle Unterstützung, praktische Hilfe oder emotionale Ermutigung, jeder Akt aufopfernder Liebe stärkt die Bande der Gemeinschaft innerhalb des Leibes Christi. Er zeugt von Gottes Liebe, die durch uns wirkt. Durch solche selbstlosen Taten zeigen wir greifbar unsere Liebe zueinander und spiegeln die transformierende Kraft der Liebe Christi in unserem Leben wider.

**3:18 Meine Kinder, lasst uns nicht mit Worten und Reden lieben, sondern in Taten und Wahrheit.**

Um den Beweis echter Liebe zu verstehen, betont Johannes, dass es dabei nicht nur um verbale Bekenntnisse oder leere Worte geht, sondern um konkrete Taten, die selbstlose Fürsorge und Sorge für andere demonstrieren. Diese Einstellung steht im Einklang mit Lehren, die man auch an anderer Stelle im Neuen Testament findet, etwa in 1. Korinther 13:1, wo der Apostel Paulus den Vorrang der Liebe vor geistigen Gaben erörtert, und in Jakobus 2:15-16, wo Jakobus die Gläubigen hinsichtlich der praktischen Auswirkungen ihres Glaubens herausfordert.

Johannes' Hauptanliegen in seinen Schriften, insbesondere in Passagen wie 1. Johannes, besteht darin, eine Gemeinschaft zu fördern, die von aktiver und gehorsamer Liebe unter allen geprägt ist, die sich in der johanneischen Kirche zum Glauben an Christus bekennen. Diese Betonung unterstreicht die Bedeutung der Liebe nicht als theoretisches Konzept oder bloßer emotionaler Ausdruck, sondern als dynamische Kraft, die Gläubige dazu motiviert, konkrete Dienste, Unterstützung und Opfer füreinander zu leisten.

Indem Johannes die Notwendigkeit echter Liebe betont, die sich in Taten ausdrückt, ermutigt er die Gläubigen, über oberflächliche Gesten oder leere Rhetorik hinauszugehen und sich authentisch in liebevollen Taten zu engagieren, die die aufopfernde Liebe Christi widerspiegeln. Auf diese Weise halten sie nicht nur die Lehren Jesu aufrecht, sondern bezeugen auch die transformierende Kraft der Liebe Gottes in ihrem Leben und der Glaubensgemeinschaft.

Für Johannes liegt der Beweis echter Liebe also nicht in dem, was man nur mit Worten bekennt, sondern in der praktischen und aufopfernden Art und Weise, wie man anderen seine Liebe zeigt und so das wahre Wesen der Liebe Gottes widerspiegelt, wie es sich in Jesus Christus offenbart.

**3:19 Daran werden wir erkennen, dass wir aus der Wahrheit sind, und unser Herz vor ihm beruhigen. 3:20 Denn wenn unser Herz uns verurteilt, ist Gott größer als unser Herz und weiß alles.**

Johannes betont, dass die Ausübung aufopfernder Liebe zu den Mitgläubigen echte Rechtschaffenheit widerspiegelt und den Gläubigen Zuversicht und Mut in ihren Gebeten und in ihrem zukünftigen Bestehen vor Gottes Gericht gibt.

In den Versen 19-20 von 1. Johannes Kapitel 3 bezieht sich „dadurch" auf die konkreten Liebesbeweise, die in den Versen 17 und 18 besprochen werden. Diese Taten zeigen konkret den wahren Charakter eines Gläubigen und sein Engagement für die Gerechtigkeit. Trotz aller Bemühungen der Gläubigen, Liebe zu zeigen, können sie sich dennoch schuldig fühlen, weil sie nicht alle Bedürfnisse erfüllen. Dieser innere Kampf kann trotz ihrer Großzügigkeit andauern.

Johannes versichert den Gläubigen, dass die Gewissheit, vor Gott zu stehen, eine normale Erfahrung und ein Privileg für diejenigen ist, die in Christus sind. Das griechische Wort „peitho", übersetzt als „sich beruhigen", kann auch „beruhigen" bedeuten. Indem Gläubige aktiv Liebe zeigen, wie in den Versen 17-18 beschrieben, erlangen sie die Gewissheit, dass sie in der Wahrheit wandeln. Diese Demonstration beruhigt auch ihre Herzen, wenn sie sich wegen wahrgenommener Unzulänglichkeiten in ihrer Liebe und ihrem Dienst schuldig fühlen.

Gläubige können falsche Schuldgefühle überwinden, wenn ihr Herz sie verurteilt, indem sie erkennen, dass Gott, der alles weiß und ihre wahren Motive erkennt, größer ist als ihre Schuldgefühle. Anders als menschliche Urteile, die auf dem äußeren Anschein beruhen, basiert Gottes Urteil auf vollkommenem Verständnis und Wissen.

Der Ausdruck „vor Ihm" in Vers 19 könnte sich darauf beziehen, am Tag des Gerichts in Gottes Gegenwart zu stehen, ein Anlass, der Gläubige verständlicherweise mit Besorgnis erfüllen könnte. Im Kontext des Gebets (wie durch Parallelen in anderen Schriften angedeutet) deutet Johannes jedoch an, dass Gläubige durch das Zeigen von Liebe zuversichtlich zu Gott kommen können, selbst wenn sie sich schuldig fühlen. Diese Zusicherung ermöglicht einen nahtlosen Übergang zu Vers 21, wo Johannes die Gläubigen ermutigt, Gottes Gebote einzuhalten und gehorsam zu leben.

So betont Johannes in seiner Lehre, dass die Ausübung echter Liebe zu seinen Mitgläubigen die eigene Rechtschaffenheit bestätigt und Sicherheit und Zuversicht im gegenwärtigen Gebetsleben und im zukünftigen

Gericht vor Gott verleiht. Er hebt die transformierende Kraft der Liebe hervor, die Schuldgefühle lindert und Gläubige in ihrer Beziehung zu Gott festigt.

**3:21 Geliebte, wenn unser Herz uns nicht verurteilt, haben wir Zuversicht vor Gott. 3:22 Und was immer wir bitten, empfangen wir von ihm, weil wir seine Gebote halten und tun, was ihm gefällt.**

Wahre Liebe zu Mitgläubigen, die sich in selbstaufopfernden Taten ausdrückt, verleiht Gläubigen das Vertrauen, Jesus Christus ohne Scham gegenüberzutreten, wann immer er erscheint, wie Johannes betont (vgl. 1. Johannes 2,28). Diese Gewissheit ist eng mit der Aufrechterhaltung eines reinen Gewissens verbunden, ein Thema, das in den Schriften des Johannes immer wieder betont wird (vgl. 1. Johannes 1,7; 2,2; Hebräer 9,9, 14; 10,2, 22; 1. Timotheus 1,19).

Johannes betont, dass ein reines Gewissen oder „Schamlosigkeit" es Gläubigen ermöglicht, sich auch jetzt mutig im Gebet dem Thron der Gnade Gottes zu nähern (vgl. Johannes 8,28-29). Diese Kühnheit ist nicht bloß Selbstsicherheit, sondern entspringt einem Leben, das im Einklang mit Gottes Willen steht. Johannes deutet an, dass Gläubige, wenn sie nach Gottes Willen beten, ihre Bitten erfüllt bekommen („was immer wir bitten, erhalten wir von ihm"), ein Prinzip, das er in 1. Johannes 5,14-15 weiter ausführt.

Es ist wichtig zu beachten, dass Johannes das Gebet als einen zutiefst relationalen und spirituellen Akt und nicht als ein mechanisches oder magisches Ritual darstellt. Wirksames Gebet hängt davon ab, den Willen des Gläubigen mit dem Willen Gottes in Einklang zu bringen, was geschieht, wenn Gläubige in Christus bleiben und versuchen, ihm in allen Dingen gehorsam zu dienen. Daher sind Gehorsam gegenüber Gottes Geboten und die Bereitschaft, seinen Zwecken zu dienen, wesentliche Voraussetzungen dafür, dass Gebete im Leben eines Kindes Gottes erhört werden.

Johannes lehrt, dass wahre Liebe, die sich in aufopfernden Taten ausdrückt, die eigene Rechtschaffenheit bestätigt und Vertrauen und Mut fördert, wenn man sich im Gebet an Gott wendet. Dieses Vertrauen wurzelt in einem reinen Gewissen und einem Leben, das dem Gehorsam und Dienst an Gottes Willen gewidmet ist. Dadurch wird sichergestellt, dass Gebete, die im Einklang mit seinen Absichten dargebracht werden, gemäß seiner souveränen Weisheit und Liebe erhört werden.

**3:23 Und das ist sein Gebot, dass wir an den Namen seines Sohnes Jesus Christus glauben und einander lieben, wie er uns geboten hat.**

Die Lehren Jesu an seine Apostel umfassten zwei grundlegende Gebote: Vertraut auf ihn und liebt einander (Johannes 14:1; 13:34; 15:12, 17). Diese Grundsätze waren die Quintessenz seiner gesamten Botschaft. Insbesondere wies Jesus sie an, beim Beten zu seinem Vater an die Macht seines Namens zu glauben (Johannes 14:12-15; 16:24), was eine zusätzliche Grundlage für Vertrauen im Gebet darstellte.

Die Lehren aus dem Brief des Johannes haben großen Einklang mit den Worten Jesu in Johannes 13 bis 17 und unterstreichen die Kontinuität und Bekräftigung dieser entscheidenden Grundsätze.

Im Kontext des 1. Johannesbriefs bezieht sich „glauben" wahrscheinlich eher auf den anfänglichen Glauben an die Erlösung als auf den anhaltenden Glauben, nachdem man Christ geworden ist. Die Zeitform des griechischen Verbs (Aorist) und das Objekt des Glaubens („der Name seines Sohnes Jesus Christus") unterstützen diese Interpretation und betonen die Akzeptanz von Jesus Christus als dem, der er wirklich ist.

Johannes stellt dem Christen, der Hass gegenüber einem Bruder hegt, das Beispiel Kains gegenüber und veranschaulicht, dass ein solches Verhalten einen in das Reich des Todes bringt (1. Johannes 3:10b-15). Der liebevolle Christ hingegen verkörpert die aufopfernde Liebe Christi durch konkrete Taten, die mit der Wahrheit übereinstimmen (Verse 16-18). Indem Gläubige diese aufopfernde Liebe ausleben, können sie ihre schuldgeplagten Herzen beruhigen, sich vertrauensvoll Gott nähern und erwarten, dass ihre Gebete erhört werden, weil sie auf eine Weise leben, die Gott gefällt (Verse 19-23). Aufrichtige Liebe zu Mitgläubigen spiegelt also Gehorsam gegenüber dem Gebot Christi wider und stärkt die Zuversicht und Wirksamkeit der Gläubigen in ihrer Beziehung zu Gott.

**3:24 Wer seine Gebote hält, der bleibt in Gott und Gott in ihm. Und daran erkennen wir, dass er in uns bleibt: an dem Geist, den er uns gegeben hat.**

Das Thema der beständigen Gegenwart Gottes in den Gläubigen wird durch eine Inclusio im 1. Johannesbrief unterstrichen, die Schlüsselstellen miteinander verbindet (3,24; 4,16). Dieses gegenseitige Bleiben – Gott in den Gläubigen und die Gläubigen in Gott – ist grundlegend für die Entwicklung von Vertrauen, wenn die Gläubigen damit rechnen, vor dem Richterstuhl Christi zu stehen (2,28; 4,17-18). Tatsächlich bildet dieses Thema den zentralen Schwerpunkt des Hauptteils des Briefes (2,28–4,19).

In der Praxis spielt Gehorsam eine zentrale Rolle in dieser gegenseitigen, dauerhaften Beziehung: Wenn Gläubige Gottes Gebote befolgen, bleibt Gott mit seiner Gegenwart, Gemeinschaft, Kraft und seinem Segen in ihnen (vgl. Johannes 15:10-11, 14). Während Gottes innewohnende Gegenwart unter Gläubigen universell ist (vgl. Röm. 8:9; 1 Kor. 12:13), ist die Manifestation seines Geistes durch Gehorsam ein greifbarer Beweis dieser dauerhaften Beziehung. Dies ist die erste ausdrückliche Erwähnung des Heiligen Geistes im 1. Johannesbrief und unterstreicht die transformative Rolle des Gehorsams bei der Förderung und Äußerung von Gottes Gegenwart in Gläubigen.

In Gott zu bleiben ist daher gleichbedeutend mit dem Befolgen seiner Gebote. Dieses entscheidende Merkmal spiegelt Gottes innige und wechselseitige Beziehung zu gehorsamen Kindern wider.

# Kapitel 3 Zusammenfassung

Kapitel 3 des 1. Johannesbriefs beschäftigt sich mit der Liebe Gottes zu seinen Kindern und der Wandlung innerhalb der Gläubigen. Johannes beginnt mit der Bestätigung der unglaublichen Liebe, die der Vater den Gläubigen geschenkt hat, indem er ihnen das Privileg gewährte, Kinder Gottes genannt zu werden. Diese Bezeichnung spiegelt nicht nur die Liebe des Vaters wider, sondern impliziert auch einen Wandlungsprozess, in dem die Gläubigen beginnen, den Charakter Gottes widerzuspiegeln, indem sie sich von der Sünde abwenden und der Rechtschaffenheit zuwenden.

Johannes stellt die Kinder Gottes den Kindern des Teufels gegenüber und betont den Unterschied zwischen einem Leben in Rechtschaffenheit und einem in Sünde. Er betont, wie wichtig es ist, Rechtschaffenheit zu praktizieren und dass diejenigen, die von Gott geboren sind, nicht in einem Leben in Sünde verharren können. Stattdessen streben sie danach, nach Gottes Geboten zu leben, was ihre neue Identität als Kinder Gottes widerspiegelt.

Das Kapitel behandelt auch das Thema Liebe und betont ihre zentrale Rolle im christlichen Leben. Johannes ermutigt die Gläubigen, einander inbrünstig zu lieben, und verweist dabei auf das ultimative Beispiel der aufopfernden Liebe Christi. Diese Liebe wird in Worten ausgedrückt und durch Taten bewiesen, insbesondere in der Fürsorge für die Bedürftigen.

Johannes warnt vor Hass und Gleichgültigkeit gegenüber Mitgläubigen, da solche Einstellungen im Widerspruch zur Liebe stehen, die Gottes Kinder auszeichnet. Er erinnert die Gläubigen daran, dass Liebe ein Gebot und ein Zeichen wahrer Jüngerschaft ist und ihre Beziehung zu Gott anzeigt.

Johannes spricht über die Zuversicht, die Gläubige in ihrer Beziehung zu Gott haben, und versichert ihnen, dass sie Vertrauen vor Gott haben können, wenn sie in Christus bleiben und Gerechtigkeit praktizieren. Dieses Vertrauen erstreckt sich auch auf ihre Gebete, wenn sie ihre Wünsche mit Gottes Willen in Einklang bringen und wissen, dass er sie hört und beantwortet.

Kapitel 3 des 1. Johannesbriefs betont die verändernde Kraft der Liebe Gottes im Leben der Gläubigen, die sie zur Rechtschaffenheit, zu aktiver Liebe zueinander und zu unerschütterlichem Vertrauen in ihre Beziehung zu Gott führt.

## Kapitel 3 Gebet

Himmlischer Vater,

Wir kommen vor dich mit Herzen voller Dankbarkeit für die unglaubliche Liebe, die du uns geschenkt hast, indem du uns deine Kinder genannt hast. Danke für die transformierende Kraft deiner Liebe, die es uns ermöglicht, in Rechtschaffenheit zu wandeln und der Welt deinen Charakter widerzuspiegeln.

Herr, hilf uns, als Kinder des Lichts zu leben und hell in einer Welt voller Dunkelheit zu leuchten. Gib uns die Kraft und den Mut, der Sünde zu widerstehen und unser ganzes Leben lang nach Gerechtigkeit zu streben. Mögen unsere Taten und Einstellungen ein Zeugnis deiner Gnade und Wahrheit sein.

Vater, lehre uns, einander inbrünstig zu lieben, so wie du uns geliebt hast. Hilf uns, deine Liebe durch mitfühlende Taten und selbstlose Güte gegenüber den Bedürftigen zu zeigen. Möge unsere Liebe echt und greifbar sein und die aufopfernde Liebe Christi widerspiegeln.

Vergib uns, Herr, jede Haltung des Hasses oder der Gleichgültigkeit gegenüber unseren Brüdern und Schwestern in Christus. Erfülle unsere Herzen mit deiner Liebe, damit wir uns mit echter Zuneigung und Einigkeit im Geiste umarmen können.

Gib uns Vertrauen, oh Gott, in unsere Beziehung zu Dir. Wenn wir in Christus bleiben und Deine Gebote befolgen, versichere uns Deiner Gegenwart und Treue. Mögen wir mutig zu Dir beten, im Wissen, dass Du uns hörst und gemäß Deinem vollkommenen Willen antwortest.

Vater, gib uns durch Deinen Geist die Kraft, die Wahrheiten aus 1. Johannes Kapitel 3 auszuleben. Möge unser Leben Deine Liebe und Gerechtigkeit widerspiegeln, Deinem Namen Ehre machen und andere in eine Beziehung mit Dir führen.

Wir beten im Namen Jesu. Amen.

## Fragen zu Kapitel 3

Was sind wir laut Johannes aufgrund der Liebe des Vaters?

Wie kann es sein, dass die Welt Gläubige nicht erkennt?

Was wird gemäß Johannes den Gläubigen werden?

Was behauptet Johannes über diejenigen, die Sünde praktizieren?

Warum erschien Christus?

Wie unterscheidet Johannes zwischen Kindern Gottes und Kindern des Teufels?

Welches Gebot betont Johannes als zentral für ein christliches Leben?

Wie beschreibt Johannes die Liebe, die Gläubige füreinander empfinden sollten?

Wie können Gläubige wissen, dass sie vom Tod zum Leben übergegangen sind?

Welche Zusicherung bietet Johannes denen, die vor Gott an ihrem Herzen zweifeln?

Wie beschreibt Johannes die Wichtigkeit, die Gebote Gottes zu halten?

Welchen Kontrast zieht Johannes zwischen Kain und den Gläubigen?

Was ist die Botschaft, die die Gläubigen von Anfang an gehört haben?

Wie charakterisiert Johannes diejenigen, die ihre Brüder und Schwestern in Christus hassen?

Wie erklärt Johannes die aufopfernde Liebe Christi?

Was ist der Beweis echter Liebe?

Wahre Liebe beweist sich nicht nur in Worten und Reden, sondern in Taten und Wahrheit.

Wie ermutigt Johannes die Gläubigen hinsichtlich ihrer Herzen vor Gott?

Wie beruhigt Johannes die Gläubigen hinsichtlich ihrer Gebete?

Welches Gebot haben die Gläubigen von Gott erhalten?
Wie fasst Johannes die Gebote Gottes zusammen?

Welches Gebot haben die Gläubigen von Gott erhalten?
Wie fasst Johannes die Gebote Gottes zusammen?

# 1. Johannes Kapitel 4:1-21

## Testen Sie die Geister

Als Johannes in 1. Johannes 3:24 den Heiligen Geist erwähnte, gab er eine Warnung. Er betonte, dass Gottes Geist zwar zweifellos anwesend sei, es aber wichtig sei, zu erkennen, dass nicht jede spirituelle Manifestation von ihm ausgeht. Es besteht ein weit verbreitetes Missverständnis, dass jede spirituelle Präsenz automatisch die Beteiligung des Heiligen Geistes bedeute. Um dies zu verdeutlichen, lenkte der Apostel die Unterscheidung zwischen dem Heiligen Geist und anderen spirituellen Einflüssen, die in der Welt vorherrschen.

Johannes zieht in dieser Passage einen starken Vergleich, ähnlich wie in Kapitel 3, als er den Kontrast zwischen der Familie Gottes und der Familie des Teufels diskutiert. Ebenso hebt er den Unterschied zwischen dem Geist Christi und dem Geist des Antichristen hervor. Dieser Unterschied ist für Gläubige von zentraler Bedeutung und hilft ihnen, die spirituelle Landschaft mit Urteilsvermögen und Klarheit zu durchqueren.

**4:1 Geliebte, glaubt nicht jedem Geist, sondern prüft die Geister, ob sie von Gott sind; denn es sind viele falsche Propheten in die Welt hinausgegangen.**

Im griechischen Text hat der Satz „Glaube nicht" (pisteuete) eine starke Anweisung, ähnlich wie „Hör auf zu glauben". Johannes betont hier, dass einige seiner ersten Leser begonnen hatten, falsche Lehren anzunehmen. Diese Leichtgläubigkeit, die eine Bereitschaft zum Glauben ohne ausreichende Prüfung impliziert, macht Gläubige anfällig für die neuesten Trends der spirituellen Täuschung.

Daher ist es zwingend erforderlich, den Geist Gottes von falschen Geistern zu unterscheiden, die Unwahrheiten verbreiten. Diese Notwendigkeit ergibt sich, weil, wie Johannes warnt, zahlreiche falsche Propheten aufgetaucht sind, die falsche Lehren verbreiten (vgl. 1. Johannes 2:18-27). Diese falschen Geister oder die von ihnen inspirierten Lehren stehen in krassem Widerspruch zur Wahrheit Christi.

Johannes stellt klar, dass er sich mit der „Prüfung der Geister" darauf bezieht, dass man zwischen widersprüchlichen Behauptungen fundierte Entscheidungen treffen muss. Bei dieser Prüfung geht es darum, spirituelle Einflüsse kritisch zu bewerten, um diejenigen, die mit dem Geist Gottes im Einklang stehen, von denen zu unterscheiden, die Täuschungen begehen. Es ist ein Aufruf zu Urteilsvermögen und Wachsamkeit unter den Gläubigen, um sicherzustellen, dass sie der durch Christus offenbarten Wahrheit treu bleiben.

**4:2 Daran erkennt ihr den Geist Gottes: Jeder Geist, der bekennt, dass Jesus Christus im Fleisch gekommen ist, ist aus Gott. 4:3 Und jeder Geist, der Jesus nicht bekennt, ist nicht aus Gott. Das ist der Geist des Antichristen, von dem ihr gehört habt, dass er kommt und jetzt in der Welt ist.**

Johannes liefert ein klares Kriterium, um zwischen dem „Geist Gottes" und dem „Geist des Antichristen" in einer Person zu unterscheiden: ihren Glauben an Jesus Christus. Für Johannes und sein ursprüngliches Publikum drehte sich der entscheidende Test darum, ob jemand die Menschwerdung Jesu Christi bejahte oder leugnete – genauer gesagt, ob er anerkannte, dass Jesus „im Fleisch gekommen ist". Dieser theologische Punkt wurde von falschen Lehrern angegriffen, die versuchten, die grundlegende christliche Lehre zu verzerren (vgl. 1. Johannes 2:18-27).

Die Menschwerdung zu leugnen, war laut Johannes nicht nur ein Lehrfehler, sondern auch ein Beweis dafür, dass man sich dem Geist des Antichristen anschloss – eine Opposition zu Christus selbst. Diese theologische Abweichung signalisierte eine Abkehr von der orthodoxen Christologie, wie sie von den Aposteln gelehrt wurde, und wies damit auf einen Geist hin, der Jesus Christus entgegengesetzt war.

Um dies zu verstehen, ist es wichtig, Johannes' Sichtweise auf das Böse und die Täuschung zu verstehen. Im Gegensatz zu modernen Ansichten, die das Böse oft auf bloße Irrtümer oder gesellschaftliche Probleme reduzieren, schreibt Johannes es einer spirituellen Realität zu – einem Geist des Bösen, der aktiv in der Welt wirkt. Diese

Anerkennung steht im Einklang mit Gottes Erklärung der Gegenwart des Bösen. Sie unterstreicht den spirituellen Kampf, der der christlichen Weltanschauung innewohnt.

Johannes betont, dass der Prüfstein für die Erkennung falscher Geister in erster Linie ihre doktrinelle Haltung gegenüber Jesus Christus ist, nicht nur ihre Taten. Dieses Prinzip spiegelt den alttestamentlichen Standard zur Identifizierung falscher Propheten wider, wie er in Deuteronomium 13:1-5 dargelegt wird, wo das Festhalten an korrekten theologischen Wahrheiten von größter Bedeutung war.

Daher ist für Johannes und seine Leser das Bekenntnis zu Jesus Christus als dem fleischgewordenen Erlöser das entscheidende Kriterium zur Unterscheidung zwischen der Gegenwart des göttlichen Geistes und falschen Geistern – ein Beleg für die zentrale Rolle Christi in der Botschaft des Evangeliums.

Nach den Lehren Jesu selbst sind falsche Propheten „an ihren Früchten" zu messen (Matthäus 7:16-20). Entgegen einem weit verbreiteten Missverständnis bezieht sich dies nicht auf ihre Taten, sondern auf ihre Worte. Wie Matthäus 12:33-37 klarstellt, liegen die Früchte falscher Propheten in den Inhalten und Botschaften, die sie vermitteln. Jesus veranschaulichte dies anschaulich, indem er falsche Propheten mit Wölfen im Schafspelz verglich – sie mögen äußerlich harmlos erscheinen. Dennoch enthüllen ihre Lehren ihre wahre Natur als gefräßige Betrüger (Matthäus 7:15).

In Übereinstimmung mit diesem Prinzip gibt Johannes an, dass die Prüfung der Geister nicht auf völliger Ablehnung, sondern auf Bekenntnis beruht. Er unterscheidet zwischen Geistern, die Jesus Christus bekennen, und solchen, die dies nicht tun. Falsche Lehren tarnen ihre Abweichungen oft dadurch, dass sie entscheidende Wahrheiten auslassen, anstatt sie völlig zu leugnen. Auch wenn sie Jesus also nicht ausdrücklich als Christus ablehnen, kennzeichnet sie ihr Versäumnis, seine wahre Natur und Lehren zu bekräftigen, dennoch als Betrüger.

Johannes hatte zuvor vor dem Aufkommen von „Antichristen" unter seinen Zuhörern gewarnt (1. Johannes 2:18) und ihre Anwesenheit als Vorläufer des ultimativen Antichristen betont. Indem er diese Warnung wiederholt, betont er den durchdringenden Einfluss des Geistes des Antichristen in der Welt. Diese Wiederholung unterstreicht die Ernsthaftigkeit der Bedrohung durch falsche Lehren, die die Wahrheit Christi untergraben.

Jesus und Johannes betonen, dass die Authentizität spiritueller Lehrer und Lehren vor allem daran zu erkennen ist, ob sie der Wahrheit über Jesus Christus treu bleiben und sie verkünden. Dieses Kriterium ist für Gläubige nach wie vor von entscheidender Bedeutung, da es sicherstellt, dass sie trotz der Verbreitung irreführender Lehren im wahren Evangelium verwurzelt bleiben.

**4:4 Meine Kinder, ihr seid aus Gott und habt jene überwunden, denn der, der in euch ist, ist größer als der, der in der Welt ist.**

Die Leser des Johannesevangeliums hatten die Gegner Jesu Christi erfolgreich „überwunden", indem sie durch die bestärkende Gegenwart des Heiligen Geistes in sich selbst fähig wurden (1. Johannes 3:24; 4:2, 13). Der innewohnende Geist, der als „der in euch ist" bezeichnet wird, steht für eine göttliche Kraft, die den Einfluss Satans übertrifft, der als „der in der Welt ist" charakterisiert wird. Dieser Kontrast unterstreicht den spirituellen Sieg, den Gläubige über Satan, seine Agenten und ihre trügerischen Einflüsse erfahren.

Das Konzept, Satan und seine Taktiken zu besiegen, ist in der gesamten Heiligen Schrift zu finden und spiegelt den Aufruf wider, der Versuchung zu widerstehen und dem Wort Gottes treu zu bleiben (1. Petrus 5:9). Dieser Kampf geht zurück auf den Garten Eden (Genesis 3) und setzt sich fort durch die Versuchung Jesu in der Wüste (Matthäus 4) und veranschaulicht den anhaltenden spirituellen Kampf, dem Gläubige ausgesetzt sind.

In Johannes' Brief ist „Du bist von Gott" der zentrale Punkt innerhalb einer chiastischen Struktur, die sich über die Verse 2 bis 6 erstreckt. Ein Chiasmus, ein in biblischen Texten häufig verwendetes literarisches Mittel, betont seinen zentralen Punkt. Hier betont Johannes den göttlichen Ursprung und die göttliche Identität der Gläubigen als Grundlage ihrer spirituellen Widerstandsfähigkeit gegen Falschheit und spirituellen Widerstand.

Daher ermutigt Johannes in seiner Botschaft die Gläubigen, Kraft aus dem Heiligen Geist zu schöpfen, der in ihnen wohnt, und anzuerkennen, dass diese göttliche Präsenz ihnen die Kraft gibt, die Herausforderungen und feindlichen Mächte der Welt zu überwinden.

**4:5 Sie sind aus der Welt; deshalb reden sie aus der Welt, und die Welt hört ihnen zu.**

Die Lehren der Antichristen üben auf weltliche Gemüter eine besondere Anziehungskraft aus, weil sie „aus der Welt" stammen und mit den in der Welt vorherrschenden Ansichten übereinstimmen (vgl. 1. Johannes 3:31). Diese Anziehungskraft rührt von der Tatsache her, dass Heterodoxie oder Abweichungen von der orthodoxen christlichen Lehre oft mehr Anhänger finden als die Orthodoxie. Viele religiöse Bewegungen ziehen Anhänger an, die möglicherweise keine persönliche Beziehung zu Christus haben, aber an religiösen Aktivitäten teilnehmen und Trost in Lehren finden, die eher weltliche Werte widerspiegeln als die biblische Wahrheit.

Die Betonung der Botschaft und nicht der Größe der Gemeinde spiegelt ein zentrales Anliegen geistlicher Führer wider. Die entscheidende Frage ist, ob der Heilige Geist das Wort Gottes treu verkündet und ihm Kraft verleiht, sodass es das Leben der Menschen verändern kann.

Der Gegensatz zwischen Wettbewerb und Dienst veranschaulicht eine tiefere ethische Kluft. Wer von weltlichen Werten getrieben wird, legt oft Wert auf Wettbewerb und persönlichen Gewinn. Im Gegensatz dazu betont die christliche Ethik Demut, Dienst und aufopfernde Liebe nach dem Vorbild Christi.

Der Begriff „Welt" (Kosmos), wie Johannes ihn verwendet, hat eine doppelte Bedeutung. Erstens bezeichnet er ein Denksystem, das dem christlichen Glauben diametral entgegengesetzt ist – eine Weltanschauung, die von weltlichen Werten geprägt ist. Zweitens bezieht er sich auf Personen innerhalb der Gemeinschaft, die von falschen Lehren beeinflusst werden und sich somit von der Wahrheit des Evangeliums entfernen. Diese doppelte Verwendung verdeutlicht, dass einige innerhalb der christlichen Gemeinschaft zwar falschen Lehren erliegen mögen, treue Gläubige jedoch in ihrer Verpflichtung gegenüber der Wahrheit des Evangeliums standhaft bleiben sollten.

Das Wort „Welt" hat in Johannes' Kontext mehrere Nuancen. In Vers 3 bezeichnet es in erster Linie die bewohnte Welt, während Vers 4 sich spezieller auf die sündige Menschheit bezieht. In Vers 5 verschiebt sich der Fokus auf die sündigen Prinzipien, die solche Individuen beherrschen. Diese Nuancen unterstreichen Johannes' umfassende Sicht des Begriffs „Welt", der sowohl den physischen Bereich als auch den spirituellen Zustand der gefallenen Menschheit umfasst.

Die Lehren des Johannes erinnern die Gläubigen daran, zwischen den Werten der Welt und den Wahrheiten des Evangeliums zu unterscheiden. Sie betonen, wie wichtig es ist, in Christus verankert zu bleiben, trotz der Verlockung weltlicher Philosophien und falscher Lehren, die den Glauben untergraben wollen.

**4:6 Wir sind aus Gott. Wer Gott erkennt, der hört auf uns; wer nicht aus Gott ist, der hört nicht auf uns. Daran erkennen wir den Geist der Wahrheit und den Geist des Irrtums.**

Die Begriffe „wir" und „uns" in den Schriften des Johannes umfassen wahrscheinlich die apostolischen Augenzeugen und die breitere Gemeinschaft der Gläubigen. Ursprünglich beziehen sie sich auf die Apostel, die Jesus persönlich erlebt haben (wie in 1. Johannes 1:1-4 festgelegt), doch diese Begriffe umfassen alle treuen Anhänger Christi. Diejenigen, die „Gott genau kennen", sind diejenigen, die positiv auf die Lehren der Apostel reagieren und damit ihre Zustimmung zur apostolischen Lehre zeigen („hört auf uns"). Umgekehrt zeigen diejenigen, die diese apostolische Lehre ablehnen, wie etwa die Antichristen, ihre Abkehr von Gottes Wahrheit.

Einer Ansicht zufolge besteht der Zweck der Heiligen Schrift nicht nur darin, Wissen zu vermitteln, sondern Gläubige zu verändern. Durch den Vergleich zeitgenössischer Lehren mit der in der Bibel überlieferten apostolischen Lehre können Gläubige zwischen Wahrheit und Irrtum unterscheiden. Diese Unterscheidung hängt davon ab, ob die Lehre mit der vom Heiligen Geist inspirierten Wahrheit übereinstimmt oder aus dem Geist der Welt unter dem Einfluss Satans stammt.

Johannes betont, wie wichtig es ist, sich an die apostolischen Lehren zu halten, insbesondere in Bezug auf die grundlegende Wahrheit, dass Jesus Christus im Fleisch kam. Wer diese Wahrheit bekräftigt, offenbart die Gegenwart und Aktivität des „Geistes der Wahrheit". Wer sie hingegen leugnet, offenbart den Einfluss des „Geistes der Lüge".

Johannes warnt vor falschen Lehrern (1. Johannes 2:24; 2. Johannes 7-11) und weist darauf hin, dass selbst wahre Gläubige in die Irre geführt werden können. Diese Warnung unterstreicht die fortwährende Notwendigkeit von Wachsamkeit und Urteilsvermögen unter Gläubigen, um sicherzustellen, dass sie trotz der Herausforderungen durch falsche Lehren der Wahrheit des Evangeliums treu bleiben.

Die Schriften des Johannes ermutigen die Gläubigen, die Lehren der Apostel als Maßstab für die Erkennung spiritueller Wahrheiten zu betrachten, sich vor Lehrfehlern zu schützen und fest in ihrem Glauben verwurzelt zu bleiben.

In seinen Schriften stellt der Apostel Johannes einen Test vor, der nicht zwischen den Kindern Gottes und denen, die es nicht sind, unterscheidet, sondern zwischen dem Geist der Wahrheit und dem Geist des Irrtums. Diese Unterscheidung wird in den nachfolgenden Aussagen deutlich, die auf seine anfängliche Behauptung folgen. Johannes stellt klar, dass diejenigen, die die Wahrheit lehren, von denen, die Gott wirklich kennen, aufgenommen und anerkannt werden, was auf gegenseitige Anerkennung und Akzeptanz hinweist, die auf spiritueller Unterscheidungskraft wurzelt. Umgekehrt offenbaren diejenigen, die diese Lehren ablehnen oder zurückweisen, dass ihre spirituelle Haltung nicht mit Gott im Einklang steht.

Dieser Test betont die Reaktion auf die Wahrheit als Lackmustest für spirituelle Authentizität. Der Apostel betont, dass diejenigen, die von Gott sind und ein tiefes Verständnis von ihm besitzen, sich natürlich zu Lehren hingezogen fühlen und diese bejahen, die mit seiner Wahrheit übereinstimmen. Umgekehrt werden diejenigen, die nicht zu Gott gehören, diese Lehren ablehnen oder ignorieren und damit offenbaren, dass sie dem Geist des Irrtums anhängen.

Johannes' Test unterscheidet zwischen echter Treue zur Wahrheit und irrtümlichen Unwahrheiten, indem er beobachtet, wie Menschen auf die Lehren derer reagieren, die Gottes Wahrheit verkünden. Dieses Kriterium unterstreicht die Bedeutung von Urteilsvermögen und Treue zur Botschaft des Evangeliums unter den Gläubigen und stellt sicher, dass sie angesichts doktrineller Herausforderungen und Täuschungen standhaft bleiben.

# Gott ist Liebe

Nachdem Johannes vor der Gefahr gewarnt hat, den „Geist des Irrtums" mit dem Heiligen Geist zu verwechseln, was Gläubige auf weltliche Pfade führen kann, kehrt er zu einem seiner zentralen Themen zurück: der Liebe zu Mitgläubigen. So wie 1. Korinther 13 Paulus' endgültige Aussage über Gottes Liebe darstellt, gilt dies auch für 1. Johannes 4:7-16, wo Johannes' tiefgründige Darlegung der Natur der göttlichen Liebe enthalten ist.

In seinem gesamten Brief laufen die Argumente und Appelle des Johannes auf eine einzige Schlussfolgerung hinaus: „Ihr Lieben, lasst uns einander lieben." Dieses Gebot bringt die Essenz christlichen Lebens und christlicher Gemeinschaft auf den Punkt.

In diesem Abschnitt erläutert Johannes die Natur dieser Liebe, die von jedem Gläubigen verlangt wird. Er baut auf früheren Lehren auf, in denen er das Gebot der Liebe mit dem Wandeln im Licht (2:3-11) und als Beweis für den Besitz des ewigen Lebens (3:10-24) verknüpfte. Nun verankert Johannes die christliche Liebesanforderung tief im Charakter Gottes selbst. Gläubige sind aufgerufen, als Antwort auf Gottes Liebe und sein Erlösungswerk durch Christus und innerhalb der Kirche zu lieben.

Dieser Abschnitt behandelt ausführlich die Natur wahrer Liebe. Diese Liebe spiegelt Gottes bedingungslose und aufopfernde Liebe wider, die grundlegend für den christlichen Glauben und die christliche Praxis ist.

Johannes' pastorale Weisheit wird in seinem unmittelbaren Übergang von der Warnung vor trügerischen Geistern zur Ermahnung zur gegenseitigen Liebe deutlich. Er nimmt die möglichen Herausforderungen vorweg, denen seine Leser bei der Anwendung seiner Lehren begegnen könnten. Er betont die wesentliche Rolle der Liebe bei der Wahrung der Einheit und des spirituellen Wohlergehens der christlichen Gemeinschaft.

Johannes' Aufruf, einander zu lieben, ist also nicht nur eine moralische Ermahnung; es ist ein theologischer Imperativ, der in der Natur Gottes und seinem Erlösungswerk gründet. Er dient als Gegengewicht zu den Gefahren spiritueller Täuschung und führt die Gläubigen zu einem authentischen christlichen Leben, das von echter Liebe und Einigkeit geprägt ist.

**4:7 Geliebte, lasst uns einander lieben, denn die Liebe kommt von Gott, und wer liebt, ist von Gott geboren und erkennt Gott.**

Im 1. Johannesbrief wird Liebe, zusammen mit Glauben (der das Anerkennen der wahren Lehre Christi beinhaltet, wie in den Versen 1-6 dargelegt), als eine Manifestation des Geistes Gottes bezeichnet – sie kommt „von Gott". Diese Betonung unterstreicht, dass echte Liebe, wie wahrer Glaube, von Gott selbst kommt und eine Eigenschaft ist, die den Gläubigen durch seinen Geist verliehen wird.

Für diejenigen, die „aus Gott geboren" sind und innige Gemeinschaft mit ihm haben, ist die Liebe zu anderen eine natürliche Folge ihrer Beziehung zu Gott (vgl. 1. Johannes 2:3-5). Die Begriffe „uns" und „wir" in diesem Vers und den folgenden Versen (Verse 8-14) umfassen Johannes' ursprüngliche Leser sowie die Apostel und weisen auf eine kollektive Gemeinschaft von Gläubigen hin, die Gottes Liebe empfangen und praktizieren.

Der hier diskutierte neutestamentliche Begriff der Liebe beinhaltet eine tiefe Sorge um das Wohlergehen anderer. Diese Liebe hat ihren Ursprung in Gott selbst und zeigt sich in selbstlosen Taten und aufopfernder Fürsorge füreinander.

Eine Anekdote über ein kleines Kind, das lernt, mit Leuten zu spielen, die es nicht mag, veranschaulicht eine wichtige Lektion in Sachen Liebe – eine, die manche Gläubige auf ihrer spirituellen Reise vielleicht noch einmal durchleben müssen. Zu lernen, andere zu lieben, auch diejenigen, mit denen wir vielleicht hadern oder nicht einer Meinung sind, ist grundlegend für die christliche Reife und spiegelt die transformierende Kraft der Liebe Gottes in unserem Leben wider.

Dieser Vers dient als prägnante Zusammenfassung des übergreifenden Arguments des 1. Johannesbriefs: Ein wahres christliches Leben ist geprägt vom Glauben an die Lehre Christi und einer echten Liebe, die von Gott selbst entspringt und in unseren Beziehungen zu anderen Menschen zum Ausdruck kommt.

**4:8 Wer nicht liebt, kennt Gott nicht, denn Gott ist Liebe.**

Das Konzept, dass „Gott Liebe ist", ist im 1. Johannesbrief zentral und tiefgreifend und bezeichnet nicht nur eine Eigenschaft Gottes, sondern einen wesentlichen Aspekt seines Wesens. Diese Aussage steht neben anderen bedeutenden Aussagen in der Heiligen Schrift, wie „Gott ist Licht" (1. Johannes 1:5) und „Gott ist Geist" (Johannes 4:24), die jeweils einzigartige Einblicke in Gottes Charakter und Eigenschaften bieten.

Wenn Johannes behauptet, dass „Gott Liebe ist", meint er damit nicht, dass Liebe Gottes gesamtes Wesen unter Ausschluss anderer Eigenschaften definiert. Vielmehr bestätigt er, dass Gottes Handlungen und Eigenschaften Ausdruck seiner liebevollen Natur sind. Ob Gott nun erschafft, regiert oder richtet, seine Handlungen sind von Liebe durchdrungen – dies spiegelt das Wesen dessen wider, wer er ist.

Das Fehlen des bestimmten Artikels vor „Liebe" in der Phrase „Gott ist Liebe" ist grammatikalisch bedeutsam. Es zeigt, dass Liebe nicht nur etwas ist, das Gott neben anderen Eigenschaften besitzt, sondern untrennbar von seinem Wesen und seiner Identität. Liebe hängt nicht von äußeren Faktoren ab, sondern geht von Gott aus, ist unabhängig und seinem Wesen inhärent.

Diese Aussage „Gott ist Liebe" ist neben den Aussagen über Gottes Licht und Geist in der johanneischen Theologie von großer Bedeutung. Während „Gott ist Geist" seine metaphysische Natur definiert und „Gott ist Licht" seine moralische Reinheit und Wahrheit beleuchtet, betont „Gott ist Liebe" seinen relationalen und erlösenden Charakter, wie er sich der Menschheit offenbart.

Es ist wichtig zu beachten, dass Johannes' Aussage, „Gott ist Liebe", Liebe nicht mit Gott selbst gleichsetzt, sondern betont, dass Liebe aus seiner Natur entspringt und seine Interaktionen mit seiner Schöpfung definiert. Diese Unterscheidung unterstreicht die tiefe Liebe Gottes als zentrales Thema in Johannes' Schriften und beleuchtet die grundlegende Wahrheit von Gottes Charakter, wie er in seiner Liebe zur Menschheit zum Ausdruck kommt.

**4:9 Darin ist die Liebe Gottes unter uns offenbart worden, dass Gott seinen eingeborenen Sohn in die Welt gesandt hat, damit wir durch ihn leben sollen.**

Der Beweis der Liebe Gottes zur Menschheit zeigt sich auf tiefgreifende Weise darin, dass er seinen einzigen und einzigartigen Sohn (griechisch: monogene) in die Welt schickte. Diese Tat, die in Johannes 3:16 so treffend zusammengefasst wird, stellt Gottes ultimativen Ausdruck der Liebe dar – ein Opfer, um allen Gläubigen ewiges Leben zu schenken. Der Begriff „monogene" betont Christi unvergleichliche und einzigartige Natur als Sohn Gottes und unterstreicht die Tiefe und Exklusivität dieses göttlichen Aktes der Liebe.

Der Ausdruck „wurde in uns offenbart" (griechisch: ephanerothe en hemin) wird am besten als „wurde unter uns offenbart" verstanden und weist darauf hin, dass die Menschwerdung Christi eine greifbare und sichtbare Manifestation unter der Menschheit war. Diese Offenbarung unter uns zeigt die tiefgreifende Wirkung des irdischen Wirkens und der Gegenwart Christi.

Der Zwecksatz „damit wir durch ihn leben" umfasst das erfüllte Leben, das man in der Beziehung zu Christus hier und jetzt erlebt (vgl. Johannes 10,10), und das Versprechen des ewigen Lebens, das bis in alle Ewigkeit reicht. Durch Christus erhalten Gläubige zeitliche Segnungen und die Gewissheit des ewigen Lebens mit Gott.

Wenn Zweifel an Gottes Liebe zu uns aufkommen, bietet das Meditieren über diesen grundlegenden Vers – Johannes 3:16 – einen festen Anker. Er bekräftigt Gottes unermessliche Liebe, die er durch das Geschenk seines Sohnes bewies, der ewiges Leben als ultimativen Ausdruck seiner göttlichen Fürsorge und seines Mitgefühls für die Menschheit anbietet. Dieser Vers fasst das Herz der Botschaft des Evangeliums zusammen und veranschaulicht Gottes Liebe als treibende Kraft hinter seinem Erlösungsplan für alle Menschen.

**4:10 Darin besteht die Liebe: nicht dass wir Gott geliebt haben, sondern dass er uns geliebt und seinen Sohn gesandt hat als Sühnopfer für unsere Sünden.**

Gottes Liebe zur Menschheit hängt nicht von unserer Liebe zu ihm ab; sie entspringt vielmehr seiner eigenen Initiative und grenzenlosen Gnade. Diese grundlegende Wahrheit wird durch die Opfermission Jesu Christi veranschaulicht, der als „ein Sühneopfer" oder „die Versöhnung für unsere Sünden" beschrieben wird.

Der Begriff „Sühne" vermittelt die Idee der Beschwichtigung oder Genugtuung der göttlichen Gerechtigkeit. Im Kontext von Christi Werk am Kreuz dient er als ultimatives Opfer, das die Menschheit mit Gott versöhnt, indem es die Forderungen der Gerechtigkeit für die Sünde erfüllt. Dieser Akt der Sühne zeigt Gottes proaktive und erlösende Liebe, bei der er die Initiative ergreift, um die Kluft zwischen der sündigen Menschheit und sich selbst zu überbrücken.

In der gesamten Heiligen Schrift, insbesondere in Abschnitten wie Römer 3:25 und 1. Johannes 2:2, wird in der Rolle Christi als Sühneopfer Gottes entschiedenes Handeln bei der Bereitstellung eines Mittels zur Vergebung und Versöhnung hervorgehoben. Dieser Opferakt unterstreicht Gottes tiefe Liebe zur Menschheit, die nicht als Reaktion auf menschliche Verdienste oder Zuneigung zum Ausdruck kommt, sondern aus seiner eigenen Liebe und Barmherzigkeit.

Daher zeigt sich das Wesen der Liebe Gottes in seinem proaktiven Engagement für die Menschheit durch Jesus Christus. Indem er sich selbst als Opferlamm darbietet, wird Christus zum Mittel, durch das Gott seine Liebe beweist, indem er allen Gläubigen Vergebung und Erlösung sichert. Dieser grundlegende Aspekt der christlichen Theologie betont Gottes unverdiente Gnade und Initiative, seine Liebe auf die Menschheit auszudehnen und Erlösung und Versöhnung durch seinen Sohn Jesus Christus anzubieten.

**4:11 Geliebte, wenn Gott uns geliebt hat, dann sollten auch wir einander lieben.**

Gottes Liebesbeweis durch den Opfertod Jesu Christi dient uns als Motivation und Vorbild, anderen Liebe zu zeigen. So wie Gott seine Liebe unter den Menschen offenbarte, indem er Jesus Christus in die Welt sandte, offenbart er seine Liebe auch heute noch unter uns, indem wir einander lieben.

Der Apostel Johannes hebt diese gegenseitige Natur der Liebe in 1. Johannes 4:12-13 hervor. Er behauptet, dass Gottes Gegenwart und Liebe greifbar und sichtbar werden, wenn Gläubige einander aktiv lieben. Dies spiegelt die Lehren Jesu wider, in denen er betonte, dass die Liebe zueinander ein Kennzeichen echter Jüngerschaft ist (Johannes 13:34-35).

Der Opfertod Jesu Christi, der als ultimativer Beweis der Liebe Gottes beschrieben wird (Römer 5,8), setzt den Maßstab für unsere Liebe zu anderen. So wie Christi Tod nicht durch Grenzen oder Bedingungen begrenzt war, sondern sich auf die ganze Menschheit erstreckte, sollte auch unsere Liebe zu unseren Mitgläubigen Barrieren überwinden. Niemand, betont Johannes, sollte als außerhalb der Reichweite unserer aufopfernden Liebe betrachtet werden, was die umfassende und bedingungslose Natur der Liebe Gottes zu uns widerspiegelt.

Als Empfänger der unverdienten Liebe und Gnade Gottes sind wir daher aufgerufen, seine Liebe zu reflektieren, indem wir einander dienen und füreinander sorgen. Diese gegenseitige Liebe unter Gläubigen zeugt nicht nur von Gottes Gegenwart unter uns, sondern ist auch ein kraftvolles Zeugnis für die transformierende Kraft des Evangeliums in unserem Leben. Durch unsere Liebe zueinander wird Gottes Liebe auch heute noch in der Welt offenbart und erfahren.

**4:12 Niemand hat Gott jemals gesehen. Wenn wir einander lieben, bleibt Gott in uns und seine Liebe ist in uns vollkommen.**

Die Aussage „Niemand hat Gott je gesehen" unterstreicht die transzendente Natur von Gottes reinem Wesen, das jenseits der direkten menschlichen Wahrnehmung bleibt. In der Bibel sind Beispiele dafür zu finden, dass Menschen Gott sahen, nämlich Theophanien – Manifestationen Gottes in menschlicher oder engelhafter Gestalt, wie etwa in Genesis 18 mit Abraham oder Exodus 33 mit Moses. Diese Begegnungen ermöglichten flüchtige Einblicke in Gottes Gestalt, die für Menschen wahrnehmbar war.

Ebenso war die Menschwerdung Jesu Christi eine tiefgreifende Manifestation Gottes in menschlicher Gestalt (Johannes 1,14). Durch Jesus machte sich Gott in einer greifbaren, nachvollziehbaren Form bekannt, die jedoch bis zu einem gewissen Grad durch seine menschliche Natur verschleiert blieb.

Im 1. Johannesbrief betont der Apostel, dass Christen, wenn sie einander lieben, eine Umgebung schaffen, in der Gott in inniger Gemeinschaft verweilen kann („Gott bleibt"). Gottes Liebe erreicht Tiefe und Vollständigkeit („wird vollkommen"), wenn Gläubige einander lieben, wie Christus uns geliebt hat. Diese Entwicklung der Liebe im 1. Johannesbrief entfaltet sich in drei Phasen: erstens in der Offenbarung der Liebe Gottes zur Welt durch Christus (4,9); zweitens in der familiären Liebe innerhalb der Gemeinschaft der Gläubigen (3,1); und schließlich in der vollkommenen Liebe unter denen, die in Gott bleiben (4,12).

Johannes argumentiert, dass Gottes Liebe ihren vollen Ausdruck erreicht, wenn sie über ihn selbst hinausgeht und andere umfasst. Dieser äußere Ausdruck der Liebe spiegelt Gottes Charakter wider und macht seine Gegenwart greifbar und sichtbar. Er spiegelt wider, wie Kinder oft das Verhalten ihrer Eltern nachahmen und die Eltern durch die Handlungen des Kindes offenbaren.

Für Johannes ist die Aufforderung an die Gläubigen, einander zu lieben, nicht nur ein seelsorgerischer Ratschlag, sondern ein wichtiges Mittel, um der Welt Gottes unsichtbare Gegenwart und Liebe zu demonstrieren. Indem sie die Liebe innerhalb der christlichen Gemeinschaft fördern, erfüllen Gläubige einen doppelten Zweck: Sie pflegen ihre eigene spirituelle Einheit und Kohärenz und dienen gleichzeitig als kraftvolles Zeugnis von Gottes Liebe und Charakter in einer Welt, die ihn nicht direkt wahrnehmen kann.

Daher dient Johannes' Betonung der gegenseitigen Liebe unter den Gläubigen seelsorgerischen und evangelischen Zwecken: Er fördert die Einheit unter den Christen und offenbart einer beobachtenden Welt Gottes unsichtbare Natur und Liebe.

### 4:13 Daran erkennen wir, dass wir in ihm bleiben und er in uns: Er hat uns seinen Geist gegeben.

Die innige Verbindung eines Gläubigen mit Gott und Gottes gegenseitige Innewohnen in ihm wird durch die äußere Demonstration der Liebe deutlich, die durch „seinen Geist" befähigt wird. Im 1. Johannesbrief betont der Apostel, dass der Heilige Geist nicht nur die Quelle des Gehorsams des Gläubigen ist (wie in 3:23-24 zu sehen), sondern auch die Quelle ihrer Liebe zu anderen innerhalb der christlichen Gemeinschaft.

Das Konzept, in Gott zu bleiben und Gott im Gläubigen zu bleiben, bezeichnet eine tiefe, beziehungsorientierte Verbindung, bei der das Leben des Gläubigen von der Gegenwart und dem Einfluss Gottes selbst durchdrungen ist. Dieses gegenseitige Innewohnen findet seinen Ausdruck vor allem in der Liebe, die Gläubige einander entgegenbringen. Diese Liebe, die durch den Heiligen Geist gestärkt wird, spiegelt den Charakter Gottes wider, der Liebe ist (1. Johannes 4:8).

Die Rolle des Heiligen Geistes bei der Förderung dieser Liebe ist von entscheidender Bedeutung. Er befähigt Gläubige, so zu lieben, wie Christus geliebt hat (Johannes 13:34-35), aufopfernd und bedingungslos. Diese Liebe ist ein Beweis für Gottes Gegenwart und Wirken im Leben der Gläubigen und demonstriert seine Realität und seine transformierende Kraft auf greifbare Weise.

Johannes lenkt die Aufmerksamkeit auf diese spirituelle Realität, indem er bestätigt, dass Gott selbst zwar unsichtbar bleibt, seine Gegenwart aber in den Gläubigen durch den Heiligen Geist bezeugt wird. Der Heilige Geist dient als göttliches Siegel und als Zusicherung der beständigen Gegenwart Gottes in seinem Volk und ermöglicht es ihnen, ihren Glauben in Liebe und Gehorsam auszuleben.

Zusammenfassend lässt sich sagen, dass die Liebesbekundungen unter Gläubigen, inspiriert und bevollmächtigt durch den Heiligen Geist, ein sichtbares Zeichen der Gegenwart Gottes und seines aktiven Engagements im Leben derer sind, die in Ihm bleiben. Dieses Zeugnis der Liebe stärkt die Einheit der christlichen Gemeinschaft. Es zeugt von der Realität und der verwandelnden Kraft der innewohnenden Gegenwart Gottes unter Seinem Volk.

### 4:14 Und wir haben gesehen und bezeugen, dass der Vater seinen Sohn gesandt hat als Retter der Welt.

waren Zeugen des Lebens und Wirkens Jesu Christi und bezeugten, dass „der Vater den Sohn gesandt hat, um der Welt Retter zu sein". Diese prägnante Aussage fasst die Kernbotschaft des Evangeliums zusammen.

Die meisten der ursprünglichen Leser des Johannesevangeliums und auch die heutigen modernen Leser haben Jesus Christus nicht physisch gesehen, wie es die Apostel taten. Johannes ermutigt jedoch alle Gläubigen, Gott durch die Offenbarung seiner Liebe zu sehen, insbesondere wie sie in der Gemeinschaft der Gläubigen zum Ausdruck kommt, die einander Liebe entgegenbringen. Diese Liebe spiegelt Gottes Charakter wider und ist ein sichtbares Zeugnis seiner Gegenwart und seines Wirkens unter seinem Volk.

Mit diesem Brief möchte Johannes seine Erfahrungen und sein apostolisches Zeugnis weitergeben, damit alle Gläubigen, ob früher oder heute, am gleichen Glauben und Wissen teilhaben können. Gott durch die Linse seiner Liebe zu sehen und sein Leben zu beobachten, das sich in liebevollen Beziehungen innerhalb der christlichen Gemeinschaft ausdrückt, ist zentral für Johannes' Botschaft.

Der von Johannes hier verwendete Begriff „Retter" (gr. sotera) ist bedeutsam. Er betont die Rolle Jesu Christi als des von Gott berufenen Retters, der die Menschheit retten und erlösen soll. Dieser Begriff erscheint nur einmal im Johannesevangelium (Johannes 4:42) und in seinem Brief, was seine entscheidende Bedeutung für die Vermittlung des Wesens der Mission und Identität Jesu Christi unterstreicht.

Kommentatoren zufolge ist dieser Vers entscheidend für das Verständnis der übergeordneten Botschaft des 1. Johannesbriefs. Er hebt die grundlegende Wahrheit hervor, dass Jesus Christus der Erlöser der Welt ist. Er unterstreicht die Bedeutung der christlichen Gemeinschaft, die diese Wahrheit durch ihre Liebe und Gemeinschaft bezeugt.

Ein zentraler Punkt seiner Argumentation ist die Erklärung des Johannes, dass Gott seinen Sohn als Erlöser der Welt gesandt habe. Sie bringt die Botschaft des Evangeliums auf den Punkt und lädt die Gläubigen ein, durch ihr Leben und ihre Beziehungen am fortwährenden Zeugnis der Liebe Gottes und seines Erlösungswerks teilzuhaben.

**4:15 Wer bekennt, dass Jesus Gottes Sohn ist, in dem bleibt Gott und er bleibt in Gott.**

Wenn jemand bekennt, dass „Jesus der Sohn Gottes ist", ist dies ein entscheidender Schritt hin zu einer innigen Beziehung zu Gott. Dieses Bekenntnis, das die göttliche Identität Jesu bestätigt, ist für Gläubige, die nach der Nähe zu Gott streben, von wesentlicher Bedeutung. Ein solches Bekenntnis ist nicht nur eine verbale Anerkennung, sondern eine tiefe Überzeugung und ein Glaubensbekenntnis.

Im Kontext des 1. Johannesbriefs ist das Bekenntnis, dass Jesus der Sohn Gottes ist, mit dem Konzept des Bleibens oder Verbleibens in Gott verknüpft. Dieses Thema des Bleibens hat eine bedeutende theologische Tiefe und findet sich im gesamten Johannesevangelium und in seinen Briefen wieder. In Johannes' Verwendung bedeutet „Bleiben" (griechisch: meno) mehr als bloße Anwesenheit; es bezeichnet eine tiefe, andauernde Beziehung, die durch gegenseitiges Innewohnen und Intimität gekennzeichnet ist.

Im Johannesevangelium wird das Konzept des Bleibens ausführlich beschrieben: Jesus spricht davon, in der Liebe seines Vaters zu bleiben (Johannes 15:10), dass der Geist in ihm bleibt (Johannes 1:32-33) und dass seine Jünger in seinen Lehren bleiben (Johannes 8:31). Dieses relationale Konzept erstreckt sich auf Gläubige, bei denen Gottes beständige Gegenwart in ihnen eine andauernde Gemeinschaft und Kameradschaft bedeutet.

Für Johannes ist das Bekenntnis, dass Jesus der Sohn Gottes ist, grundlegend für diese dauerhafte Beziehung. Es spiegelt eine gemeinsame Identität und ein gemeinsames Zusammenleben zwischen Gott und dem Gläubigen wider. So wie Gott der Vater während seines irdischen Wirkens bei Jesus blieb und ihm Führung und Liebe gab, so wohnt Gottes Geist in Gläubigen, die sich zu Christus bekennen, führt sie zur Wahrheit und erhält ihr spirituelles Leben.

Daher ist das Bekenntnis zu Jesus als Sohn Gottes nicht nur eine Glaubensaussage, sondern eine persönliche Verpflichtung, die das eigene Leben mit der Wahrheit Gottes in Einklang bringt und seine beständige Gegenwart einlädt. Es ist ein entscheidender Schritt auf dem Weg des Glaubens, der zu einer tieferen Vertrautheit mit Gott führt, wo seine Gegenwart und sein Einfluss jeden Aspekt des Lebens des Gläubigen prägen.

**4:16 So haben wir erkannt und geglaubt, dass Gott uns liebt. Gott ist Liebe, und wer in der Liebe bleibt, der bleibt in Gott und Gott bleibt in ihm.**

Dieser Vers fasst einen zentralen Aspekt des Abschnitts von 3:24 bis 4:16 im 1. Johannesbrief zusammen und greift Themen wie intimes Wissen („erkennen") und enge Gemeinschaft („bleibt") auf. Die Inklusivität von „wir" umfasst wahrscheinlich Johannes' ursprüngliche Leser und die Apostel und unterstreicht eine gemeinsame Erfahrung und ein gemeinsames Verständnis.

Für Johannes hängt die tiefe Kenntnis Gottes und das Bleiben in ihm von mehreren Schlüsselelementen ab. Erstens geht es darum, Jesus als Gottes Sohn anzuerkennen (V. 15) und auf Gottes Liebe zu uns zu vertrauen (V. 16a). Dieser grundlegende Glaube führt zu einer gegenseitigen Vertrautheit zwischen Gott und dem Gläubigen, wobei das

Leben des Gläubigen dadurch gekennzeichnet ist, dass er „in Liebe" lebt (V. 16b). Diese aktive und anhaltende Liebe – zu Gott und den Mitgläubigen – ist sowohl Ausdruck als auch Fortführung der innigen Beziehung zu Gott.

Johannes betont hier tiefgreifend: So wie die Apostel Gott in der Person Jesu Christi während seines irdischen Wirkens gesehen hatten, haben Johannes' Leser Gott in Gläubigen gesehen, die vom Geist erfüllt sind, die Liebe zeigen und Christus öffentlich bekennen. Dieses Bezeugen der Gegenwart Gottes in Gläubigen ermöglicht es Johannes' Zuhörern, die Wahrheit genauso zu bezeugen wie die Apostel. Es ermöglicht ihnen, dieselbe innige Gemeinschaft mit Gott zu erleben, die die Apostel genossen.

Deshalb ermutigt Johannes seine Leser – und im weiteren Sinne auch uns –, über die verbale Glaubensbekundung hinauszugehen. Echtes Zeugnis beinhaltet eine authentische Demonstration der Liebe, die gehört und gesehen wird. Diese aktive Liebe bekräftigt nicht nur die Beziehung zu Gott, sondern bezeugt auch seine Gegenwart und transformierende Kraft im Leben der Gläubigen. Die Wahrheit von Gottes Liebe und Gegenwart wird durch solche lebendigen Ausdrucksformen der Liebe deutlich.

**4:17 Darin ist die Liebe bei uns vollkommen geworden, sodass wir am Tag des Gerichts Zuversicht haben; denn so, wie er ist, sind auch wir in dieser Welt.**

Johannes schließt diesen Abschnitt seines Briefes ab, indem er die Wichtigkeit betont, dass Gläubige in Gott bleiben, ein Thema, das er zuvor als Grundlage des christlichen Lebens eingeführt hatte. Im Schlüsselvers 2:28 fordert Johannes seine Leser, die er liebevoll „kleine Kinder" nennt, auf, in ihrer Beziehung zu Gott standhaft zu bleiben. Dieses Bleiben wird sicherstellen, dass Gläubige seiner Ankunft mit Zuversicht und nicht mit Scham entgegensehen, wenn Christus erscheint.

Die aus diesem Thema gezogene Schlussfolgerung wird in der nachfolgenden Passage von 1. Johannes 4:17 bis 5:5 weiter erläutert. Hier identifiziert Johannes vier Beweise für die innige Beziehung eines Gläubigen zu Gott und die Vollkommenheit seiner Liebe zu ihm. Diese Beweise sind Vertrauen (4:17-19), Ehrlichkeit (4:20-21), freudiger Gehorsam (5:1-3) und Sieg (5:4-5).

In Vers 4:17 verbindet Johannes die Vollkommenheit der Liebe mit dem gegenseitigen Bleiben in Gott. Dieses gegenseitige Bleiben führt dazu, dass Gläubige Vertrauen haben, wenn sie dem Tag des Jüngsten Gerichts entgegensehen, an dem Christus ihre Werke beurteilen wird (1. Kor. 3:12-15; 2. Kor. 5:10; Röm. 14:10-12). Der Ausdruck „wie Er ist, so sind auch wir in dieser Welt" unterstreicht die transformierende Kraft der Liebe Gottes im Leben der Gläubigen und ermöglicht ihnen, andere ohne Furcht zu lieben.

Johannes stellt zwei Präpositionen gegenüber, um die verschiedenen Dimensionen der Vollkommenheit der Liebe hervorzuheben: „In uns" (en hamin) in 4:12 bezeichnet eine angemessene Beziehung zu anderen, die durch die Abwesenheit von Hass gekennzeichnet ist, während „mit uns" (meth' hamon) in 4:17 eine angemessene Beziehung zu Gott bezeichnet, die durch die Abwesenheit von Furcht gekennzeichnet ist. In Gott zu bleiben, so wie Jesus im Vater blieb, verleiht Gläubigen dasselbe Vertrauen, wenn sie Prüfungen, Feindseligkeiten der Welt und der Aussicht auf Tod und Gericht gegenüberstehen.

Johannes betont, dass die Gläubigen dazu aufgerufen sind, die Gegenwart Christi durch ihre Liebe zueinander zu offenbaren, so wie Jesus während seines irdischen Wirkens den unsichtbaren Gott sichtbar gemacht hat . Dieser sichtbare Ausdruck der Liebe bestätigt ihre Ähnlichkeit mit Christus. Er gibt ihnen Mut und Zuversicht, während sie auf seine Rückkehr warten.

**4:18 Furcht gibt es nicht in der Liebe, sondern die vollkommene Liebe treibt die Furcht aus. Furcht hat mit Strafe zu tun; wer sich fürchtet, dessen Liebe ist nicht vollkommen.**

Johannes schließt mit einer kraftvollen Aussage über die Beziehung zwischen Liebe und Furcht im Kontext der Erwartung des Gerichts durch die Gläubigen. Er stützt sich dabei auf das Prinzip, dass vollkommene Liebe die Furcht vertreibt (1. Johannes 4:18), ein Konzept, das tief im Verständnis der transformierenden Liebe Gottes verwurzelt ist.

Wenn Gläubige andere aufrichtig und aufopfernd lieben, so argumentiert Johannes, haben sie keinen Grund, das Gericht zu fürchten. Denn ihre Liebe zeigt, dass sie unter dem Einfluss und der Kontrolle Gottes stehen und in ihm bleiben. Umgekehrt führt ein Mangel an Liebe gegenüber anderen zu Schuldgefühlen und Angst davor, sich dem Gericht Gottes zu stellen, sei es bewusst oder unbewusst. Diese Angst kann als selbst auferlegte Strafe angesehen werden – eine Folge davon, dass man nicht im Einklang mit Gottes Liebe und Geboten lebt.

Johannes' Verwendung des Begriffs „Angst" umfasst sowohl die Furcht vor Strafe als auch ein Gefühl der Unsicherheit über die eigene Stellung vor Gott. Dem stellt er die Gewissheit gegenüber, in Christus zu bleiben und seine Liebe zu erfahren. Durch Christi Opfertod sind Gläubige von der Angst vor der Verurteilung beim Gericht vor dem großen weißen Thron (Römer 8,1) und der Angst vor der Schande vor dem Richterstuhl Christi (1. Johannes 2,28) befreit.

Für Johannes ist Liebe nicht bloß ein Gefühl, sondern ein greifbarer Ausdruck der Beziehung zu Gott und anderen. In seinem Brief betont er, dass Agape-Liebe, die sich durch Selbstlosigkeit und Handeln zum Wohle anderer auszeichnet, der höchste Indikator für eine echte Verbindung mit Gott ist. Diese Liebe beruht nicht auf Angst vor Bestrafung. Dennoch entspringt sie ganz natürlich einem verwandelten Herzen, das Gottes bedingungslose Liebe erfährt und widerspiegelt.

In der Praxis legt Johannes' Lehre über die Liebe nahe, dass eine angstfreie Beziehung auf völliger Akzeptanz und Vergebung aufbaut und damit Gottes bedingungslose Liebe zu uns widerspiegelt. So wie Gott uns durch Christus annimmt und vergibt, sind Gläubige dazu aufgerufen, anderen dieselbe Akzeptanz und Vergebung entgegenzubringen und transparente und liebevolle Beziehungen zu pflegen, die Gottes Natur widerspiegeln und Angst auflösen.

### 4:19 Wir lieben, weil er uns zuerst geliebt hat.

Johannes' Schlussfolgerung im 1. Johannesbrief fasst die tiefgreifende Wirkung der Liebe Gottes auf das Leben der Gläubigen zusammen, insbesondere in Bezug auf ihre Zuversicht und ihr Vertrauen vor Gott. Im Mittelpunkt der Botschaft von Johannes steht die Bestätigung, dass unsere Fähigkeit zu lieben und zu praktizieren aus Gottes Liebe zu uns resultiert – „Er hat uns zuerst geliebt" (1. Johannes 4:19).

Dieser Vers markiert den Höhepunkt der Lehren des Johannes in diesem Brief und betont, dass die Grundlage christlicher Zuversicht, einschließlich der Zuversicht am Tag des Jüngsten Gerichts, nicht in erster Linie auf unserer Fähigkeit beruht, vollkommen zu lieben. Vielmehr wurzelt sie in Gottes bedingungsloser und initiierender Liebe zu uns. Wie ein Kommentator sagte: „Gott macht im Spiel der Liebe immer den ersten Schritt."

Johannes verwendet das Wort „Liebe" in diesem kurzen Brief häufig – insgesamt 46 Mal – und unterstreicht damit die zentrale Bedeutung dieses Themas. Für Johannes ist Liebe nicht nur ein Gefühl oder eine Handlung; sie ist die Essenz von Gottes Charakter und das bestimmende Merkmal derer, die zu ihm gehören.

Die Gewissheit und das Vertrauen, das Gläubige in ihre Beziehung zu Gott haben können, reichen über das gegenwärtige Leben hinaus. Dazu gehört die Gewissheit, Jesus Christus bei seiner Wiederkehr oder am Ende des irdischen Lebens zu begegnen. Dieses Vertrauen gründet sich auf die innige Gemeinschaft, die Gläubige durch seinen Sohn Jesus Christus mit Gott haben, und auf die Gewissheit, dass Gottes Liebe ihnen einen festen Platz vor ihm sichert.

Diese Gewissheit gibt den Gläubigen Vertrauen in ihre Gebete, da sie wissen, dass Gott sie hört und gemäß Seinem Willen erhört (1. Johannes 3:21-22). Sie gibt den Gläubigen auch Vertrauen, wenn sie erwarten, vor Christi Richterstuhl zu stehen, wo sie Rechenschaft über ihr Leben ablegen müssen. Dieses Vertrauen beruht nicht auf ihren eigenen Verdiensten oder Taten, sondern auf dem unerschütterlichen Fundament der Liebe und Gnade Gottes.

Daher wirkt Johannes' Ermahnung, in Gottes Liebe zu bleiben und einander zu lieben, wie die ultimative Antwort auf Gottes Initiative der Liebe. Durch diese gegenseitige Liebe – indem man auf Gottes Liebe mit Liebe zu ihm und anderen antwortet – erfahren Gläubige tiefe Gewissheit und Zuversicht in ihren Stand vor Gott und erfüllen ihre Aufgabe, Gottes Liebe in der Welt widerzuspiegeln.

**4:20 Wenn jemand sagt: „Ich liebe Gott", und seinen Bruder hasst, ist er ein Lügner. Denn wer seinen Bruder nicht liebt, den er sieht, kann Gott nicht lieben, den er nicht sieht.**

Johannes wollte, dass sein Brief mehr als nur eine persönliche Korrespondenz war; er sah ihn als öffentliche Proklamation vor, die in den Gemeinden der Kirchen, an die er geschickt wurde, laut vorgelesen werden sollte. Diese öffentliche Lesung diente einem doppelten Zweck, entweder richtete er sich direkt an die Ältesten oder Leiter oder indirekt an die gesamte Gemeinde.

Erstens stärkte es die Autorität der örtlichen Führung, indem es sie mit der apostolischen Billigung von Johannes in Einklang brachte. Dies war entscheidend im Kampf gegen die Lehren der Revisionisten, da es sowohl die doktrinelle Richtigkeit als auch die persönliche Integrität der Führungspersönlichkeiten bekräftigte (1. Johannes 2:12-14). Zweitens verwandelte die öffentliche Lesung den Brief in ein Lehrmittel für alle Christen, die ihn hörten. Im Laufe der Zeit, als der Brief in Umlauf kam und gelesen, studiert und gepredigt wurde, wurde er zu einem grundlegenden Text, der zahllose Gläubige beeinflusste.

Johannes wollte doktrinäre Wahrheiten vermitteln und praktische Fragen ansprechen, die sich aus seinen Lehren über die christliche Erfahrung ergeben. Er rechnete damit, dass die Tiefe der spirituellen Reife, die er beschrieb, für einige weniger reife Zuhörer eine Herausforderung darstellen könnte. Daher verdeutlichte Johannes im Schlussabschnitt seines Briefes (1. Johannes 4:20–5:3) die praktischen Auswirkungen der brüderlichen Liebe.

Er betonte, dass es Selbstbetrug sei, zu behaupten, Gott zu lieben, während man Hass auf einen Mitgläubigen hegt – „ein Lügner", um es mit den harten Worten von Johannes auszudrücken. Diese Behauptung spiegelt frühere Echtheitstests im Brief wider (1. Johannes 1:6, 8, 10; 2:4, 6, 9, 22) und unterstreicht die Konsistenz von Johannes' ethischem und theologischem Rahmen durchweg.

Johannes verwendet absichtlich übertriebene Sprache, um die Ernsthaftigkeit des Themas zu betonen. Er argumentiert, dass sich echte Liebe zum unsichtbaren Gott natürlich in sichtbaren Liebesbeweisen gegenüber Mitgläubigen manifestiert. Es ist einfacher, Liebe zum unsichtbaren Gott zu bekennen, als Liebe praktisch gegenüber denen zu zeigen, denen wir täglich begegnen.

Johannes' abschließende Ermahnungen zur brüderlichen Liebe gipfeln in seiner Lehre, in der er die Gläubigen drängt, ihr Glaubensbekenntnis mit ihren Taten in Einklang zu bringen. Durch die öffentliche Lesung und anschließende Verbreitung seines Briefes wollte Johannes zu einem echten christlichen Leben erziehen und inspirieren, das von Liebe, Ehrlichkeit und Integrität in allen Beziehungen geprägt ist.

**4:21 Und dieses Gebot haben wir von ihm: Wer Gott liebt, muss auch seinen Bruder lieben.**

Gottes Gebote in Bezug auf die Liebe sind in ihrer Tragweite und Bedeutung eindeutig. Im gesamten Johannesbrief und in anderen Bibeltexten geht der Ruf zur Liebe über bloße Gefühle gegenüber Gott hinaus und umfasst einen konkreten Ausdruck der Liebe gegenüber Mitgläubigen.

Johannes unterstreicht diesen Punkt, indem er Passagen und Gebote aus dem Alten und Neuen Testament zitiert. Er betont, dass Gottes Gebote sich nicht darauf beschränken, ihn allein zu lieben, sondern auch die Liebe zu den Brüdern und Schwestern umfassen. Dieses Gebot wird in den Schriften des Johannes mehrfach wiederholt (1. Johannes 2:3; 3:11, 23-24; 5:3) und hat seine Wurzeln im alttestamentlichen Gesetz (3. Mose 19:18). Es wird von Jesus im Neuen Testament (Matthäus 5:43-44; 22:37-40) und während seines Wirkens (Johannes 13:34) wiederholt.

Die Gegenüberstellung der Liebe zu Gott und der Liebe zu anderen ist in Johannes' theologischem Rahmen von entscheidender Bedeutung. Laut Johannes ist es keine echte Liebe zu Gott, wenn man lediglich seine Liebe zu Gott bekennt und dabei die Liebe zu seinen Mitgläubigen vernachlässigt – es genügt nicht, seine Gebote zu erfüllen.

Wahre Liebe zu Gott muss zwangsläufig auch die Liebe zu anderen beinhalten, wie sich in den eigenen Taten und Einstellungen gegenüber Mitchristen zeigt.

Die treffenden Bemerkungen von Johannes erinnern daran, dass der Ausdruck der Hingabe an Christus sich in christusähnlichen Einstellungen und Verhaltensweisen gegenüber den Menschen innerhalb der christlichen Gemeinschaft niederschlagen muss. Er kritisiert die Heuchelei, die entstehen kann, wenn es zwar inbrünstige verbale Hingabe an Christus gibt, aber die entsprechende Liebe und Achtung gegenüber seinem Volk fehlt.

Johannes betont in seinen Lehren die untrennbare Verbindung zwischen der Liebe zu Gott und der Liebe zu anderen und zeigt, dass echter Glaube und Gehorsam gegenüber Gottes Geboten in vertikalen Beziehungen zu Gott und horizontalen Beziehungen zu Mitgläubigen zum Ausdruck kommen. Gott aufrichtig zu lieben bedeutet also, seine Gebote zu erfüllen, indem man ihn und seine Brüder und Schwestern in Christus liebt.

## Kapitel 4 Zusammenfassung

Kapitel 4 des 1. Johannesbriefs konzentriert sich auf die Themen der Geisterunterscheidung, des Bleibens in der Liebe und der Natur Gottes als Liebe. Das Kapitel beginnt mit einer Warnung vor falschen Propheten und der Wichtigkeit, die Geister zu prüfen, um ihren Ursprung zu erkennen. Es betont, dass jeder Geist, der Jesus Christus bekennt, von Gott ist. Johannes fordert die Gläubigen auf, wachsam zu sein und zwischen dem Geist der Wahrheit und dem des Irrtums zu unterscheiden, und betont die Notwendigkeit einer engen Beziehung zum Geist Gottes, um die Wahrheit zu erkennen.

Das Kapitel untersucht dann das Wesen der Liebe Gottes und betont, dass die Liebe von ihm selbst kommt. Johannes erinnert die Gläubigen daran, dass Gottes Liebe dadurch bewiesen wurde, dass er seinen Sohn als Sühneopfer für die Sünde sandte, und betont damit die Opfernatur der göttlichen Liebe. Er betont die transformierende Kraft der Liebe Gottes, die Angst vertreibt und Gläubigen ermöglicht, einander zu lieben.

Johannes betont die untrennbare Verbindung zwischen der Erkenntnis Gottes und der Liebe zu anderen und behauptet, dass diejenigen, die lieben, Gott kennen, denn Gott ist Liebe. Er ermutigt die Gläubigen, in Gottes Liebe zu bleiben, und erkennt an, dass Liebe das Wesen von Gottes Natur und die Grundlage der christlichen Identität ist. Johannes ermahnt die Gläubigen, einander inbrünstig zu lieben, wie Gott sie geliebt hat, und warnt davor, zu behaupten, Gott zu lieben, während man Mitgläubige hasst.

Das Kapitel schließt mit einer Betonung des Gehorsams als Beweis echter Liebe zu Gott und unterstreicht die Bedeutung, in der Liebe zu bleiben und Gottes Gebote zu befolgen. Johannes bekräftigt, dass diejenigen, die Gott lieben, seine Gebote befolgen und die innewohnende Gegenwart des Heiligen Geistes erfahren, der die Wahrheit der Liebe Gottes bezeugt.

Kapitel 4 des 1. Johannesbriefs dient einer tiefgründigen Erforschung der untrennbaren Verbindung zwischen Liebe, Wahrheit und der Natur Gottes und fordert die Gläubigen auf, Geister zu unterscheiden, in der Liebe zu bleiben und ihre Liebe zu Gott durch Gehorsam und Liebe zu anderen zu beweisen.

## Kapitel 4 Gebet

Himmlischer Vater,

Wir kommen vor Dich in Dankbarkeit für Deine ewige Liebe, die Du bewiesen hast, indem Du Deinen Sohn als Sühneopfer für unsere Sünden gesandt hast. Danke für das Geschenk Deines Geistes, der uns in alle Wahrheit führt und uns hilft, die Geister dieser Welt zu erkennen.

Herr, schenke uns in einer Welt voller falscher Propheten und trügerischer Geister Weisheit und Urteilsvermögen, um jeden Geist zu prüfen und sicherzustellen, dass wir uns Deiner Wahrheit anschließen. Hilf uns,

Jesus Christus als Herrn anzuerkennen, in dem Wissen, dass wir seinen Namen nur durch Deinen Geist bekennen können.

Vater, erfülle unsere Herzen mit Deiner Liebe, damit wir einander lieben können, wie Du uns geliebt hast. Möge Deine Liebe in uns vollkommen werden, alle Furcht vertreiben und uns befähigen, mutig und aufopfernd zu lieben. Hilf uns zu verstehen, dass jeder, der liebt, Dich kennt, denn Du bist die Liebe selbst.

Vergib uns, Herr, wenn wir uns nicht so geliebt haben, wie Du uns geliebt hast. Möge Dein Geist uns von allem Hass und jeder Gleichgültigkeit in unseren Herzen überzeugen und uns zur Reue und Versöhnung mit unseren Brüdern und Schwestern führen.

Lehre uns, oh Gott, in Deiner Liebe zu bleiben und in Dir zu bleiben, damit Deine Liebe von uns zu denen um uns herum überströmen kann. Hilf uns, nicht nur in Worten oder Reden zu lieben, sondern in Taten und Wahrheit, und zeige der Welt die transformierende Kraft Deiner Liebe.

Und schließlich, Herr, möge Deine Liebe uns dazu bewegen, Deine Gebote zu befolgen, insbesondere das Gebot, einander zu lieben. Gib uns die Kraft, auch diejenigen zu lieben, die schwer zu lieben sind, im Wissen, dass wir dadurch Dein Bild widerspiegeln und Deine Liebe in der Welt bezeugen.

Wir beten im Namen Jesu. Amen.

# Fragen zu Kapitel 4

Wovor warnt Johannes die Gläubigen?

Wie können Gläubige den Geist Gottes erkennen?

Welche Bedeutung hat es, anzuerkennen, dass Jesus Christus im Fleisch gekommen ist?

Wie charakterisiert Johannes falsche Propheten?

Welche Zusicherung gibt Johannes den Gläubigen hinsichtlich ihrer Identität?

Woran erinnert Johannes die Gläubigen im Hinblick auf ihre Beziehung zur Welt?

Wozu fordert Johannes die Gläubigen in Bezug auf die Liebe auf?

Wie beschreibt Johannes die Natur der Liebe Gottes?

Welche Verbindung besteht zwischen der Liebe Gottes und der menschlichen Liebe?

Wie charakterisiert Johannes diejenigen, die nicht lieben?

Wie veranschaulicht Johannes den Begriff der Liebe?

Welche Zusicherung gibt Johannes im Hinblick auf das Bleiben in der Liebe Gottes?

Wie erklärt Johannes den Zusammenhang zwischen Angst und Liebe?

Was behauptet Johannes über die Liebe und die Gegenwart Gottes?

Wie fasst Johannes die Gebote zusammen, die die Gläubigen erhalten haben?

Wie bekräftigt Johannes die Liebe der Gläubigen zu Gott?

Was behauptet Johannes über Gottes Natur?

Wie fasst Johannes den Zusammenhang zwischen Liebe und Angst zusammen?

Was betont Johannes hinsichtlich der Liebe der Gläubigen zu Gott?

Wie wiederholt Johannes das Gebot der Liebe?

# 1. Johannes Kapitel 5:1-21

## Die Welt überwinden

**5:1 Wer glaubt, dass Jesus der Christus ist, ist aus Gott geboren; und wer den Vater liebt, liebt auch den, der aus ihm geboren ist.**

Der erste Teil dieses Verses betont einen grundlegenden Aspekt des christlichen Glaubens und der christlichen Identität. Er besagt eindeutig, dass man, um als Christ zu gelten, glauben muss, dass Jesus von Nazareth der Christus ist und die Rolle des Gesalbten erfüllt, der von Gott als Opfer für die Sünden der Menschheit versprochen wurde (Johannes 1:29). Dieser Glaube an Jesus als Messias, den Erlöser, ist zentral und wesentlich.

Christsein definiert sich daher nicht allein durch den Lebensstil, gute Taten oder Gehorsam, sondern vor allem durch den Glauben an Jesus Christus. Dieser Glaube vereint Gläubige als Brüder und Schwestern in der Familie Gottes („ist aus Gott geboren"), ungeachtet aller sonstigen Unterschiede, die sie haben mögen.

Der Vers befasst sich auch mit dem praktischen Aspekt der Liebe zu Mitchristen, selbst wenn die persönlichen Gefühle ihnen gegenüber nicht warmherzig sind. Er verdeutlicht, dass biblische Liebe, auf Griechisch Agape-Liebe, nicht nur ein Gefühl der Zuneigung ist, sondern die Verpflichtung, im besten Interesse anderer zu handeln. Diese Art der Liebe erfordert echte Sorge und Handeln für das Wohlergehen der Mitgläubigen, unabhängig von persönlichen Gefühlen. Obwohl sich aus einer solchen Liebe Zuneigung entwickeln kann, ist dies nicht die Hauptvoraussetzung.

Daher ermutigt die Passage Christen, einander zu lieben, indem sie aktiv das Beste füreinander suchen und tun, basierend auf einer tiefen Hingabe an Gottes Gebot, einander zu lieben, wie er uns geliebt hat (Johannes 13:34). Diese Liebe wurzelt im Glauben an Jesus Christus und bildet die Grundlage der christlichen Einheit und Gemeinschaft, ungeachtet aller Unterschiede oder persönlichen Vorlieben.

**5:2 Daran erkennen wir, dass wir die Kinder Gottes lieben, wenn wir Gott lieben und seine Gebote halten.**

Im Gehorsam gegenüber Gottes Geboten sind Christen dazu aufgerufen, einander zu lieben. Diese Liebe ist nicht nur eine emotionale Reaktion, sondern wird durch Taten gezeigt. Echte Liebe zu Gott führt natürlich zum Gehorsam gegenüber seinen Geboten (1. Johannes 5:3).

Andere Christen zu lieben ist ein greifbarer Ausdruck unserer Liebe zu Gott. Wenn wir Gottes Gebot befolgen, einander zu lieben, erfüllen wir Sein Ziel und zeigen unsere Hingabe zu Ihm. Diese Liebe ist inklusiv und erstreckt sich auf alle, die Teil der Familie Gottes sind, „die Kinder Gottes" (Johannes 1:12), ungeachtet von Unterschieden oder persönlichen Vorlieben.

Das Wesen dieser Liebe liegt in ihrer aktiven Manifestation. Sie beinhaltet aufopfernde Handlungen und echte Sorge um das Wohlergehen der Mitgläubigen, so wie Christus uns aufopfernd geliebt hat (Johannes 15:12-13). Der Gehorsam gegenüber Gottes Geboten führt daher ganz natürlich dazu, dass wir unsere Brüder und Schwestern im Glauben lieben und Gottes Wunsch nach Einheit und gegenseitiger Unterstützung innerhalb der christlichen Gemeinschaft erfüllen.

Andere Christen im Gehorsam gegenüber Gottes Geboten zu lieben, ist für jeden Gläubigen nicht optional, sondern unerlässlich. Diese Liebe wird durch Handlungen gekennzeichnet, die Gottes Liebe zu uns und sein Gebot, einander zu lieben, widerspiegeln, die Bande der christlichen Gemeinschaft stärken und die transformierende Kraft der Liebe Gottes in unserem Leben widerspiegeln.

**5:3 Denn das ist die Liebe zu Gott, dass wir seine Gebote halten. Und seine Gebote sind nicht schwer.**

Wie in der Passage dargelegt, hängt die Liebe zu Gott und den Menschen entscheidend von unserem Gehorsam gegenüber dem Wort Gottes ab. Dieser Gehorsam umfasst das Befolgen seiner Gebote und die Bereitschaft, für unsere Mitgläubigen Opfer zu bringen (1. Johannes 3:10-17). Diese aufopfernde Liebe spiegelt die selbstlose Liebe wider, die Jesus Christus gezeigt hat, der sein Leben für uns hingegeben hat (Johannes 15:13).

Die Echtheit unserer Liebe zu Gott kann durch unsere Verpflichtung geprüft werden, Seinem Willen vollkommen zu gehorchen. Dieser Gehorsam ist nicht nur ein Maß für unsere Taten. Er ist auch ein Maß für die Hingabe unseres Herzens an Gott (1. Samuel 15:22). Der Begriff „Liebe zu Gott" bezieht sich in diesem Zusammenhang auf unsere Liebe zu Gott (im Griechischen Genitiv objektiv), was bedeutet, dass unsere Liebe zu Ihm durch unseren Gehorsam und unsere Hingabe gegenüber Seinen Geboten zum Ausdruck kommt.

Ebenso wird unsere Liebe zu Gottes Kindern – anderen Gläubigen – grundlegend durch unseren Gehorsam gegenüber Gottes Geboten definiert. Dies unterstreicht, dass es bei echter Liebe nicht nur um unsere Gefühle gegenüber Gott und unseren Mitgläubigen geht, sondern dass sie sich in erster Linie durch bewusste und liebevolle Handlungen zeigt, die mit Gottes Willen übereinstimmen (Johannes 14:15).

Im Wesentlichen betont die Passage, dass unsere Liebe zu Gott und anderen durch den Gehorsam gegenüber Seinem Wort bestätigt wird. Sie fordert uns auf, über oberflächliche Gefühle hinauszugehen und uns aktiv in aufopfernder Liebe und Gehorsam zu engagieren und die transformative Kraft der Liebe Gottes in unseren Beziehungen und Gemeinschaften zu verkörpern.

Die Vorstellung, dass unsere Liebe zu unseren Mitgläubigen eng mit der Einhaltung der Gebote Gottes verknüpft ist, mag zunächst entmutigend oder sogar unmöglich erscheinen. Johannes geht jedoch auf diese Bedenken ein, indem er den Gläubigen versichert, dass die Gebote Gottes weder bedrückend noch belastend sind (1. Johannes 5,3). Vielmehr sind sie handhabbar und erfüllend, weil jeder Gläubige bereits den Glauben an Gott bewiesen hat, der für den Gehorsam erforderlich ist (1. Johannes 4,4).

Die Vorstellung, dass Gottes Gebote keine Last seien, steht in scharfem Kontrast zu legalistischen Interpretationen religiöser Anforderungen. Johannes argumentiert, dass die Kraft der Wiedergeburt durch Gott – die geistige Wiedergeburt – Gläubige dazu befähigt, Gottes Gebote freudig und wirksam zu leben (Johannes 3:3-8). Diese geistige Wiedergeburt ist eine transformierende Erfahrung, die Gläubige mit Gottes Kraft und Führung erfüllt und Gehorsam zu einer natürlichen Reaktion und nicht zu einer schwierigen Verpflichtung macht.

Jesus lehrte, dass sein Joch sanft und seine Last leicht ist (Matthäus 11:30). Diese Perspektive unterstreicht die befreiende Wirkung der Nachfolge Christi und des Gehorsams gegenüber Gottes Geboten. Gehorsam gegenüber Gott ist keine Unterdrückung, sondern drückt Liebe und Dankbarkeit für seine Gnade und Erlösung aus.

Daher ermutigt Johannes die Gläubigen, sich auf die Kraft des Geistes Gottes in ihnen zu verlassen, die sie durch den Glauben empfangen, um nach seinen Geboten zu leben. Diese Perspektive verschiebt den Fokus von bloßer Befolgung hin zu einer freudigen Partnerschaft mit Gott, bei der wir seinen Willen ausleben, gegründet auf Liebe und gestärkt durch seinen Geist.

**5:4 Denn jeder, der aus Gott geboren ist, überwindet die Welt. Und unser Glaube ist der Sieg, der die Welt überwunden hat.**

Jeder Christ, der durch den Glauben an Jesus Christus geistig wiedergeboren wurde, besitzt die angeborene Fähigkeit, „die Welt zu überwinden" (1. Johannes 5:4). Dieser Sieg ist eine direkte Folge unseres anfänglichen Glaubens an Christus, was den positiven Aspekt von Johannes' Behauptung darstellt, dass diejenigen, die von Gott geboren sind, nicht in der Sünde verharren (1. Johannes 3:9).

Um diesen Sieg über die Welt, das Fleisch und den Teufel aufrechtzuerhalten, sind Gläubige aufgerufen, ihren Glauben an Gott fortwährend zu praktizieren (Römer 8,37; 1. Korinther 15,57). Dieser anhaltende Glaube ist keine Last, sondern ein Mittel, durch das Gottes Gebote in unserem Leben erreichbar und bedeutsam werden (1. Johannes 5,3). Der Heilige Geist, den wir im Moment der geistigen Wiedergeburt empfangen, befähigt uns, nach Gottes Willen zu leben und den Versuchungen und Prüfungen der Welt zu widerstehen.

Johannes' Verwendung von „was auch immer" im griechischen Text (to gegennemenon, Neutrum) anstelle von „wer auch immer" betont, dass jeder Aspekt unserer Wiedergeburt durch Gott zu unserer Fähigkeit beiträgt, die Welt zu überwinden. Dieser Sieg wird in dem Satz zusammengefasst: „Und das ist der Sieg, der die Welt überwunden hat: unser Glaube" (1. Johannes 5:4).

Von Gott geboren zu sein verleiht den Gläubigen einen welterobernden Geist, der durch den Glauben an Christus ermöglicht wird. Dieser Glaube ist nicht statisch, sondern dynamisch und stärkt uns fortwährend, um siegreich und treu im Gehorsam gegenüber Gottes Geboten zu leben, gestärkt durch die Gegenwart und Führung des Heiligen Geistes.

**5:5 Wer ist es, der die Welt überwindet, wenn nicht der, der glaubt, dass Jesus der Sohn Gottes ist?**

Es ist nicht jedem Christen garantiert, dass er die Welt weiterhin überwinden kann; es erfordert anhaltenden Glauben und Gehorsam (2. Timotheus 4,10). Während jeder Gläubige zunächst durch den Glauben an Jesus Christus überwindet, erfordert die Aufrechterhaltung des Sieges über die Welt, das Fleisch und den Teufel eine tägliche Verpflichtung, Gott zu vertrauen und ihm zu gehorchen (Römer 8,1).

Johannes gibt an, dass wahre Überwinder diejenigen sind, die beharrlich im Glauben leben – diejenigen, die Gott vertrauen und seiner Führung konsequent folgen (1. Johannes 5,5). Zentral für diesen anhaltenden Sieg ist der grundlegende Glaube, dass Jesus der Sohn Gottes ist (1. Johannes 5,5). Dieser Glaube ist das Fundament des christlichen Glaubens und bekräftigt die Göttlichkeit Jesu und seine Rolle als Retter der Menschheit.

Daher betont Johannes' Konzept der Überwinder, dass zwar alle Gläubigen durch den Glauben an Christus am anfänglichen Sieg teilhaben, das fortgesetzte Überwinden der Herausforderungen und Versuchungen der Welt jedoch aktiven und bewussten Glauben erfordert. Dieser Glaube ist eine tägliche Entscheidung, auf Gottes Versprechen zu vertrauen und in Gehorsam gegenüber seinen Geboten zu leben, gestärkt durch den Heiligen Geist (1. Johannes 5,4). Es betont die dynamische Natur des christlichen Lebens, in dem der Glaube an Jesus Christus als Eckpfeiler für anhaltendes spirituelles Wachstum und den Sieg über die Mächte der Welt dient.

## Zeugnis über den Sohn Gottes

**5:6 Er ist es, der durch Wasser und Blut gekommen ist, Jesus Christus. Nicht durch das Wasser allein, sondern durch Wasser und Blut. Und der Geist ist es, der Zeugnis ablegt, weil der Geist die Wahrheit ist.**

Die Ausdrücke „Wasser" und „Blut" in diesem Vers aus 1. Johannes 5:6 wurden in der christlichen Theologie unterschiedlich interpretiert. Eine beliebte Interpretation besagt, dass „Wasser" die Taufe Jesu durch Johannes den Täufer symbolisiert, während „Blut" Christi Opfertod am Kreuz bezeichnet (Markus 1:9; Johannes 19:34).

Historisch gesehen gab es zu dieser Passage unterschiedliche theologische Perspektiven. Eine Ansicht geht davon aus, dass das „Wasser" das Wort Gottes darstellt und Jesu Dienst und Lehren hervorhebt. Gleichzeitig symbolisiert das „Blut" das Sühneopfer Christi am Kreuz (Epheser 5,26). Nach dieser Ansicht bringt das Wort moralische Reinigung und spirituelles Leben. Im Gegensatz dazu sorgt das Blut Christi für gerichtliche Reinigung und versöhnt die Gläubigen mit Gott (Hebräer 9,14).

Eine andere Interpretation besagt, dass „Wasser" und „Blut" Jesu fleischgewordenes Leben (Wasser) und seinen Opfertod (Blut) symbolisieren, beides wesentliche Bestandteile seiner irdischen Mission und seines Erlösungswerks (Johannes 1:14; Römer 5:9). Darüber hinaus assoziieren einige Theologen „Wasser" mit der Taufe und „Blut" mit dem Abendmahl, Sakramente, die in der christlichen Praxis Reinigung und Erlösung symbolisieren (Matthäus 28:19; 1. Korinther 11:23-26).

Obwohl die Interpretationen unterschiedlich sind, besteht der gemeinsame Nenner dieser Ansichten darin, dass „Wasser" und „Blut" entscheidende Aspekte des Wirkens Jesu Christi symbolisieren, von seiner Taufe bis zu seinem Opfertod, und dabei Reinigung, Erlösung und die grundlegenden Wahrheiten des christlichen Glaubens betonen.

Diese Interpretationen bereichern unser Verständnis der tiefen Bedeutung von Christi Leben und Tod, die den Gläubigen Erlösung und spirituelle Erneuerung gebracht hat.

In der frühen Kirche kursierten falsche Lehren, darunter die von Persönlichkeiten wie Kerinthos und bestimmten Gnostikern vertretene Vorstellung, der göttliche Christus sei bei der Taufe auf den Menschen Jesus herabgestiegen, aber vor seiner Kreuzigung wieder verschwunden. Johannes geht in 1. Johannes 5,6 auf diesen Irrglauben ein und betont, dass die Trennung Christi von Jesu irdischem Leben und Tod nicht wahr ist. Laut Johannes kam Jesus Christus als eine einheitliche Person nicht nur, um die Taufe im Wasser zu erfahren, sondern auch, um seine Mission durch seinen Opfertod am Kreuz zu erfüllen.

Johannes betont, dass man, um die wahre Identität Jesu zu verstehen, seinen gesamten Lebensweg betrachten muss, der in seinem Opfertod gipfelt. Diese umfassende Sicht offenbart die Fülle dessen, wer Jesus ist – der fleischgewordene Sohn Gottes (Johannes 1:1, 14).

Johannes hebt den Heiligen Geist als weiteren Zeugen für die Identität Jesu hervor. Der Geist bezeugte bei Jesu Taufe und bestätigte ihn als Gottes Sohn (Matthäus 3:17). Dieses Zeugnis steht im Gegensatz zu den Lehren von Kerinthos, der den Geist als den göttlichen Christus oder als eine Erscheinung betrachtete, die vorübergehend auf Jesus herabkam. Johannes stellt klar, dass der Geist zwar die Identität Jesu bezeugte, er aber nicht Christus, sondern Gottes Wahrheit in Person ist (Johannes 14:6; 15:26; 16:14). Das Zeugnis des Geistes ist zuverlässig, weil er die Wahrheit verkörpert, so wie Gott die Liebe verkörpert.

Johannes korrigiert die falschen Lehren über die Trennung von Christus und Jesus und betont die Einheit von Jesu göttlicher und menschlicher Natur während seines Lebens und Todes. Das Zeugnis des Geistes bei Jesu Taufe bestätigt seine göttliche Identität und bekräftigt, dass Jesus Christus der Sohn Gottes ist, der gekommen ist, um Gottes Erlösungsplan während seiner gesamten irdischen Reise zu erfüllen.

**5:7 Denn drei sind es, die es bezeugen: 5:8 der Geist und das Wasser und das Blut; diese drei stimmen überein.**

In der Passage in 1. Johannes 5:7-8 geht es um drei Zeugen, die die Wahrheit über Jesus Christus bezeugen. Diese Zeugen werden als „der Geist", „das Wasser" und „das Blut" bezeichnet. Jeder Zeuge spielt eine wichtige Rolle bei der Bestätigung der göttlichen und menschlichen Natur Jesu und seines Erlösungswerks.

**Der Geist** : Der Heilige Geist ist der Hauptzeuge. Er wurde erstmals bei der Taufe Jesu sichtbar, als er in Gestalt einer Taube auf Jesus herabstieg und ihn als Gottes Sohn bestätigte (Matthäus 3:16-17). Im gesamten Neuen Testament legte der Geist durch die Apostel und Propheten weiterhin Zeugnis ab und leitete sie bei der Verkündigung der Wahrheit über Jesus (Johannes 15:26; Apostelgeschichte 1:8).

**Das Wasser** : Damit ist die Taufe Jesu durch Johannes den Täufer im Jordan gemeint. Die Taufe symbolisiert Jesu Identifikation mit der Menschheit und seine Aufnahme in sein irdisches Wirken (Matthäus 3:13-17). Das Wasser zeugt von Jesu wahrer Menschlichkeit und seiner Verbundenheit mit der Menschheit.

**Das Blut** : Dies symbolisiert den Opfertod Jesu am Kreuz. Sein am Kreuz auf Golgatha vergossenes Blut zeigt seinen vollkommenen Gehorsam gegenüber dem Willen des Vaters. Es dient als ultimative Sühne für die Sünden der Menschheit (Hebräer 9:14).

Johannes personifiziert „das Wasser" und „das Blut" als Zeugen, weil diese Elemente symbolisch wichtige Aspekte der Mission und Identität Jesu bezeugen. Das Zeugnis dieser Zeugen wird durch Augenzeugen und Propheten sowie die historischen Ereignisse rund um das Leben, den Tod und die Auferstehung Jesu weiter bestätigt.

Es ist wichtig zu beachten, dass einige Manuskripte zwar einen trinitarischen Zusatz in 1. Johannes 5:7-8 enthalten („der Vater, das Wort und der Heilige Geist, und diese drei sind eins"), dieser Zusatz in frühen Manuskripten jedoch fehlt und wahrscheinlich später hinzugefügt wurde, möglicherweise im 14. Jahrhundert. Die Kernbotschaft bleibt jedoch, dass diese drei Zeugen – der Geist, das Wasser und das Blut – gemeinsam Zeugnis für die Wahrheit der göttlichen Natur Jesu Christi, seiner Menschlichkeit und seines Opferwerks für die Erlösung der Menschheit ablegen.

**5:9 Wenn wir das Zeugnis von Menschen annehmen, ist das Zeugnis Gottes größer; denn dies ist das Zeugnis Gottes, das er über seinen Sohn abgelegt hat.**

Gottes Zeugnis über seinen Sohn Jesus Christus kommt in der Heiligen Schrift und der christlichen Theologie auf vielfältige Weise zum Ausdruck.

**Bei der Taufe Jesu** : Gott bezeugte hörbar, dass Jesus sein Sohn war, als er von Johannes dem Täufer im Jordan getauft wurde (Matthäus 3:17). Diese göttliche Erklärung bestätigte die göttliche Natur Jesu und markierte den Beginn seines öffentlichen Wirkens.

**Bei der Kreuzigung Jesu** : Bedeutende Ereignisse rund um die Kreuzigung Jesu zeugen von seiner Identität. So zeugen beispielsweise das Zerreißen des Tempelvorhangs (Matthäus 27:51), Erdbeben und die Auferstehung der Heiligen (Matthäus 27:52-53) von der göttlichen Bedeutung des Opfertodes Jesu am Kreuz. Diese Ereignisse betonen die Erfüllung von Gottes Erlösungsplan durch den Gehorsam seines Sohnes bis in den Tod.

**Durch seine Apostel** : Die Apostel, von Jesus selbst auserwählt und bevollmächtigt, wurden zu Hauptzeugen seines Lebens, seiner Lehren, seines Todes und seiner Auferstehung. Sie empfingen zu Pfingsten den Heiligen Geist (Apostelgeschichte 2), der es ihnen ermöglichte, der Welt mutig die Botschaft des Evangeliums zu verkünden. Ihre Zeugnisse, die in den Briefen des Neuen Testaments und der Apostelgeschichte aufgezeichnet sind, vermitteln die Wahrheiten über Jesus Christus, wie sie von Gott offenbart wurden.

Das Zeugnis der Apostel ist nicht bloß menschlicher Natur, sondern erhält seine Autorität und Wahrhaftigkeit von Gott. Jesus beauftragte sie, seine Zeugen bis an die Enden der Erde zu sein (Apostelgeschichte 1:8), und ihre Schriften im Neuen Testament dienen als inspirierte und maßgebende Berichte über Gottes Offenbarung in Christus.

Gottes Zeugnis über seinen Sohn Jesus Christus ist vielschichtig und reicht von Jesu Taufe bis zu seiner Kreuzigung und Auferstehung sowie durch das apostolische Zeugnis im Neuen Testament. Diese Zeugnisse bestätigen gemeinsam Jesu göttliche Identität, sein Erlösungswerk und die Erfüllung der Absichten Gottes in ihm.

**5:10 Wer an den Sohn Gottes glaubt, hat das Zeugnis in sich. Wer Gott nicht glaubt, macht ihn zum Lügner, weil er nicht an das Zeugnis glaubt, das Gott über seinen Sohn abgelegt hat.**

Johannes geht in seiner Diskussion von der Natur des göttlichen Zeugnisses über Jesus zu seinen Konsequenzen für diejenigen über, die es annehmen oder ablehnen (1. Johannes 5:10-12). Gottes Zeugnis über seinen Sohn wird durch den innewohnenden Heiligen Geist übermittelt. Dieses Zeugnis kann objektiv durch die Heilige Schrift und subjektiv durch die Gegenwart des Geistes im Herzen des Gläubigen verstanden werden.

Das objektive Zeugnis der Heiligen Schrift präsentiert die Wahrheit über Jesus Christus und erläutert seine Identität als Sohn Gottes und Erlöser der Welt. Gleichzeitig bestätigt und bekräftigt das subjektive Zeugnis des Geistes in den Gläubigen diese Wahrheit erfahrungsgemäß und stärkt ihren Glauben und ihr Verständnis davon, wer Jesus ist.

Johannes legt nahe, dass die Ablehnung des Zeugnisses des Geistes eine Ablehnung der Wahrheit Gottes darstellt. Wer sich weigert, dem Zeugnis des Geistes zu glauben, bezichtigt Gott im Grunde der Lüge, was der Natur Gottes als Wahrheit selbst in krassem Widerspruch steht (1. Johannes 1:10). Dies ist keine Frage bloßer Unwissenheit, sondern bewusster Unglaube angesichts klarer und gewichtiger Beweise hinsichtlich der Identität und Mission Jesu.

Der Glaube an „den Sohn Gottes" bedeutet, zu akzeptieren, dass Jesus der Christus ist – der verheißene Messias und Sohn Gottes (Johannes 3:15-16, 18; 20:30-31). Johannes betont, dass das Wesen des Glaubens unkompliziert ist. Wenn man die Botschaft über Jesus einmal verstanden hat, ist die grundlegende Frage, ob man glaubt, dass sie wahr oder falsch ist. Es gibt keinen Raum für Zweideutigkeiten oder halbherzigen Glauben; es geht um eine entschiedene Akzeptanz oder Ablehnung der Wahrheit über Jesus Christus.

Johannes' Lehre unterstreicht die Ernsthaftigkeit der Annahme oder Ablehnung des Zeugnisses Gottes über seinen Sohn. Der Glaube an Jesus als Sohn Gottes bestätigt Gottes Wahrhaftigkeit und seinen Charakter als ultimative Quelle der Wahrheit. Umgekehrt bedeutet die Leugnung dieser Wahrheit, das Wesen von Gottes Wesen und Wahrhaftigkeit in Frage zu stellen. Daher stellt Johannes den Glauben an Jesus Christus nicht als eine Frage intellektueller Komplexität dar, sondern als eine grundlegende Entscheidung über die Natur der Realität und Gottes selbst.

**5:11 Und das ist das Zeugnis, dass Gott uns ewiges Leben gegeben hat, das in seinem Sohn ist. 5:12 Wer den Sohn hat, hat das Leben; wer den Sohn Gottes nicht hat, hat das Leben nicht.**

Der Kern des Zeugnisses Gottes, wie es Johannes in seinem Brief formuliert, dreht sich um das Geschenk des ewigen Lebens, das Gott durch seinen Sohn Jesus Christus gewährt. Das ewige Leben ist nicht nur ein zukünftiger Daseinszustand, sondern ein qualitatives spirituelles und moralisches Leben, das Gläubige in einer Beziehung mit Jesus erfahren (1. Johannes 5,11-12).

Johannes spricht die falschen Lehren einiger falscher Lehrer an, die versuchten, das ewige Leben von seiner inhärenten Verbindung zu Jesus Christus zu trennen (1. Johannes 2:25-26). Laut Johannes sind Jesus Christus und das ewige Leben untrennbar; sie stellen ein einzigartiges Geschenk Gottes dar. Der Glaube an Jesus Christus als Sohn Gottes ist wesentlich, weil Gläubige durch ihn das Geschenk des ewigen Lebens erhalten (Johannes 3:16; 1. Johannes 5:11).

Der Begriff „ewiges Leben" geht über bloße Dauer hinaus; er bezeichnet die höchste Form spiritueller und moralischer Existenz, die durch Gottes Gnade durch den Glauben an Jesus Christus möglich wird. Dieses Leben ist durch innige Gemeinschaft mit Gott und Übereinstimmung mit seinem Willen und Ziel gekennzeichnet (Johannes 17:3).

Ein anschaulicher Vergleich unterstreicht die Exklusivität und Wirksamkeit des Opfertodes Jesu für die Erlösung. So wie Millionen Menschen durch einen Impfstoff, der aus einer einzigen Blutprobe gewonnen wurde, vor Gelbfieber geschützt wurden, so findet die Menschheit Erlösung vor dem Gericht Gottes durch das einzigartige und kostbare Blut, das allein von Jesus Christus vergossen wurde (Hebräer 9:14).

Vers 12 in 1. Johannes 5 bietet kein ewiges Leben. Dennoch dient er als Bestätigung dessen, was Gott bereits für die Gläubigen erreicht hat. Er bekräftigt, dass diejenigen, die den Sohn Gottes haben, ewiges Leben haben, und betont die gegenwärtige Gewissheit und Sicherheit der Erlösung für diejenigen, die glauben (1. Johannes 5:13).

Johannes' Lehre betont die untrennbare Verbindung zwischen Jesus Christus und dem ewigen Leben und betont, dass Erlösung und höchste spirituelle Existenz ausschließlich durch den Glauben an den Sohn Gottes zu finden sind. Diese Botschaft ist eine grundlegende Wahrheit des christlichen Glaubens und bekräftigt Gottes gnädiges Geschenk des ewigen Lebens durch seinen Sohn Jesus Christus.

# Dass Sie wissen können

**5:13 Dies schreibe ich euch, die ihr glaubt an den Namen des Sohnes Gottes, damit ihr wisst, dass ihr ewiges Leben habt.**

Der Ausdruck „diese Dinge" bezieht sich speziell auf Johannes' schriftlichen Inhalt bezüglich Gottes Zeugnis über Jesus (1. Johannes 5:6-12) und nicht auf den gesamten Brief. In seinem gesamten Brief verwendet Johannes „diese Dinge" häufig, um sich auf die unmittelbar vorhergehenden Verse oder Konzepte zu beziehen, nicht auf den gesamten Brief. Diese Verwendung entspricht seinem Muster in anderen Teilen des Briefes, in denen er auf ähnliche Weise auf das verweist, was zuvor gesagt wurde (1. Johannes 1:1-3; 1:5-10; 2:18-25).

In 1. Johannes 1,3-4 umreißt Johannes den Zweck seines Briefes und betont die Gemeinschaft mit Gott und die Gewissheit des ewigen Lebens durch den Glauben an Jesus Christus. Entgegen einigen Interpretationen dient die Aussage in 1. Johannes 5,13 nicht als Zweckerklärung für den gesamten Brief, sondern als Bestätigung der Gewissheit auf Grundlage der vorangegangenen Diskussion über Gottes Zeugnis und Versprechen.

Die Gewissheit der Erlösung beruht laut Johannes allein auf Gottes Versprechen, wie es in seinem Wort zum Ausdruck kommt. Sie hängt nicht von der Anwesenheit oder Abwesenheit spiritueller Früchte im Leben des Gläubigen (Johannes 15:8) oder seinen Werken ab. Gläubige können darauf vertrauen („wissen"), dass sie ewiges Leben besitzen, wenn sie ihren Glauben in Jesus Christus als Herrn und Erlöser gesetzt haben (Johannes 3:16; 1. Johannes 5:12).

Während einige Interpretationen nahelegen, dass die Gewissheit der Erlösung auch die Berücksichtigung subjektiver Beweise wie der Werke und der Heiligkeit des Gläubigen beinhaltet, betont Johannes weiterhin die grundlegende Wahrheit von Gottes Versprechen. Es ist jedoch wichtig zu beachten, dass echter Glaube an Christus natürlich zu einem verwandelten Leben führt, das von Gehorsam und Heiligkeit geprägt ist (1. Johannes 3:3). Daher sind spirituelle Früchte und ein rechtschaffenes Leben eher Beweise für echten Glauben als eine Grundlage für die Erlösung.

Johannes stellt klar, dass die Gewissheit des ewigen Lebens in erster Linie auf Gottes Versprechen und unserem Glauben an Jesus Christus beruht, wie er durch sein Zeugnis bestätigt wird. Dieses Verständnis unterstreicht die sichere und unveränderliche Natur der Erlösung als Geschenk, das durch den Glauben empfangen und nicht durch Werke oder allein durch persönliche Rechtschaffenheit verdient wird.

Die Gewissheit der Erlösung ist ein Thema, das in der christlichen Theologie vielfach diskutiert und interpretiert wird, insbesondere in Bezug darauf, wie Gläubige sicher sein können, dass sie ewiges Leben haben. Manche argumentieren, dass Selbstprüfung eher zu Zweifeln als zu Gewissheit führen kann, was darauf hindeutet, dass Unsicherheit über die Erlösung ein gesunder Zustand ist. Befürworter einer Gewissheit, die auf Gottes Versprechen in der Heiligen Schrift und dem Glauben des Gläubigen an Christus beruht, vertreten jedoch eine gegenteilige Ansicht.

In seinem ersten Brief spricht Johannes die Gewissheit der Erlösung an, indem er betont, dass diejenigen, die an Jesus Christus glauben, wissen können, dass sie ewiges Leben haben (1. Johannes 5:13). Dieses Wissen gründet sich auf Gottes Versprechen und das Zeugnis der Heiligen Schrift und nicht auf subjektive Gefühle oder persönliche Erfahrungen. Kritiker dieser Ansicht weisen oft auf die potenziellen Fallstricke hin, die sich ergeben, wenn man seine Gewissheit auf die eigene christliche Erfahrung oder das Vorhandensein spiritueller Früchte stützt, da diese unterschiedlich sein können und zu Unsicherheit führen können.

Die Ironie entsteht, wenn Gewissheit ausschließlich an christliche Erfahrung gebunden wird, da diese Perspektive die Gewissheit untergraben kann, die Johannes in 1. Johannes 5:13 vermitteln möchte. Johannes' Aussage ist eindeutig: Gläubige sollten wissen, dass sie ewiges Leben als normale und angemessene Erfahrung derjenigen haben, die in Christus sind (1. Johannes 5:13).

Während sich die verschiedenen theologischen Traditionen hinsichtlich der genauen Grundlage der Zusicherung unterscheiden können – ob sie sich ausschließlich auf Gottes Versprechen stützt oder subjektive Beweise wie ein verändertes Leben einschließt –, liegt Johannes' Hauptschwerpunkt weiterhin auf der objektiven Wahrheit des Wortes Gottes. Diese Wahrheit sichert den Gläubigen ewiges Leben durch den Glauben an Jesus Christus (Johannes 3:16).

Zusammenfassend dreht sich die Debatte um die Gewissheit der Erlösung darum, ob sie allein auf Gottes Versprechen beruht oder subjektive Elemente wie persönliche Erfahrung und Heiligkeit einschließt. In seinem Brief möchte Johannes die Gläubigen ermutigen, Gottes Versprechen zu vertrauen und zuversichtlich zu sein, dass sie durch den Glauben an Jesus Christus ewiges Leben haben. Diese Gewissheit beruht nicht auf menschlichen Taten oder Gefühlen, sondern auf der unveränderlichen Wahrheit des Wortes Gottes.

**5:14 Und das ist unsere Zuversicht zu ihm, dass er uns hört, wenn wir etwas seinem Willen gemäß bitten.**

**5:15 Und wenn wir wissen, dass er uns hört, was auch immer wir bitten, so wissen wir, dass wir die Bitten haben, die wir an ihn gerichtet haben.**

Das Gebet wird in der Bibel als wichtiger Ausdruck des Vertrauens eines Gläubigen in Jesus Christus und seines Vertrauens vor Gott dargestellt. Wenn jemand im Namen Jesu betet, bedeutet dies, dass er unter seiner Autorität und im Einklang mit seinem Willen handelt (Johannes 5:43; 10:25).

Im Gegensatz zu einem Kampf wird das Gebet als eine Antwort dargestellt – ein machtvoller Akt, unseren Willen mit dem Gottes in Einklang zu bringen, statt zu versuchen, ihm unsere Wünsche aufzuzwingen (Johannes 5:43; 10:25). Jesus selbst lehrte uns zu beten: „Dein Wille geschehe", und betonte damit, dass wir unseren Willen Gottes souveränem Plan unterordnen sollten, statt zu versuchen, seinen Willen unseren Wünschen entsprechend zu ändern (Matthäus 6:10).

Im Zusammenhang mit dem Gehorsam gegenüber Gottes Willen (1. Johannes 5:3b-13) betont Johannes die Gewissheit des Gläubigen, dass er seine Gebete hört, wenn sie gemäß Gottes Willen beten (1. Johannes 5:14-15). Diese Gewissheit beruht auf dem Verständnis, dass Gott Gebete, die seinen Absichten entsprechen, bevorzugt, insbesondere solche, die Hilfe suchen, ihm zu gehorchen (1. Johannes 2:28; 3:21; 4:17). Obwohl Gott alles weiß und alle Gebete hört, ist seine positive Antwort sicher, wenn wir uns ihm als seinen Kindern nähern und seine Führung und Hilfe suchen, um seinen Willen zu erfüllen (1. Johannes 5:14-15).

Die Gewissheit, dass Gott solche Gebete hört und erhört, wurzelt in seinem Charakter – er ist aufmerksam und fürsorglich, anders als Menschen, die vielleicht geistesabwesend oder gleichgültig sind (1. Johannes 5,15; Psalm 34,15). Für Gläubige ist die Gewissheit, dass Gottes Antwort auf Gebete mit seinem Willen übereinstimmt, implizit, da seine Versprechen in der Heiligen Schrift seine Verpflichtung bestätigen, diejenigen zu hören und zu beantworten, die seine Führung und Hilfe suchen (Matthäus 7,7-11).

Das Gebet ist nicht nur ein Mittel, um Gott seine Bitten mitzuteilen; es ist ein tiefer Akt des Vertrauens und der Unterwerfung unter seinen Willen. Indem wir unsere Gebete auf seine Absichten ausrichten, zeigen wir unseren Glauben und unser Vertrauen in seine Weisheit und Güte und sind zuversichtlich, dass er diejenigen hört und positiv auf sie reagiert, die im Glauben nach seinem Willen suchen.

Das Verständnis des Willens Gottes und der Rolle des Gebets in diesem Zusammenhang kann ein komplexer, aber entscheidender Aspekt des christlichen Glaubens sein. Die Heilige Schrift bietet die Grundlage für das Erkennen des Willens Gottes, was für Gläubige unerlässlich ist, um ihr Leben und ihre Gebete entsprechend auszurichten.

Die Aussage „wir wissen" unterstreicht, dass die wichtigsten Aspekte des Willens Gottes durch die Heilige Schrift offenbart werden (Römer 12:2; Epheser 5:17). Dieses Wissen hilft Gläubigen zu verstehen, was Gott gefällt und wie sie ihm gehorchen sollten.

Es gibt eine wichtige theologische Frage zum Gebet: Warum beten, wenn Gottes Wille gewiss ist und ungeachtet unserer Gebete erfüllt wird? Manche argumentieren vielleicht, dass Beten nach Gottes Willen eine deterministische Sichtweise von Gottes Plan impliziert, in der alles vorherbestimmt ist, einschließlich unserer Gebete. Diese Sichtweise übersieht jedoch die dynamische Beziehung zwischen Gott und seinen Kindern, die in der Bibel dargestellt wird.

Die Bibel bestätigt sowohl Gottes Souveränität als auch die Freiheit, die er seinen Kindern gewährt. Obwohl Gott tatsächlich einen Plan und ein Ziel für die Welt hat, wird das Gebet als ein Mittel dargestellt, mit dem Gläubige an seinen sich entfaltenden Zielen teilhaben und sich mit ihnen in Einklang bringen können (Matthäus 6:10). Es geht nicht darum, Gottes Meinung zu ändern, sondern darum, unsere Herzen und Wünsche mit seinem vollkommenen Willen in Einklang zu bringen (Jakobus 4:3).

Vertrauen in Jesus Christus ist grundlegend, um ewiges Leben zu erlangen und ein erfolgreiches christliches Leben zu führen. Dieses Vertrauen durchdringt jeden Aspekt der Beziehung eines Gläubigen zu Gott, einschließlich des Gebets. Indem Gläubige auf Jesus vertrauen, erkennen sie seine Herrschaft über ihr Leben an und unterwerfen sich seinem Willen, da sie wissen, dass seine Pläne letztlich zu ihrem Wohl und zu seiner Ehre dienen (Römer 8,28).

Obwohl Gottes Wille souverän ist und seine Absichten sicher sind, bleibt das Gebet ein wichtiger Ausdruck des Glaubens und der Abhängigkeit von ihm. Durch das Gebet drücken Gläubige ihr Vertrauen in Gottes Weisheit aus und suchen seine Führung bei der Erfüllung seines Willens auf Erden wie im Himmel. So wird das Gebet zu einem Beziehungsdialog, in dem Gläubige mit Gott kommunizieren, ihre Herzen auf seine Absichten ausrichten und an seinem fortwährenden Werk teilnehmen.

**5:16 Wenn jemand seinen Bruder eine Sünde begehen sieht, die nicht zum Tod führt, soll er bitten, und Gott wird ihm das Leben geben - denen, die Sünden begehen, die nicht zum Tod führen. Es gibt Sünden, die zum Tod führen; ich sage nicht, dass man dafür beten soll.**

In 1. Johannes 5,16-17 spricht Johannes über die Bedeutung des Fürbittgebets unter Gläubigen, insbesondere wenn es darum geht, Sünden innerhalb der Glaubensgemeinschaft anzusprechen. Er betont, dass wir als Nachfolger Jesu Christi uns selbst und unseren Mitbrüdern und -schwestern in Christus Gehorsam schulden.

Die Passage beginnt damit, die Rolle des Gebets im Leben der Gläubigen hervorzuheben. Sie besagt, dass das Gebet nach Gottes Willen nicht nur als persönliche Quelle für spirituelles Wachstum und Führung dient, sondern auch als Mittel, um Hilfe zu suchen und für andere Gläubige Fürsprache einzulegen. Dies steht im Einklang mit der brüderlichen Liebe, bei der echte Sorge um das spirituelle Wohlergehen des anderen zu inbrünstiger Fürbitte führt.

Johannes' Aussage in Vers 16 behandelt ein bestimmtes Szenario: das Beten für einen sündigen Christen, dessen Vergehen so schwerwiegend ist, dass es möglicherweise zum physischen Tod führen kann. Einige Interpretationen legen nahe, dass sich dieser „Tod" metaphorisch auf den spirituellen Tod beziehen könnte, was eine schwere Konsequenz für eine nicht bereute Sünde bedeutet. Johannes bezieht sich jedoch wahrscheinlich auf Fälle, in denen sich Gottes Urteil schnell und greifbar manifestiert, wie in den Fällen von Ananias und Saphira (Apostelgeschichte 5:1-11) oder dem Missbrauch des Abendmahls durch die Korinther (1. Korinther 11:30).

Johannes' Unterscheidung in Vers 17 zwischen Sünde, die zum physischen Tod führt, und Sünde, die kein differenziertes Verständnis von Gottes Gerechtigkeit und Disziplin widerspiegelt. Während einige Sünden unmittelbare und schwerwiegende Konsequenzen nach sich ziehen können, führen andere möglicherweise nicht zu so drastischen Maßnahmen. Dies negiert nicht die Schwere der Sünde, sondern erkennt die Variabilität der göttlichen Reaktion an, die auf seinen souveränen Absichten beruht.

Es ist wichtig zu beachten, dass diese Passage nicht bedeutet, dass Gläubige ihre Erlösung verlieren, sondern die Schwere der Sünde und die Notwendigkeit gemeinschaftlicher Verantwortung und Gebets betont. Fürbitte soll Mitgläubige unterstützen und wiederherstellen und das Prinzip der spirituellen Verantwortung der christlichen Gemeinschaft bekräftigen.

Die Lehren des Johannes über Gebet und Fürbitte betonen den Beziehungsaspekt des christlichen Glaubens. Gegenseitige Sorge und Liebe zum geistigen Wohlergehen des anderen zwingen die Gläubigen dazu, ernsthaft zu beten und danach zu streben, sich persönlich und gemeinschaftlich mit dem Willen Gottes in Einklang zu bringen.

Das Konzept der „Sünde zum Tode", das in 1. Johannes 5:16-17 behandelt wird, hat in der gesamten christlichen Theologie zu unterschiedlichen Interpretationen geführt. Diese Passage unterscheidet zwischen Sünden, die zum Tod führen, und solchen, die dies nicht tun, mit der Implikation, dass es bestimmte Sünden gibt, die, wenn sie fortgesetzt werden, schwerwiegende Folgen haben können, möglicherweise sogar den physischen Tod.

Bei der Untersuchung dieser Passage ist es wichtig, ihren historischen und theologischen Kontext zu verstehen. Das Alte Testament unterscheidet tatsächlich zwischen verschiedenen Arten von Sünden und kategorisiert sie als kleinere (unvorsätzliche) Sünden und größere (absichtliche) Sünden, wobei einige Sünden Strafen bis hin zum physischen Tod nach sich ziehen (Levitikus 4:2ff.; 5:1ff.; Numeri 15:22ff.). Dieser Rahmen schafft einen Präzedenzfall für das Verständnis von Sünde hinsichtlich ihrer Schwere und Folgen.

In der christlichen Auslegung, insbesondere im Kontext des 1. Johannesbriefs, wurde „die Sünde zum Tode" diskutiert. Einige Interpretationen legen nahe, dass es sich um anhaltende, nicht bereute Sünde handelt, die zu einer strengen Strafe Gottes führt, einschließlich des physischen Todes. Andere meinen, es könnte Abtrünnigkeit oder eine völlige Ablehnung des Glaubens an Christus bedeuten, was zu geistigem Tod oder ewiger Verdammnis führt.

Das Konzept des „ewigen Todes" steht im Einklang mit der Vorstellung, dass der Unglaube an Christus zur Trennung von Gott und zur ewigen Verdammnis führt (Johannes 3:18-19; 8:24; 9:39). Im Kontext von 1. Johannes 5:16-17 wird jedoch zwischen Sünden unterschieden, die zum physischen Tod führen, und solchen, die dies nicht tun. Sünden, die nicht zum ewigen Tod führen, könnten Sünden bedeuten, für die Vergebung durch Reue und Wiederherstellung möglich ist.

Die Interpretation, dass „die Sünde zum Tode" Apostasie oder den Verlust des Glaubens beinhalten könnte, stimmt mit der Warnung der Hebräer überein, den Neuen Bund nicht abzulehnen (Hebräer 6:4-6; 10:26-27). Apostasie stellt eine bewusste Abkehr von Christus und seiner Autorität dar, ähnlich der Ablehnung, die man unter dem Alten Bund erlebte, aber mit potenziell schwerwiegenderen Konsequenzen unter dem Neuen Bund.

Auch wenn die Interpretationen unterschiedlich ausfallen können, betont das zugrundeliegende Prinzip in 1. Johannes 5:16-17 die Schwere der Sünde und die Notwendigkeit echter Reue und Fürbitte innerhalb der christlichen Gemeinschaft. Es ermutigt Gläubige, einander im Gebet zu unterstützen, die Schwere der Sünde anzuerkennen und die Wirksamkeit, Gottes Gnade und Wiederherstellung durch Gebet und Glauben zu suchen.

Die frühe Kirche war zutiefst besorgt, dass manche Sünden dazu führen könnten, dass die Hoffnung auf Erlösung verloren geht. Dies wird heute mehr als oft zugegeben. Diese Sorge wurzelte in biblischen Lehren, die zwischen verschiedenen Sünden und ihren Folgen differenzierten, darunter auch die Möglichkeit einer strengen Strafe selbst innerhalb der Gemeinschaft der Gläubigen.

1. Johannes 5,16-17 befasst sich mit dem heiklen Thema der Sünden, die zu einem vorzeitigen physischen Tod führen. Es wird klargestellt, dass Gebete zwar wichtig sind, die physischen Folgen solcher Sünden jedoch nicht abwenden können. Trotzdem rät Johannes in solchen Fällen nicht vom Gebet ab, sondern betont, dass das endgültige Urteil bei Gott liegt. Christen sind aufgerufen, ernsthaft zu beten und darauf zu vertrauen, dass Gott seinen Willen mit seinen Absichten in Einklang bringt, selbst wenn dies schwerwiegende Folgen mit sich bringt.

Historisch betrachtet spiegelte die Ernsthaftigkeit der frühen Kirche hinsichtlich der Sünde, für die es keine Erlösung gibt, ein tiefes Verständnis biblischer Prinzipien wider. Dieses Verständnis beschränkte sich nicht nur auf den physischen Tod, sondern berücksichtigte auch die spirituellen Folgen der Sünde, insbesondere den Abfall vom Glauben oder die Aufgabe des Glaubens. Schriftstellen wie Jeremias Gebete für Israel (Jeremia 7:16; 11:14; 14:11-12) veranschaulichen die Spannung zwischen Gottes Souveränität und menschlicher Fürsprache und unterstreichen die

Komplexität des Betens für diejenigen, deren Schicksal aufgrund anhaltenden Unglaubens oder Aufruhrs besiegelt scheint.

Johannes betont in seinen Schriften, wie wichtig es ist, den orthodoxen Glauben zu bewahren und nach Gottes Willen zu leben (1. Johannes 2:24; 2. Johannes 8-9). Während den Gläubigen durch Christus ewiges Leben und Schutz vor dem zweiten Tod zugesichert wird (Römer 6:23; Offenbarung 2:11), werden sie auch daran erinnert, dass Sünde sowohl physische als auch spirituelle Konsequenzen mit sich bringt, die die Gemeinschaft mit Gott und anderen beeinträchtigen können.

Die Ansichten der frühen Kirche zu Sünde und Erlösung mögen streng erscheinen, doch spiegeln sie ein ganzheitliches Verständnis der biblischen Lehren zu Gericht, Erlösung und der Rolle des Gebets im christlichen Leben wider. Sie erinnern an die Schwere der Sünde und daran, dass Gläubige einander im Gebet unterstützen müssen, im Vertrauen auf Gottes höchste Souveränität und Gnade.

Die Frage, ob die „Sünde, die zum Tod führt" von echten Gläubigen begangen werden kann, ist Gegenstand von Debatten unter Gelehrten und Theologen. Einige argumentieren, dass Johannes' Verwendung dieses Ausdrucks impliziert, dass solche Sünden ausschließlich von denen begangen werden, die nie wirklich gläubig waren. Dieser Ansicht zufolge mögen diese Personen äußerlich als Teil der Glaubensgemeinschaft erschienen sein, aber ihnen fehlte der echte Glaube an Jesus Christus.

Diese Interpretation bleibt jedoch umstritten. Andere behaupten, dass Johannes' Warnungen vor Sünde und Abweichen von der Wahrheit (1. Johannes 2:24; 2. Johannes 7-11) darauf schließen lassen, dass er erkennt, dass echte Gläubige möglicherweise in Abtrünnigkeit geraten könnten, sich von ihrem Glauben abwenden und die Lehre Christi ablehnen. Diese Perspektive entspricht den Passagen im Hebräerbrief (Hebräer 6:4-6; 10:26-31), die in ähnlicher Weise vor der Gefahr des Abfallens vom Glauben warnen.

Johannes' Erwartung war jedoch klar: Er drängte seine Leser, ihren Glauben fortzusetzen, ohne zu schwanken oder in Abtrünnigkeit zu verfallen. Diese Erwartung unterstreicht, wie ernst er die Möglichkeit nahm, dass Gläubige ihren Glauben aufgeben oder in schwerer Sünde verharren könnten.

Was die praktischen Folgen betrifft, meinen einige Theologen, dass Gott ein Kind Gottes, das den Herrn durch fortwährendes sündiges Verhalten weiterhin entehrt, disziplinieren kann, indem er es vom aktiven Dienst abhält oder den physischen Tod eintreten lässt. Diese Disziplinarmaßnahme wird als Korrekturmaßnahme angesehen, die darauf abzielt, die Beziehung des Einzelnen zu Gott wiederherzustellen oder die Integrität der Glaubensgemeinschaft zu bewahren.

Während die genaue Natur der „Sünde, die zum Tod führt" noch immer umstritten ist, betonen die Schriften des Johannes und der breitere biblische Kontext die Bedeutung echten Glaubens, des Gehorsams gegenüber den Lehren Christi und der Schwere der Sünde. Gläubige werden ermutigt, in ihrem Glauben standhaft zu bleiben und sich gegenseitig im Gebet und in der Verantwortung zu unterstützen und auf Gottes Souveränität und Disziplin zu vertrauen, während sie sich durch die Komplexität des christlichen Lebens und der Gemeinschaft navigieren.

**5:17 Jede Sünde ist eine Sünde; aber es gibt Sünden, die nicht zum Tod führen.**

Im Umgang mit Sünden unter Gläubigen, insbesondere Sünden, die nicht zu einem vorzeitigen physischen Tod führen, betont Johannes die Bedeutung des Gebets innerhalb der Glaubensgemeinschaft. Johannes weist die Kirche an, mit Gebet zu reagieren, wenn ein Mitgläubiger eine Sünde begeht, die keine unmittelbaren physischen Folgen hat. Dieser Akt des Gebets drückt Sorge und Liebe für den Einzelnen aus. Er erkennt Gottes Barmherzigkeit und Gnade an, die Vergebung und Wiederherstellung gewährt.

Die Sichtweise des Johannes steht in scharfem Kontrast zu der römisch-katholischen Unterscheidung zwischen Todsünden (unverzeihlich) und lässlichen (verzeihbaren) Sünden. Für Johannes sind alle Sünden verzeihbar, außer die endgültige Ablehnung von Gottes Geschenk des ewigen Lebens durch Christus. Er macht den entscheidenden Unterschied zwischen Sünden, die zum physischen Tod führen, und solchen, die dies nicht tun.

In Bezug auf Sünden, die nicht zum physischen Tod führen, ermutigt Johannes die Gläubigen, für ihre sündigen Brüder und Schwestern Fürsprache einzulegen. Dieses Gebet unterstreicht ein tiefes Gefühl gemeinschaftlicher Verantwortung und Fürsorge innerhalb der Kirchenfamilie. Es spiegelt den Glauben wider, dass Gott Gebete um Vergebung und Wiederherstellung hört und beantwortet und denen Gnade erweist, die gestolpert sind, aber weiterhin ihre Sünden eingestehen und bereuen.

Im Gegensatz dazu können Sünden, die zum physischen Tod führen, wie Johannes beschreibt, nicht unbedingt auf die gleiche Weise durch Gebete gemildert werden. Dies schließt Gebete jedoch nicht gänzlich aus; es erkennt die Schwere der Konsequenzen an, die sich aus bestimmten sündigen Verhaltensweisen ergeben können. Daher ermutigt Johannes mit seiner Anleitung zu Urteilsvermögen im Gebet und richtet sich nach Gottes Willen und Absicht für die geistige Gesundheit des Einzelnen und der Gemeinschaft.

Letztlich betonen Johannes' Lehren über das Gebet die Verbundenheit der Gläubigen auf ihrem Glaubensweg. Das Gebet füreinander spiegelt die Verpflichtung wider, sich gegenseitig in Gehorsam und Liebe zu unterstützen und zu stärken, begründet in der Gewissheit von Gottes Vergebung und Gnade durch Jesus Christus. Dieser gemeinschaftliche Umgang mit Sünde und Gebet verstärkt die gemeinsame Verantwortung und Fürsorge, die innerhalb der christlichen Gemeinschaft unerlässlich ist.

**5:18 Wir wissen: Wer aus Gott geboren ist, sündigt nicht, sondern wer aus Gott geboren ist, behütet ihn, und der Böse berührt ihn nicht.**

Zum Abschluss seines Briefes wiederholt Johannes mehrere wichtige Wahrheiten, um das Verständnis seiner Leser zu stärken und zu festigen. Diese Wahrheiten sollen sie gegen die Versuchungen und Einflüsse götzendienerischer Praktiken in ihrer Umgebung wappnen.

Erstens betont Johannes die Gewissheit des Wissens, die aus dem Verstehen und Annehmen der Lehren Jesu und seiner eigenen Unterweisungen erwächst. Dieses Wissen dient als spiritueller Anker, der den Gläubigen inmitten der Verlockungen falscher Lehren und weltlicher Versuchungen Halt gibt.

In 1. Johannes 5:18 verwendet Johannes den Ausdruck „Wir wissen", um eine Reihe von Aussagen einzuleiten. Er behauptet, dass diejenigen, die von Gott geboren sind, also Gläubige, die eine spirituelle Erneuerung erfahren haben, eine grundlegende Natur haben, die gegen die Sünde geneigt ist. Das liegt daran, dass sie mit der Gerechtigkeit Gottes erfüllt sind und Christus selbst in ihnen wohnt. Johannes stellt klar, dass dies nicht bedeutet, dass Gläubige in der Praxis unfähig sind zu sündigen, sondern dass ihre neue spirituelle Identität in Christus ihnen die Kraft und Neigung gibt, der Herrschaft der Sünde zu widerstehen.

In Bezug auf den Ausdruck „jemand, der aus Gott geboren ist" gibt es unterschiedliche Interpretationen. Einige verstehen ihn als Hinweis darauf, dass Christus selbst den Gläubigen vor der Sünde bewahrt. Andere hingegen sehen darin eher eine Beschreibung des Gläubigen, der sich durch die Kraft des innewohnenden Geistes aktiv vor der Sünde bewahrt. Die letztere Interpretation stimmt mit Johannes' Verwendung des Wortes „aus Gott geboren" an anderer Stelle in seinem Brief überein und bezieht sich durchgängig auf Gläubige, die durch den Glauben an Christus neues Leben erhalten haben.

Johannes versichert den Gläubigen, dass Satan ihr spirituelles Leben nicht endgültig berühren oder zerstören kann. Dieser Schutz bedeutet keine Immunität gegen körperliche Schäden oder spirituelle Angriffe. Dennoch betont er die Sicherheit der Gläubigen in Christus vor jedem dauerhaften Schaden an ihrem Glauben und ihrem ewigen Schicksal.

Johannes betont abschließend, wie wichtig es ist, die eigene Selbstwahrnehmung mit der eigenen Identität als Kinder Gottes in Einklang zu bringen. Das Erkennen und Ausleben dieser Identität führt zu einem Leben, das von Heiligkeit und unerschütterlichem Glauben geprägt ist, und steht damit in krassem Gegensatz zum Verhalten derer, die Gott nicht anerkennen.

Die Schlussbemerkungen von Johannes erinnern die Gläubigen an ihre sichere Stellung in Christus, ihre erneuerte Natur, die der Sünde widersteht, und ihren Schutz vor spirituellem Schaden durch ihre Beziehung zu Gott. Diese Wahrheiten sind grundlegend für ein siegreiches Leben inmitten der Herausforderungen einer Welt, die Gottes Wahrheit und Gerechtigkeit entgegensteht.

**5:19 Wir wissen, dass wir aus Gott sind und die ganze Welt in der Macht des Bösen liegt.**

Johannes betont, dass Gläubige sich grundsätzlich vom weltlichen System unterscheiden, das unter der Herrschaft Satans steht, weil sie Gottes Kinder sind (1. Johannes 5:9-13). Diese Identität befähigt sie, die trügerischen Lehren der Antichristen abzulehnen (1. Johannes 3:7-8) und der Verlockung weltlicher Wünsche zu widerstehen (1. Johannes 2:15-17).

In 1. Johannes 5,9-13 bestätigt Johannes, dass Gläubige einen göttlichen Zeugen in sich tragen, der die Wahrheit von Jesus Christus als Sohn Gottes bezeugt. Dieser innere Zeuge verleiht ihnen Gewissheit und Vertrauen in ihren Glauben und ermöglicht es ihnen, falsche Lehren zu erkennen und abzulehnen, die von Antichristen verbreitet werden – von denen, die sich dem wahren Evangelium widersetzen und versuchen, Gläubige zu täuschen.

Darüber hinaus sind Gläubige aufgerufen, weltlichen Begierden zu widerstehen – Verlangen nach weltlichen Freuden und Besitztümern, die Gottes Willen und Wesen widersprechen. Johannes warnt davor, diesen Versuchungen zu erliegen, und betont, dass ihr Leben von der Liebe zum Vater und der Einhaltung seiner Gebote bestimmt werden sollte und nicht von weltlichen Bestrebungen.

Indem sie ihre Identität als Kinder Gottes erkennen und die in Christus offenbarte Wahrheit annehmen, können Gläubige die spirituellen Kämpfe gegen die Ideologien und Wünsche der Welt meistern. Sie sind befähigt, fest zu ihrem Glauben zu stehen, Unwahrheiten abzulehnen, nach Gerechtigkeit zu streben und Gottes Willen zu gehorchen. Diese Haltung markiert ihre Trennung von der Welt und bekräftigt ihre Treue zu Gott und seinem Königreich.

**5:20 Und wir wissen, dass der Sohn Gottes gekommen ist und uns Verständnis gegeben hat, damit wir den Wahrhaftigen erkennen; und wir sind in dem Wahrhaftigen, in seinem Sohn Jesus Christus. Dieser ist der wahrhaftige Gott und das ewige Leben.**

Und schließlich erlangen Gläubige durch unsere Salbung mit dem Heiligen Geist spirituelles Verständnis und die Fähigkeit, Gott intim zu „kennen" (1. Johannes 5:18-20). Diese tiefe spirituelle Einsicht ermöglicht es Gläubigen, in Gott und seinem Sohn Jesus Christus zu bleiben, den Johannes als „den wahren Gott und das ewige Leben" bezeichnet (1. Johannes 5:20, WEB). Laut Darby dient diese Erklärung als Schlüssel zum Verständnis des gesamten Briefes und fasst die Essenz der Lehren des Johannes zusammen.

Die Phrase „Sein Sohn Jesus Christus", die in 1:3 und hier am Schluss des Briefes prominent erscheint, bildet eine thematische Klammer, die Johannes' Botschaft zusammenfasst – eine klare Bestätigung der Göttlichkeit Jesu Christi, eine der stärksten im Neuen Testament (1. Johannes 5:20).

Für Johannes ist das ewige Leben nicht nur ein zukünftiger Zustand, sondern eine gegenwärtige Realität, die in der Beziehung zum Vater und zum Sohn wurzelt. Es beginnt im Moment des Glaubens an Jesus Christus und dauert ununterbrochen bis in alle Ewigkeit.

Findlay fasst die in den Versen 18 bis 20 betonten grundlegenden Wahrheiten als „apostolisches Glaubensbekenntnis" zusammen: Glaube an Heiligkeit, Wiedergeburt und die Mission des Sohnes Gottes. Diese Wahrheiten fassen die Essenz der Lehren des Johannes zusammen und stärken die Identität des Gläubigen, seine Beziehung zu Gott und seine ewige Hoffnung in Jesus Christus.

**5:21 Meine Kinder, hütet euch vor den Götzen!**

In seinen Schlussbemerkungen spricht Johannes eine letzte Warnung hinsichtlich der Schwere der Abkehr vom wahren Gott und seinen Lehren aus und setzt eine solche Abkehr mit Götzendienst gleich (1. Johannes 5:21). So wie Gott zu widersprechen bedeutet, ihn einen Lügner zu nennen (1:10), so ist auch die Abkehr von ihm Götzendienst.

Timothy Keller definiert Götzendienst prägnant als alles, was wichtiger wird, das Herz und die Vorstellungskraft mehr beansprucht als Gott selbst oder das, was nur Gott von etwas anderem geben kann. Sich von Gott abzuwenden bedeutet also, die Lehren und Praktiken der Apostel aufzugeben und Glaubenssätze und Verhaltensweisen anzunehmen, die im Widerspruch dazu stehen, ein Kind Gottes zu sein, und sich stattdessen den Wegen der Dunkelheit anzuschließen.

Johannes spricht darüber, wie falsche Lehren zum Abfall vom wahren Glauben führen und Gläubige zu Götzenanbetern machen, indem sie falsche Götter propagieren, die von der Offenbarung des wahren Gottes in seinem Sohn Jesus Christus abweichen. Diese eindringliche Warnung spiegelt die Essenz des ersten Gebots wider, das den Israeliten gegeben wurde, und betont die ausschließliche Hingabe, die nur Gott allein geschuldet ist (Exodus 20:3-5; Deuteronomium 5:7-9).

Johannes betont, dass diejenigen, die behaupten, Christus nachzufolgen, seine Lehren treu hochhalten müssen und die Fallstricke falscher Lehren und götzendienerischer Praktiken meiden dürfen, die letztlich ihre Beziehung zu Gott untergraben.

# Kapitel 5 Zusammenfassung

Kapitel 5 des 1. Johannesbriefs beleuchtet die Themen Glaube, Sieg und Gewissheit in Christus. Das Kapitel beginnt mit einer Aussage über die Beziehung zwischen Glaube und Liebe und bekräftigt, dass diejenigen, die Gott lieben, seine Gebote befolgen werden. Johannes betont, dass der Gehorsam gegenüber Gottes Geboten für diejenigen, die von Gott geboren sind, keine Last ist, da ihr Glaube ihnen die Kraft gibt, die Welt zu überwinden.

Johannes erörtert dann das Glaubensbekenntnis an Jesus Christus und stellt fest, dass diejenigen, die an den Sohn Gottes glauben, dieses Glaubensbekenntnis in sich tragen. Er erklärt, dass Gott durch seinen Sohn Jesus Christus ewiges Leben geschenkt hat. Er betont, wie wichtig es ist, an den Sohn zu glauben, um dieses Leben zu erhalten.

Das Kapitel geht weiter mit einer Betrachtung des Zeugnisses Gottes und bestätigt, dass Gottes Zeugnis über seinen Sohn wahr ist. Johannes betont die Bedeutung des Glaubens an Jesus Christus als Sohn Gottes, der durch Wasser und Blut kam, und betont das ewige Leben in ihm.

Johannes schließt das Kapitel mit einer Erinnerung an die Gewissheit der Gläubigen in Christus. Er behauptet, dass diejenigen, die den Sohn haben, ewiges Leben haben, und bekräftigt damit das Vertrauen der Gläubigen in ihre Beziehung zu Gott durch Jesus Christus. Johannes ermutigt die Gläubigen, vertrauensvoll zu beten, im Wissen, dass Gott ihre Gebete hört und gemäß Seinem Willen beantwortet.

Kapitel 5 des 1. Johannesbriefs dient als kraftvolle Bestätigung der grundlegenden Wahrheiten des christlichen Glaubens und betont die Bedeutung des Glaubens an Jesus Christus für das ewige Leben, den Sieg der Gläubigen über die Welt durch den Glauben und die Gewissheit der Erlösung, die sie in ihm finden.

# Kapitel 5 Gebet

Himmlischer Vater,

Wir treten mit dankbarem Herzen vor dich und erkennen die Wahrheit deines Wortes an, das in 1. Johannes Kapitel 5 offenbart wird. Danke, dass du uns durch den Glauben an deinen Sohn Jesus Christus Erlösung und ewiges Leben zusicherst. Hilf uns, unseren Glauben und unser Vertrauen in ihn ständig zu stärken.

Herr, wir erkennen, dass das Befolgen Deiner Gebote unsere Liebe zu Dir widerspiegelt. Gib uns durch Deinen Geist die Kraft, gehorsam zu sein und einander zu lieben, wie Du uns geliebt hast. Möge unser Leben ein Zeugnis der transformierenden Kraft Deiner Gnade sein.

Wir danken dir für das Zeugnis deines Geistes in uns, der die Wahrheit deines Sohnes Jesus Christus bestätigt. Hilf uns, diese Wahrheit mutig anderen zu verkünden, damit auch sie die Hoffnung und Zuversicht in Ihm kennenlernen.

Vater, wir erheben unsere Gebete vertrauensvoll zu Dir, im Wissen, dass Du uns hörst und gemäß Deinem vollkommenen Willen antwortest. Gib uns Weisheit und Urteilsvermögen, während wir versuchen, unsere Gebete mit Deinen Absichten in Einklang zu bringen und Deinem Wort zu gehorchen.

Möge dein Name in allen Dingen verherrlicht werden und möge dein Reich auf Erden kommen, wie es im Himmel ist. Wir beten im mächtigen Namen Jesu Christi, unseres Herrn und Erlösers.

Amen.

# Fragen zu Kapitel 5

Was bestätigt Johannes über jeden, der glaubt, dass Jesus der Christus ist?

Was bedeutet es, von Gott geboren zu sein?

Wie zeigt sich die Liebe Gottes?

Was betont Johannes in Bezug auf das ewige Leben?

Woher wissen wir, dass wir ewiges Leben haben?

Mit welchem Vertrauen können wir uns Gott nähern?

Welche Gewissheit haben wir hinsichtlich unbeantworteter Gebete?

Wie spricht Johannes über diejenigen, die von Gott geboren sind?

Was sagt Johannes über diejenigen, die von Gott geboren sind?

Welche wichtige Wahrheit betont Johannes über Jesus Christus?

Wie schließt Johannes seinen Brief ab?

Was bedeutet es, sich von Götzen fernzuhalten?

Welches Vertrauen haben Gläubige in ihre Beziehung zu Gott?

Wie charakterisiert John die Welt?

Welche Bedeutung haben das von Johannes erwähnte Wasser und das Blut?

Welche Gewissheit haben Gläubige in ihrer Beziehung zu Gott?

Wie beschreibt Johannes den Einfluss Jesu Christi auf die Gläubigen?

Welches Versprechen betont Johannes in Bezug auf das ewige Leben?

Wie spricht Johannes über Vertrauen im Gebet?

Welche abschließende Ermahnung gibt Johannes den Gläubigen?

# Buch 1 Johannes Zusammenfassung

**Einleitung:** Der erste Johannesbrief, geschrieben vom Apostel Johannes, richtet sich an die Gläubigen, um ihren Glauben zu stärken und ihnen die Gewissheit ihrer Erlösung zu geben.

**Im Licht wandeln (1,1-2,17):** Johannes beginnt damit, die Bedeutung der Gemeinschaft mit Gott und eines Lebens im Licht seiner Wahrheit zu betonen. Er betont die Notwendigkeit des Sündenbekenntnisses und der Fürsprache Jesu Christi. Die Liebe zueinander steht im Mittelpunkt, und die Gläubigen werden vor der Liebe zur Welt und falschen Lehren gewarnt.

**Den wahren Glauben erkennen (2:18-27):** Johannes spricht die Gegenwart von Antichristen und falschen Lehrern an, die Jesus Christus verleugnen. Er fordert die Gläubigen auf, der Wahrheit treu zu bleiben, die sie empfangen haben, und warnt vor Täuschung. Die Salbung des Heiligen Geistes ermöglicht die Unterscheidung.

**Kinder Gottes (2:28-3:24):** Gläubige werden ermutigt, in Christus zu bleiben und ein rechtschaffenes Leben zu führen, um ihre Identität als Kinder Gottes zu beweisen. Die Liebe zueinander ist ein Erkennungszeichen wahrer Jüngerschaft. Die Gewissheit der Erlösung kommt durch Gehorsam gegenüber Gottes Geboten und dem Zeugnis des Geistes.

**Die Geister prüfen (4,1-6):** Johannes warnt vor falschen Propheten und Geistern, die sich nicht zu Jesus Christus bekennen. Gläubige werden aufgefordert, ihre Geister zu prüfen, um zu erkennen, ob sie von Gott sind. Wer auf Gottes Wahrheit hört, wird seine Stimme erkennen.

**Gott ist Liebe (4,7-21):** Johannes betont das zentrale Thema der Liebe Gottes, die sich darin manifestiert, dass er seinen Sohn als Sühne für die Sünden sandte. Gläubige sind aufgerufen, einander zu lieben, weil die Liebe von Gott kommt. Vollkommene Liebe vertreibt die Angst, und wer in der Liebe bleibt, bleibt in Gott.

**Die Welt überwinden (5,1-21):** Der Glaube an Jesus Christus ist die Art und Weise, wie Gläubige die Welt überwinden. Das Zeugnis Gottes über seinen Sohn ist die Grundlage des wahren Glaubens. Gläubige haben die Gewissheit des ewigen Lebens durch Jesus Christus und können sich vertrauensvoll im Gebet an Gott wenden . Der Brief endet mit einer Mahnung, sich vor Götzendienst zu hüten und in Christus, dem wahren Gott und dem ewigen Leben, zu bleiben.

**Fazit:** Das 1. Johannesevangelium bietet Gläubigen praktische Anleitung und betont die Bedeutung der Gemeinschaft mit Gott, des Gehorsams gegenüber seinen Geboten, der Unterscheidung falscher Lehren und der Liebe zueinander. Es bietet die Gewissheit der Erlösung und ermutigt Gläubige, in Christus zu bleiben, während sie auf seine Wiederkehr warten.

# TEIL 3: 1. Johannes Testen Sie Ihr Wissen

<u>**Richtig oder Falsch-Fragen**</u>

Richtig oder Falsch: Im 1. Johannesbrief wird Wert darauf gelegt, im Licht zu wandeln.

Richtig oder falsch: Laut 1. Johannes ist Gott Dunkelheit und in ihm ist kein Licht.

Richtig oder falsch: Gläubige an Jesus Christus müssen ihre Sünden nicht beichten.

Richtig oder falsch: Die Liebe zu den Mitgläubigen ist ein Zeichen dafür, dass man vom Tod zum Leben übergegangen ist.

Richtig oder falsch: Laut 1. Johannes kennen diejenigen, die Gottes Gebote befolgen, Gott nicht wirklich.

Richtig oder falsch: Christen wird nicht geboten, die Welt oder die Dinge in der Welt zu lieben.

Richtig oder falsch: Im 1. Johannesbrief wird gelehrt, dass jeder, der leugnet, dass Jesus der Christus ist, die Wahrheit spricht.

Richtig oder falsch: Der Geist der Wahrheit und der Geist des Irrtums sind laut 1. Johannes derselbe.

Richtig oder falsch: Laut 1. Johannes vertreibt vollkommene Liebe die Angst.

Richtig oder falsch: Den Gläubigen wird geboten, die Geister zu prüfen, um zu sehen, ob sie von Gott kommen.

Richtig oder falsch: Laut 1. Johannes ist Gott Liebe.

Richtig oder falsch: Gläubige sind nicht verpflichtet, einander zu lieben.

Richtig oder falsch: Wer bekennt, dass Jesus der Sohn Gottes ist, bleibt in Gott.

Richtig oder Falsch: Laut 1. Johannes sündigt jeder, der von Gott geboren ist, nicht.

Richtig oder falsch: Christen sollen nicht für ihre Brüder und Schwestern beten, die Sünden begehen.

Richtig oder falsch: Laut 1. Johannes liegt die ganze Welt in der Macht des Bösen.

Richtig oder falsch: Das Zeugnis Gottes ist, dass er uns ewiges Leben gegeben hat und dieses Leben in seinem Sohn ist.

Richtig oder falsch: Laut 1. Johannes werden Gläubige nicht dazu ermutigt, Vertrauen in ihre Gebete zu haben.

Richtig oder falsch: Laut 1. Johannes kam Jesus Christus durch Wasser und Blut – nicht nur durch Wasser.

Richtig oder falsch: In den Schlussbemerkungen des 1. Johannesbriefs werden Gläubige angewiesen, sich von Götzen fernzuhalten.

<u>**Fragen mit mehreren Antworten**</u>

**Was wird im 1. Johannesbrief als das bestimmende Merkmal Gottes hervorgehoben?**

- A) Dunkelheit
- B) Liebe
- C) Urteil
- D) Unwissenheit

**Wer ist laut 1. Johannes unser Fürsprecher beim Vater?**

- A) Der Heilige Geist
- B) Jesus Christus, der Gerechte
- C) Engel
- D) Moses

**Was sagt der 1. Johannesbrief über diejenigen, die ihre Sünden bekennen?**

- A) Sie sind Lügner
- B) Ihnen wird vergeben und sie werden gereinigt
- C) Sie werden verurteilt
- D) Sie sind erhaben

**Warum kam Jesus Christus laut 1. Johannes auf die Welt?**

- A) Um die Welt zu richten
- B) Um eine Verurteilung auszusprechen
- C) Um uns ewiges Leben zu geben
- D) Eine Spaltung herbeiführen

**Was lehrt der 1. Johannesbrief den Gläubigen hinsichtlich der Liebe Gottes?**

- A) Ignorieren Sie es
- B) Perfektionieren Sie es
- C) Lehnen Sie es ab
- D) Bezweifle es

**Wie können wir gemäß dem 1. Johannesbrief wissen, dass wir in Gott bleiben und er in uns?**

- A) Durch das Halten der Gebote Gottes
- B) Durch das Ignorieren der Sünde
- C) Durch Vermeidung des Gebets
- D) Durch die Konzentration auf materielle Besitztümer

**Was sagt der 1. Johannesbrief über die Einstellung der Welt gegenüber Gläubigen?**

- A) Die Welt liebt Gläubige
- B) Die Welt hasst Gläubige
- C) Die Welt ist den Gläubigen gegenüber gleichgültig
- D) Die Welt bewundert Gläubige

**Was ist laut 1. Johannes der Sieg, der die Welt überwindet?**

- Ein Reichtum
- B) Leistung
- C) Glaube
- D) Wissen

**Was sagt der 1. Johannesbrief über diejenigen, die ihren Bruder nicht lieben?**

- A) Sie sind perfekt
- B) Sie sind Lügner
- C) Sie sind gerecht

- D) Sie sind weise

**Was ist gemäß 1. Johannes das Zeugnis dafür, dass Gott uns ewiges Leben geschenkt hat?**

- A) Das Zeugnis der Engel
- B) Das Zeugnis der Propheten
- C) Das Zeugnis der Apostel
- D) Das Zeugnis Seines Sohnes

<u>Lückentextfragen</u>

„Wenn wir sagen, wir haben kein ____________, betrügen wir uns selbst, und die Wahrheit ist nicht in uns."

„Geliebte, lasst uns einander lieben, denn die Liebe kommt von Gott, und wer liebt, ist aus Gott geboren und kennt ____________."

„Und dies ist das Zeugnis, dass Gott uns ____________ Leben gab, und dieses Leben ist in seinem Sohn."

„Daran erkennen wir, dass wir die Kinder Gottes lieben, wenn wir Gott lieben und seinen Geboten gehorchen."

„Wir wissen, dass wir vom Tod ins Leben übergegangen sind, weil wir das ____________ lieben."

„Wer an den Sohn Gottes glaubt, hat das ____________ in sich."

„Daran wird offenbar, wer die Kinder Gottes und wer die Kinder des Teufels sind: Wer seinen Bruder nicht liebt, der ist nicht von Gott. Und wer seinen Bruder nicht liebt, der ist nicht von Gott."

„In der Liebe gibt es kein ____________, sondern die vollkommene Liebe vertreibt die Furcht."

„Meine Kinder, hütet euch vor ____________."

„Wer sagt: ‚Ich kenne ihn', aber seine ____________ nicht hält, ist ein Lügner, und die Wahrheit ist nicht in ihm."

# Lösungsleitfaden: 1. Johannes

Kapitel 1 Antworten

**Was ist die zentrale Botschaft des christlichen Evangeliums und Glaubens in 1. Johannes, Kapitel 1?**

Die zentrale Botschaft ist die Gemeinschaft mit Gott.

**Welche Ausdrücke werden im 1. Johannesbrief verwendet, um die Gemeinschaft mit Gott zu beschreiben?**

Zu den Ausdrücken gehören „Gemeinschaft mit Gott haben", „in Gott sein", „bleiben", „Gott (oder den Sohn) haben" und „Gott kennen".

**Was betont der Autor des 1. Johannesbriefs in Bezug auf die Gemeinschaft mit Gott?**

Gemeinschaft erfordert die gegenseitige Akzeptanz eines gemeinsamen Wissensbestands.

**Welche Absicht verfolgte Johannes mit seinem Brief an sein Publikum?**

John schrieb, um Informationen über die Gemeinschaft mit Gott weiterzugeben und Täuschung zu bekämpfen.

**Was wird im 1. Johannesbrief als Quelle der Freude hervorgehoben?**

Freude ist das Produkt der Gemeinschaft mit Gott.

**Welche zwei grundlegenden Wahrheiten werden im 1. Johannesbrief gleich zu Beginn hervorgehoben?**

Die Unterscheidbarkeit der Persönlichkeit und die Gleichheit der Würde zwischen Vater und Sohn und die Identität des ewigen Sohnes Gottes mit Jesus Christus.

**Wie widerlegt Johannes die Behauptung, dass Gemeinschaft mit Gott ohne einen gemeinsamen Glauben an Christus möglich sei?**

Er betont, wie wichtig es ist, Jesus Christus als Sohn Gottes anzuerkennen.

**Welche Folgen hat es laut 1. Johannes, wenn man behauptet, Gemeinschaft mit Gott zu haben, während man in der Dunkelheit wandelt?**

Es gilt als Lüge und weist auf einen Mangel an Wahrheit im Leben der betreffenden Person hin.

**Wie beschreibt der 1. Johannesbrief das Wandeln „im Licht"?**

„Im Licht" zu wandeln bedeutet, in der Gegenwart Gottes zu leben und seiner offenbarten Wahrheit ausgesetzt zu sein.

**Was beinhaltet das Bekennen von Sünden gemäß 1. Johannes?**

Sünden zu bekennen bedeutet, sie als Vergehen gegen Gott anzuerkennen und unsere Sichtweise mit der Seinen in Einklang zu bringen.

## Wie funktioniert der Reinigungsprozess im Leben des Gläubigen gemäß 1. Johannes?

Das Bekenntnis führt zur Vergebung und Reinigung von aller Ungerechtigkeit.

## Wie unterscheidet der 1. Johannesbrief zwischen richterlicher und familiärer Vergebung?

Die gerichtliche Vergebung erfolgt bei der Bekehrung, während die familiäre Vergebung für eine fortwährende Gemeinschaft mit Gott notwendig ist.

## Welche Gefahr besteht gemäß 1. Johannes darin, zu behaupten, man sei ohne Sünde?

Es lehnt Gottes Wahrheit und Autorität ab und führt zur Selbsttäuschung.

## Wie widerlegt Johannes die Behauptung, wir hätten nicht gesündigt?

Er betont , wie wichtig es ist, dass wir unsere Perspektive an der Wahrheit Gottes ausrichten und unser Bedürfnis nach Vergebung anerkennen.

## Welches Prinzip beinhaltet die Gemeinschaft mit Gott gemäß 1. Johannes?

Gemeinschaft mit Gott erfordert Offenheit ihm gegenüber und Integrität im Licht seines Wortes.

## Wie beschreibt der Autor das christliche Leben in Bezug auf die Sünde?

Das christliche Leben wird als ein Leben fortwährender Reue, des Glaubens, der Dankbarkeit und der Liebe zum Erlöser beschrieben.

## Wie charakterisiert der 1. Johannesbrief diejenigen, die ihre Sünden bekennen?

Wahre Lehrer bekennen ihre Sünden, falsche Lehrer tun dies nicht.

## Welche Konsequenzen hat es, die Wahrheit über die Sünde gemäß 1. Johannes zu leugnen?

Die Wahrheit über die Sünde zu leugnen gilt als schwerwiegendes Vergehen. Dabei wird das Wort Gottes außer Acht gelassen und einzelnen Personen die Autorität darüber eingeräumt, was Sünde ist und was nicht.

## Welche Korrekturmaßnahmen sieht der 1. Johannesbrief für falsche Behauptungen über Sünde vor?

Zu den Korrekturmaßnahmen gehören die Bestätigung der Wahrheit über die Gemeinschaft mit Gott, das Eingestehen der Sündhaftigkeit und das Bekennen von Sünden.

## Was ist das entscheidende und grundlegende Prinzip für das tägliche christliche Leben im 1. Johannesbrief?

Die Grundsätze, die einem lebendigen Wandel mit Gott zugrunde liegen, werden als zentral für das tägliche christliche Leben hervorgehoben.

Kapitel 2 Antworten

## Was betont Johannes in Kapitel 2 in Bezug auf die Sünde?

Johannes betont, wie wichtig es ist, nicht zu sündigen, erkennt aber an, dass jeder, der sündigt, einen Fürsprecher beim Vater hat: Jesus Christus, den Gerechten.

## Was ist laut Johannes der Beweis dafür, dass man Gott kennt?

Der Beweis, dass man Gott kennt, besteht darin, seine Gebote zu halten.

## Was sagt Johannes über diejenigen, die behaupten, Gott zu kennen, aber seine Gebote nicht halten?

Johannes sagt, dass diejenigen, die behaupten, Gott zu kennen, aber seine Gebote nicht halten, Lügner sind und die Wahrheit nicht in ihnen ist.

## Wie beschreibt Johannes die Liebe Gottes?

Johannes beschreibt die Liebe Gottes als vollkommen in denen, die sein Wort befolgen.

## Wovor warnt Johannes in Bezug auf die Welt?

Johannes warnt davor, die Welt oder die Dinge der Welt zu lieben, da diese Liebe mit der Liebe des Vaters unvereinbar ist.

## Wie charakterisiert Johannes diejenigen, die die Welt lieben?

Johannes charakterisiert diejenigen, die die Welt lieben, als solche, die die Liebe des Vaters nicht in sich haben.

## Was sagt Johannes über die Begierde des Fleisches, die Begierde der Augen und den Stolz auf Besitz?

Johannes sagt, diese kommen nicht vom Vater, sondern von der Welt.

## Was sagt Johannes über das Vergehen der Welt und ihrer Wünsche?

Johannes sagt, dass die Welt und ihre Wünsche vergehen, aber wer den Willen Gottes tut, bleibt für immer.

## Wie wendet sich Johannes an den Antichristen?

Johannes sagt, dass viele Antichristen gekommen sind, und daran erkennen wir, dass die letzte Stunde gekommen ist.

## Was sagt Johannes über diejenigen, die die christliche Gemeinschaft verlassen haben?

Johannes sagt, dass diejenigen, die die christliche Gemeinde verließen, nicht wirklich zu ihr gehörten, denn wenn sie dazu gehört hätten, wären sie bei ihr geblieben.

**Was sagt Johannes über die Salbung, die die Gläubigen empfangen haben?**

Johannes sagt, dass die Salbung, die die Gläubigen empfangen haben, in ihnen bleibt und dass sie niemanden brauchen, der sie belehrt, sondern dass die Salbung sie über alles belehrt.

**Wozu ermutigt Johannes die Gläubigen in Bezug auf die Wahrheit?**

Johannes ermutigt die Gläubigen, an der Wahrheit zu bleiben, die sie gehört haben.

**Wie beschreibt Johannes das Versprechen, das Gott den Gläubigen gegeben hat?**

Johannes beschreibt Gottes Versprechen an die Gläubigen als ewiges Leben.

**Wie beschreibt Johannes diejenigen, die den Vater und den Sohn leugnen?**

Johannes bezeichnet diejenigen, die den Vater und den Sohn leugnen, als Lügner, und wer den Sohn leugnet, hat den Vater nicht.

**Was sagt Johannes über diejenigen, die den Sohn bekennen?**

Johannes sagt, wer den Sohn bekennt, hat auch den Vater.

**Wie ermutigt Johannes die Gläubigen hinsichtlich der Salbung, die sie empfangen haben?**

Johannes macht den Gläubigen Mut, dass die Salbung, die sie von Gott erhalten haben, in ihnen bleibt und sie sich nicht zu fürchten brauchen.

**Welche Lehren zieht Johannes hinsichtlich des Bleibens in Christus?**

Johannes weist die Gläubigen an, in Christus zu bleiben, damit sie bei seiner Erscheinung Vertrauen haben und bei seiner Wiederkunft nicht beschämt vor ihm zurückschrecken.

**Wozu mahnt Johannes in Bezug auf die Sünde?**

Johannes fordert die Gläubigen auf, keine Sünden zu begehen, doch wenn jemand sündigt, hat er einen Fürsprecher beim Vater, Jesus Christus, den Gerechten.

**Wie beschreibt Johannes denjenigen, der Gerechtigkeit praktiziert?**

Johannes beschreibt denjenigen, der Gerechtigkeit praktiziert, als gerecht, genau wie Jesus.

**Wie fasst Johannes den Zweck von Jesu Erscheinung zusammen?**

Johannes fasst den Zweck der Erscheinung Jesu so zusammen: Er nimmt die Sünden weg; in ihm ist keine Sünde.

Kapitel 3 Antworten

**Was sind wir laut Johannes aufgrund der Liebe des Vaters?**

Johannes erklärt uns aufgrund der Liebe des Vaters zu Kindern Gottes.

**Wie kann es sein, dass die Welt Gläubige nicht erkennt?**

Die Welt erkennt die Gläubigen nicht an, weil sie Christus nicht erkennt.

**Was wird gemäß Johannes den Gläubigen werden?**

Johannes verspricht, dass die Gläubigen wie Christus werden, wenn er erscheint.

**Was behauptet Johannes über diejenigen, die Sünde praktizieren?**

Johannes behauptet, dass diejenigen, die Sünde praktizieren, vom Teufel sind, der von Anfang an sündigt.

**Warum erschien Christus?**

Christus erschien, um die Werke des Teufels zu zerstören.

**Wie unterscheidet Johannes zwischen Kindern Gottes und Kindern des Teufels?**

Johannes unterscheidet zwischen Kindern Gottes, die Gerechtigkeit praktizieren, und Kindern des Teufels, die dies nicht tun.

**Welches Gebot betont Johannes als zentral für ein christliches Leben?**

Johannes betont, dass das Gebot der Nächstenliebe ein zentraler Bestandteil des christlichen Lebens sei.

**Wie beschreibt Johannes die Liebe, die Gläubige füreinander empfinden sollten?**

Johannes beschreibt die Liebe, die Gläubige füreinander empfinden sollten, als aufopfernd: Sie geben ihr Leben füreinander hin.

**Wie können Gläubige wissen, dass sie vom Tod zum Leben übergegangen sind?**

Gläubige können wissen, dass sie vom Tod zum Leben übergegangen sind, weil sie ihre Brüder und Schwestern in Christus lieben.

**Welche Zusicherung bietet Johannes denen, die vor Gott an ihrem Herzen zweifeln?**

Johannes versichert denen, die in Bezug auf Gott an ihrem Herzen zweifeln, dass Gott größer ist als ihr Herz und alles weiß.

**Wie beschreibt Johannes die Wichtigkeit, die Gebote Gottes zu halten?**

Johannes beschreibt, wie wichtig es ist, die Gebote Gottes als Beweis unserer Liebe zu ihm zu befolgen.

**Welchen Kontrast zieht Johannes zwischen Kain und den Gläubigen?**

Johannes stellt Kain, der dem Teufel angehörte und seinen Bruder ermordete, den Gläubigen gegenüber, die einander lieben.

**Was ist die Botschaft, die die Gläubigen von Anfang an gehört haben?**

Die Botschaft, die die Gläubigen von Anfang an gehört haben, lautet, einander zu lieben.

**Wie charakterisiert Johannes diejenigen, die ihre Brüder und Schwestern in Christus hassen?**

Johannes bezeichnet diejenigen, die ihre Brüder und Schwestern in Christus hassen, als Mörder, und Mörder haben kein ewiges Leben in sich.

**Wie erklärt Johannes die aufopfernde Liebe Christi?**

Johannes erklärt die aufopfernde Liebe Christi dadurch, dass er sein Leben für uns hingibt, und Gläubige sollten ihr Leben füreinander hingeben.

**Was ist der Beweis echter Liebe?**

Wahre Liebe beweist sich nicht nur in Worten und Reden, sondern in Taten und Wahrheit.

**Wie ermutigt Johannes die Gläubigen hinsichtlich ihrer Herzen vor Gott?**

Johannes ermutigt die Gläubigen, sich mit ihrem Herzen vor Gott zu befassen, und versichert ihnen, dass Gott größer ist als ihr Herz und alles weiß, auch wenn ihr Herz sie verurteilt.

**Wie beruhigt Johannes die Gläubigen hinsichtlich ihrer Gebete?**

Johannes beruhigt die Gläubigen hinsichtlich ihrer Gebete und bekräftigt, dass sie sich vertrauensvoll an Gott wenden und von ihm alles erhalten können, worum sie ihn bitten, sofern ihr Herz sie nicht verurteilt.

**Welches Gebot haben die Gläubigen von Gott erhalten?**

Das Gebot, das die Gläubigen von Gott erhalten haben, besteht darin, an den Namen seines Sohnes Jesus Christus zu glauben und einander zu lieben, wie er es geboten hat.

**Wie fasst Johannes die Gebote Gottes zusammen?**

Johannes fasst die Gebote Gottes so zusammen: Glaube an den Namen Jesu Christi und liebe deinen Nächsten, wie Christus es geboten hat.

Kapitel 4 Antworten

**Wovor warnt Johannes die Gläubigen?**

Johannes ermahnt die Gläubigen, die Geister zu prüfen, um zu erkennen, ob sie von Gott kommen.

### Wie können Gläubige den Geist Gottes erkennen?

Gläubige können den Geist Gottes erkennen, indem sie anerkennen, dass jeder Geist, der bekennt, dass Jesus Christus im Fleisch gekommen ist, von Gott kommt.

### Welche Bedeutung hat es, anzuerkennen, dass Jesus Christus im Fleisch gekommen ist?

Zu erkennen, dass Jesus Christus im Fleisch gekommen ist, bedeutet, dass der Geist Gottes am Werk ist, denn niemand kann Jesus als Herrn anerkennen, außer durch den Heiligen Geist.

### Wie charakterisiert Johannes falsche Propheten?

Johannes charakterisiert falsche Propheten als diejenigen, die leugnen, dass Jesus Christus im Fleisch gekommen ist.

### Welche Zusicherung gibt Johannes den Gläubigen hinsichtlich ihrer Identität?

Johannes versichert den Gläubigen, dass sie von Gott kommen und die falschen Propheten überwunden haben, weil der Eine in ihnen größer ist als der Eine in der Welt.

### Woran erinnert Johannes die Gläubigen im Hinblick auf ihre Beziehung zur Welt?

Johannes erinnert die Gläubigen daran, dass sie Gott gehören und dass die Welt auf falsche Propheten hört, weil sie der Welt gehört.

### Wozu fordert Johannes die Gläubigen in Bezug auf die Liebe auf?

Johannes fordert die Gläubigen auf, einander zu lieben, denn die Liebe kommt von Gott, und jeder, der liebt, ist von Gott geboren und kennt Gott.

### Wie beschreibt Johannes die Natur der Liebe Gottes?

Johannes beschreibt die Natur der Liebe Gottes, die sich darin zeigt, dass er seinen einzigen Sohn in die Welt sandte, um als Sühneopfer für unsere Sünden zu dienen.

### Welche Verbindung besteht zwischen der Liebe Gottes und der menschlichen Liebe?

Die Verbindung zwischen der Liebe Gottes und der Liebe des Menschen besteht darin, dass wir lieben, weil Gott uns zuerst geliebt hat.

### Wie charakterisiert Johannes diejenigen, die nicht lieben?

Johannes charakterisiert diejenigen, die nicht lieben, als solche, die Gott nicht kennen, denn Gott ist Liebe.

### Wie veranschaulicht Johannes den Begriff der Liebe?

Johannes veranschaulicht das Konzept der Liebe, indem er darauf hinweist, dass Gott seinen Sohn als Sühneopfer für unsere Sünden sandte, und betont, dass wir einander lieben sollten, wenn Gott uns auf diese Weise geliebt hat.

### Welche Zusicherung gibt Johannes im Hinblick auf das Bleiben in der Liebe Gottes?

Johannes versichert den Gläubigen, dass Gott in ihnen bleibt, wenn sie einander lieben, und dass seine Liebe in ihnen vollkommen ist.

### Wie erklärt Johannes den Zusammenhang zwischen Angst und Liebe?

Johannes erklärt, dass vollkommene Liebe die Angst vertreibt, weil Angst mit Bestrafung zu tun hat und wer Angst hat, ist nicht vollkommen in der Liebe.

### Was behauptet Johannes über die Liebe und die Gegenwart Gottes?

Johannes behauptet, dass jeder, der behauptet, Gott zu lieben, jedoch seinen Bruder oder seine Schwester hasst, ein Lügner ist, denn wer seinen Bruder oder seine Schwester, die er oder sie gesehen hat, nicht liebt, kann Gott, den er oder sie nicht gesehen hat, nicht lieben.

### Wie fasst Johannes die Gebote zusammen, die die Gläubigen erhalten haben?

Johannes fasst das Gebot zusammen, das die Gläubigen erhalten haben: Wer Gott liebt, muss auch seinen Bruder und seine Schwester lieben.

### Wie bekräftigt Johannes die Liebe der Gläubigen zu Gott?

Johannes bekräftigt die Liebe der Gläubigen zu Gott, indem er sagt, dass jeder, der liebt, von Gott geboren ist und Gott kennt.

### Was behauptet Johannes über Gottes Natur?

Johannes behauptet, dass Gott Liebe ist, und wer in Liebe lebt, lebt in Gott und Gott in ihm.

### Wie fasst Johannes den Zusammenhang zwischen Liebe und Angst zusammen?

Johannes fasst den Zusammenhang zwischen Liebe und Furcht mit der Aussage zusammen, dass es in der Liebe keine Furcht gibt, denn vollkommene Liebe vertreibt die Furcht.

### Was betont Johannes hinsichtlich der Liebe der Gläubigen zu Gott?

Johannes betont, dass sich die Liebe der Gläubigen zu Gott in ihrer Liebe zu ihren Mitmenschen zeigt, denn wer behauptet, Gott zu lieben, jedoch einen Bruder oder eine Schwester hasst, ist ein Lügner.

### Wie wiederholt Johannes das Gebot der Liebe?

Johannes bekräftigt das Gebot der Liebe mit der Aussage, dass jeder, der Gott liebt, auch seine Brüder und Schwestern lieben muss.

Kapitel 5 Antworten

**Was bestätigt Johannes über jeden, der glaubt, dass Jesus der Christus ist?**

Johannes bestätigt, dass jeder, der glaubt, dass Jesus der Christus ist, von Gott geboren ist. (1. Johannes 5:1)

**Was bedeutet es, von Gott geboren zu sein?**

Von Gott geboren zu sein bedeutet, an Jesus als den Christus zu glauben und Gott und andere, die ebenfalls von ihm geboren sind, zu lieben. (1. Johannes 5:1-2)

**Wie zeigt sich die Liebe Gottes?**

Die Liebe Gottes zeigt sich darin, dass man seine Gebote hält, die nicht schwer sind. (1. Johannes 5:3)

**Was betont Johannes in Bezug auf das ewige Leben?**

Johannes betont, dass das ewige Leben ein Geschenk Gottes ist, das in seinem Sohn Jesus Christus zu finden ist. (1. Johannes 5:11)

**Woher wissen wir, dass wir ewiges Leben haben?**

Wir wissen, dass wir ewiges Leben haben, weil wir an den Namen des Sohnes Gottes glauben. (1. Johannes 5:13)

**Mit welchem Vertrauen können wir uns Gott nähern?**

Wir können uns vertrauensvoll an Gott wenden, denn er hört uns, wenn wir ihn um etwas bitten, das seinem Willen entspricht. (1. Johannes 5:14)

**Welche Gewissheit haben wir hinsichtlich unbeantworteter Gebete?**

Die Gewissheit besteht darin, dass wir, wenn wir wissen, dass Er uns hört, was auch immer wir bitten, wissen, dass wir die Bitten erhalten, die wir an Ihn gerichtet haben, auch wenn wir nicht sofort eine Antwort erhalten. (1. Johannes 5:15)

**Wie spricht Johannes über diejenigen, die von Gott geboren sind?**

Johannes erklärt, dass die aus Gott Geborenen nicht fortwährend sündigen, weil Gottes Same in ihnen bleibt und der Böse sie nicht berühren kann. (1. Johannes 5:18)

**Was sagt Johannes über diejenigen, die von Gott geboren sind?**

Johannes erklärt, dass die aus Gott Geborenen von Gott beschützt werden und der Böse sie nicht berührt. (1. Johannes 5:18)

**Welche wichtige Wahrheit betont Johannes über Jesus Christus?**

Johannes betont, dass Jesus Christus der wahre Gott und das ewige Leben ist. (1. Johannes 5:20)

## Wie schließt Johannes seinen Brief ab?

Johannes beschließt seinen Brief mit der Ermahnung, sich von Götzen fernzuhalten. (1. Johannes 5:21)

## Was bedeutet es, sich von Götzen fernzuhalten?

Sich von Götzen fernzuhalten bedeutet, alles zu vermeiden, was in unserem Herzen und Leben den Platz Gottes einnehmen würde. (1. Johannes 5:21)

## Welches Vertrauen haben Gläubige in ihre Beziehung zu Gott?

Gläubige haben die Gewissheit, dass sie von Gott sind und dass die ganze Welt in der Macht des Bösen liegt. (1. Johannes 5:19)

## Wie charakterisiert John die Welt?

Johannes beschreibt die Welt als in der Macht des Bösen liegende Welt (1. Johannes 5:19).

## Welche Bedeutung haben das von Johannes erwähnte Wasser und das Blut?

Die Bedeutung des Wassers und des Blutes liegt darin, dass sie für Jesus Christus Zeugnis ablegen, der sowohl durch Wasser als auch durch Blut kam, was seine Taufe und Kreuzigung symbolisiert. (1. Johannes 5:6)

## Welche Gewissheit haben Gläubige in ihrer Beziehung zu Gott?

Gläubige haben die Gewissheit, dass sie von Gott sind und dass der Sohn Gottes ihnen das Verständnis gegeben hat, Ihn zu erkennen, der wahrhaftig ist. (1. Johannes 5:20)

## Wie beschreibt Johannes den Einfluss Jesu Christi auf die Gläubigen?

Johannes beschreibt die Wirkung Jesu Christi auf die Gläubigen, indem er bestätigt, dass er der wahre Gott und das ewige Leben ist, und indem er den Gläubigen Verständnis und eine Beziehung zum wahren Gott schenkt. (1. Johannes 5:20)

## Welches Versprechen betont Johannes in Bezug auf das ewige Leben?

Johannes betont, dass Gott uns ewiges Leben geschenkt hat und dass dieses Leben in seinem Sohn ist. (1. Johannes 5:11)

## Wie spricht Johannes über Vertrauen im Gebet?

Johannes spricht über Vertrauen im Gebet, indem er den Gläubigen versichert, dass er sie hört, wenn sie um etwas gemäß Gottes Willen bitten. (1. Johannes 5:14)

## Welche abschließende Ermahnung gibt Johannes den Gläubigen?

Johannes' abschließende Ermahnung an die Gläubigen besteht darin, sich von Götzen fernzuhalten. (1. Johannes 5:21)

Testen Sie Ihr Wissen Antworten

## Richtig oder Falsch-Fragen

**Richtig oder Falsch: Im 1. Johannesbrief wird Wert darauf gelegt, im Licht zu wandeln.**

- Stimmt. (1. Johannes 1:7)

**Richtig oder falsch: Laut 1. Johannes ist Gott Dunkelheit und in ihm ist kein Licht.**

- Falsch. (1. Johannes 1:5)

**Richtig oder falsch: Gläubige an Jesus Christus müssen ihre Sünden nicht beichten.**

- Falsch. (1. Johannes 1:9)

**Richtig oder falsch: Die Liebe zu den Mitgläubigen ist ein Zeichen dafür, dass man vom Tod zum Leben übergegangen ist.**

- Stimmt. (1. Johannes 3:14)

**Richtig oder falsch: Laut 1. Johannes kennen diejenigen, die Gottes Gebote befolgen, Gott nicht wirklich.**

- Falsch. (1. Johannes 2:3)

**Richtig oder falsch: Christen wird nicht geboten, die Welt oder die Dinge in der Welt zu lieben.**

- Stimmt. (1. Johannes 2:15)

**Richtig oder falsch: Im 1. Johannesbrief wird gelehrt, dass jeder, der leugnet, dass Jesus der Christus ist, die Wahrheit spricht.**

- Falsch. (1. Johannes 2:22)

**Richtig oder falsch: Der Geist der Wahrheit und des Irrtums ist laut 1. Johannes derselbe.**

- Falsch. (1. Johannes 4:6)

**Richtig oder falsch: Laut 1. Johannes vertreibt vollkommene Liebe die Angst.**

- Stimmt. (1. Johannes 4:18)

**Richtig oder falsch: Den Gläubigen wird geboten, die Geister zu prüfen, um zu sehen, ob sie von Gott kommen.**

- Stimmt. (1. Johannes 4:1)

**Richtig oder falsch: Laut 1. Johannes ist Gott Liebe.**

- Stimmt. (1. Johannes 4:8)

**Richtig oder falsch: Gläubige sind nicht verpflichtet, einander zu lieben.**

- Falsch. (1. Johannes 4:11)

**Richtig oder falsch: Wer bekennt, dass Jesus der Sohn Gottes ist, bleibt in Gott.**

- Stimmt. (1. Johannes 4:15)

**Richtig oder Falsch: Laut 1. Johannes sündigt jeder, der von Gott geboren ist, nicht.**

- Falsch. (1. Johannes 3:9)

**Richtig oder falsch: Christen sollen nicht für ihre Brüder und Schwestern beten, die Sünden begehen.**

- Falsch. (1. Johannes 5:16)

**Richtig oder falsch: Laut 1. Johannes liegt die ganze Welt in der Macht des Bösen.**

- Stimmt. (1. Johannes 5:19)

**Richtig oder falsch: Das Zeugnis Gottes ist, dass er uns ewiges Leben gegeben hat und dieses Leben in seinem Sohn ist.**

- Stimmt. (1. Johannes 5:11)

**Richtig oder falsch: Laut 1. Johannes werden Gläubige nicht dazu ermutigt, Vertrauen in ihre Gebete zu haben.**

- Falsch. (1. Johannes 5:14)

**Richtig oder falsch: Laut 1. Johannes kam Jesus Christus durch Wasser und Blut – nicht nur durch Wasser.**

- Stimmt. (1. Johannes 5:6)

**Richtig oder falsch: In den Schlussbemerkungen des 1. Johannesbriefs werden Gläubige angewiesen, sich von Götzen fernzuhalten.**

- Stimmt. (1. Johannes 5:21)

<u>Fragen mit mehreren Antworten</u>
**Was wird im 1. Johannesbrief als das bestimmende Merkmal Gottes hervorgehoben?**

- A) Dunkelheit
- B) Liebe
- C) Urteil
- D) Unwissenheit
- **Antwort: B) Liebe** . (1. Johannes 4:8)

**Wer ist laut 1. Johannes unser Fürsprecher beim Vater?**

- A) Der Heilige Geist
- B) Jesus Christus, der Gerechte
- C) Engel
- D) Moses
- **Antwort: B) Jesus Christus, der Gerechte** . (1. Johannes 2:1)

**Was sagt der 1. Johannesbrief über diejenigen, die ihre Sünden bekennen?**

- A) Sie sind Lügner
- B) Ihnen wird vergeben und sie werden gereinigt
- C) Sie werden verurteilt
- D) Sie sind erhaben
- **Antwort: B) Ihnen ist vergeben und sie sind gereinigt** . (1. Johannes 1:9)

**Warum kam Jesus Christus laut 1. Johannes auf die Welt?**

- A) Um die Welt zu richten
- B) Um eine Verurteilung auszusprechen
- C) Um uns ewiges Leben zu geben
- D) Eine Spaltung herbeiführen
- **Antwort: C) Um uns ewiges Leben zu geben** . (1. Johannes 4:9)

**Was lehrt der 1. Johannesbrief den Gläubigen hinsichtlich der Liebe Gottes?**

- A) Ignorieren Sie es
- B) Perfektionieren Sie es
- C) Lehnen Sie es ab
- D) Bezweifle es
- **Antwort: B) Vervollkommnen Sie es** . (1. Johannes 4:12)

**Wie können wir gemäß dem 1. Johannesbrief wissen, dass wir in Gott bleiben und er in uns?**

- A) Durch das Halten der Gebote Gottes
- B) Durch das Ignorieren der Sünde
- C) Durch Vermeidung des Gebets
- D) Durch die Konzentration auf materielle Besitztümer
- **Antwort: A) Indem wir Gottes Gebote halten** . (1. Johannes 3:24)

**Was sagt der 1. Johannesbrief über die Einstellung der Welt gegenüber Gläubigen?**

- A) Die Welt liebt Gläubige
- B) Die Welt hasst Gläubige
- C) Die Welt ist den Gläubigen gegenüber gleichgültig
- D) Die Welt bewundert Gläubige
- **Antwort: B) Die Welt hasst die Gläubigen** . (1. Johannes 3:13)

**Was ist laut 1. Johannes der Sieg, der die Welt überwindet?**

- Ein Reichtum
- B) Leistung
- C) Glaube
- D) Wissen
- **Antwort: C) Glaube** . (1. Johannes 5:4)

**Was sagt der 1. Johannesbrief über diejenigen, die ihren Bruder nicht lieben?**

- A) Sie sind perfekt
- B) Sie sind Lügner
- C) Sie sind gerecht
- D) Sie sind weise
- **Antwort: B) Sie sind Lügner** . (1. Johannes 4:20)

**Was ist gemäß 1. Johannes das Zeugnis dafür, dass Gott uns ewiges Leben geschenkt hat?**

- A) Das Zeugnis der Engel
- B) Das Zeugnis der Propheten
- C) Das Zeugnis der Apostel
- D) Das Zeugnis Seines Sohnes
- **Antwort: D) Das Zeugnis seines Sohnes** . (1. Johannes 5:11)

<u>Lückentextfragen</u>

„Wenn wir sagen, wir haben kein ___________, betrügen wir uns selbst, und die Wahrheit ist nicht in uns."

- Antwort: Sünde. (1. Johannes 1:8)

„Geliebte, lasst uns einander lieben, denn die Liebe kommt von Gott, und wer liebt, ist aus Gott geboren und kennt ___________."

- Antwort: Gott. (1. Johannes 4:7)

„Und dies ist das Zeugnis, dass Gott uns ___________ Leben gab, und dieses Leben ist in seinem Sohn."

- Antwort: ewig. (1. Johannes 5:11)

„Daran erkennen wir, dass wir die Kinder Gottes lieben, wenn wir Gott lieben und seinen Geboten gehorchen."

- Antwort: Gebote. (1. Johannes 5:2)

„Wir wissen, dass wir vom Tod ins Leben übergegangen sind, weil wir das __________ lieben."

- Antwort: Brüder. (1. Johannes 3:14)

„Wer an den Sohn Gottes glaubt, hat das __________ in sich."

- Antwort: Zeugnis. (1. Johannes 5:10)

„Daran wird offenbar, wer die Kinder Gottes und wer die Kinder des Teufels sind: Wer seinen Bruder nicht liebt, der ist nicht von Gott. Und wer seinen Bruder nicht liebt, der ist nicht von Gott."

- Antwort: Übe Gerechtigkeit. (1. Johannes 3:10)

„In der Liebe gibt es kein __________, sondern die vollkommene Liebe vertreibt die Furcht."

- Antwort: Furcht. (1. Johannes 4:18)

„Meine Kinder, hütet euch vor __________."

- Antwort: Götzen. (1. Johannes 5:21)

„Wer sagt: ‚Ich kenne ihn', aber seine __________ nicht hält, ist ein Lügner, und die Wahrheit ist nicht in ihm."

Antwort: Gebote. (1. Johannes 2:4)

# TEIL 4: 2. Johannes Buchinformationen

## Schriftsteller

Im 2. Johannesbrief bezeichnet sich der Autor im ersten Vers einfach als „der Älteste". Die frühchristliche Tradition schreibt diesen Brief dem Apostel Johannes zu, der als Apostel und Ältester in der Kirche bekannt war. Anders als der Apostel Paulus, der in seinen Briefen häufig seine apostolische Autorität betonte, wurde Johannes' Position als Apostel unter den frühen Christen allgemein akzeptiert und respektiert. Daher verwendet Johannes in diesem Brief den Titel „Ältester", der ein Gefühl der Zuneigung vermittelt und möglicherweise seine übergeordnete Rolle in den Kirchen anzeigt, ob formell anerkannt oder nicht.

Dass Johannes sich für den Titel „Ältester" statt „Apostel" entschied, könnte auch seine Bescheidenheit und seinen Wunsch widerspiegeln, sich auf einer persönlichen und seelsorgerischen Ebene mit seinem Publikum zu verbinden, anstatt hierarchische Autorität zu behaupten. Dieser Titel hätte bei den frühen christlichen Gemeinden Anklang gefunden, da er Johannes' Weisheit, Erfahrung und seelsorgerische Fürsorge betonte und nicht bloße Autorität.

Johannes' hohes Alter zum Zeitpunkt des Schreibens trug wahrscheinlich dazu bei, dass er den Titel „Ältester" verwendete, da er innerhalb der Kirche als respektierter Elder Statesman angesehen wurde. Seine Autorität als Apostel und Ältester unterstrich seine Rolle bei der Führung und Unterweisung der ihm anvertrauten Kirchen. Seine Briefe behandeln doktrinäre Fragen, ermutigen zu Liebe und Gehorsam und warnen vor falschen Lehren.

Obwohl Johannes also zu Recht den Titel eines Apostels beanspruchen konnte, spiegelt seine Verwendung des Wortes „Ältester" in 2. Johannes seine persönliche Demut und seinen pastoralen Ansatz bei der Seelsorge der frühchristlichen Gemeinden wider, die ihm anvertraut waren. Dieser Titel unterstreicht Johannes' anhaltenden Einfluss und seine Autorität in der frühen Kirche, die nicht nur in seinem apostolischen Auftrag, sondern auch in seiner tiefen pastoralen Sorge um das geistige Wohlergehen der Gläubigen wurzelten.

# Standort

Die Stadt Ephesus ist vermutlich der Ort, von dem aus der Apostel Johannes alle drei seiner Briefe schrieb – 1. Johannes, 2. Johannes und 3. Johannes. Ephesus hatte im frühen Christentum eine bedeutende Bedeutung und diente als Drehscheibe für die Verbreitung des Evangeliums in ganz Kleinasien. Es war auch ein Zentrum, in dem Johannes erheblichen Einfluss und Aufsicht hatte, was es plausibel macht, dass er seine Briefe von diesem strategischen Ort aus schrieb.

Insbesondere die Beziehung zwischen 2. und 3. Johannes bietet einen kontextuellen Hintergrund, der die in 1. Johannes behandelten Themen ergänzt. Während 1. Johannes sich hauptsächlich mit doktrinären und ethischen Fragen innerhalb der christlichen Gemeinschaft befasst, bieten 2. und 3. Johannes zusätzliche Erkenntnisse und Anweisungen, insbesondere in Bezug auf die Gastfreundschaft gegenüber reisenden Missionaren und den Umgang mit denen, die falsche Lehren verbreiten.

Durch die Betrachtung von 2. und 3. Johannes zusammen mit 1. Johannes gewinnen Wissenschaftler ein umfassenderes Verständnis von Johannes' seelsorgerischen Anliegen und seinen Bemühungen, den Glauben der Gläubigen trotz Herausforderungen innerhalb und außerhalb der Kirche zu bewahren. Zusammen bilden diese Briefe ein zusammenhängendes Werk, das Liebe, Wahrheit und das Festhalten an den Lehren Jesu Christi betont – Grundsätze, die für Christen heute noch relevant und lehrreich sind.

Abschließend lässt sich sagen, dass der Ort Ephesus einen plausiblen Hintergrund für die Urheberschaft der Briefe durch Johannes bietet. Die miteinander verbundenen Themen in 1., 2. und 3. Johannes unterstreichen das gemeinsame Ziel, die Integrität der Lehre zu stärken und eine liebevolle Gemeinschaft innerhalb der frühen christlichen Kirche zu fördern.

# Genre

Der Unterschied zwischen 1. Johannes und 2. Johannes sowie 3. Johannes liegt in ihrer Kategorisierung als Episteln im Gegensatz zu persönlichen Briefen, eine Ansicht, die von Gelehrten wie Adolph Deissmann vertreten wird. Nach dieser Unterscheidung gilt 1. Johannes als Epistel – ein formelles literarisches Werk –, während 2. Johannes und 3. Johannes als persönliche Briefe oder Notizen klassifiziert werden, die die alltägliche Korrespondenz eines Apostels widerspiegeln.

Der 1. Johannesbrief, der als Brief charakterisiert wird, präsentiert eine strukturierte Argumentation, die theologische Themen wie die Natur Gottes, Christologie, Liebe und ethisches Leben im Kontext der christlichen Gemeinschaft behandelt. Sein Stil ist formeller und spiegelt eine bewusste theologische Darlegung wider, die darauf abzielt, sein Publikum anzuleiten und zu unterweisen.

Im Gegensatz dazu zeichnen sich 2. und 3. Johannes durch einen intimeren und persönlicheren Ton aus. Sie übermitteln die seelsorgerischen Anliegen und praktischen Anweisungen des Johannes eher in einer Weise, die eher persönlichen Briefen als formellen Lehrabhandlungen ähnelt. Diese Briefe richten sich oft an bestimmte Personen oder Gemeinschaften und geben Ratschläge zur Gastfreundschaft gegenüber reisenden Missionaren (3. Johannes) oder warnen davor, falsche Lehrer aufzunehmen (2. Johannes).

Die Unterscheidung unterstreicht die unterschiedlichen literarischen Stile und Zwecke der Schriften des Johannes. Während der 1. Johannesbrief grundlegende christliche Lehren in strukturierter Form darlegt, geben der 2. und 3. Johannesbrief Einblicke in Johannes' Seelsorge und persönliche Interaktionen innerhalb der frühen Kirche. Zusammen bieten sie wertvolle Einblicke in den apostolischen Dienst und die Herausforderungen, denen sich die frühen Christen gegenübersahen, und spiegeln sowohl theologische Tiefe als auch praktische pastorale Weisheit wider.

# Datum des Schreibens

Die im 2. Johannesbrief beschriebenen Umstände ähneln stark denen im 1. Johannesbrief, was auf eine ähnliche Zeit der Abfassung schließen lässt. Beide Briefe betonen Bedenken hinsichtlich falscher Lehren und die Bedeutung von Liebe und doktrineller Reinheit innerhalb der christlichen Gemeinschaft. Gelehrte verorten die Abfassung des 1. Johannesbriefs und des 2. Johannesbriefs im Allgemeinen im selben Zeitraum, typischerweise zwischen 90 und 95 n. Chr.

In dieser Zeit sah sich die frühe christliche Kirche mit verschiedenen Formen falscher Lehren konfrontiert, insbesondere in Bezug auf die Natur Christi und die ethischen Implikationen des christlichen Lebens. Johannes, der für seine Betonung der Liebe als bestimmendes Merkmal wahrer Jüngerschaft bekannt ist (1. Johannes 4:7-8), warnte auch vor denen, die die grundlegenden Wahrheiten des Glaubens, wie etwa die Menschwerdung Jesu, leugneten (1. Johannes 4:2-3).

Die Datierung von 1. und 2. Johannes auf 90-95 n. Chr. ordnet diese Briefe gegen Ende von Johannes' Leben ein, als er wahrscheinlich Kirchen in Kleinasien beaufsichtigte. Diese Zeit war geprägt von der Festigung der christlichen Lehre und den anhaltenden Bemühungen, Häresien zu bekämpfen, die die Einheit und Reinheit des Glaubens bedrohten.

Die Ähnlichkeiten in den Themen und Anliegen zwischen 1. und 2. Johannes stützen die Ansicht, dass beide Briefe etwa zur gleichen Zeit verfasst wurden, was Johannes' seelsorgerische Fürsorge und doktrinelle Wachsamkeit gegenüber den Kirchen widerspiegelt, die im späten ersten Jahrhundert unter seiner Aufsicht standen. Diese Briefe bieten Gläubigen, die mit Herausforderungen ihres Glaubens und ihrer Praxis konfrontiert sind, noch immer zeitlose Erkenntnisse und Anleitung.

# Publikum

Die Identität des Empfängers des 2. Johannesbriefs war Gegenstand wissenschaftlicher Debatten. Einige Interpretationen legen nahe, dass Johannes an eine bestimmte Frau und ihre Kinder schrieb, möglicherweise mit Namen Eklekta, basierend auf dem griechischen Wort für „auserwählt" in Vers 1. Diese Ansicht wird jedoch dadurch erschwert, dass Johannes in Vers 13 darauf verweist, dass auch die Schwester der Dame „auserwählt" genannt wird, was auf eine breitere oder metaphorische Verwendung des Begriffs hindeutet.

Eine andere Perspektive geht davon aus, dass Johannes eine örtliche Kirche als Frau personifiziert haben könnte, deren Mitglieder ihre Kinder waren. Diese Interpretation stimmt mit der biblischen Metapher der Kirche als Braut Christi überein (Epheser 5,22-23; 2. Korinther 11,2; Offenbarung 19,7) und betont die innige spirituelle Beziehung zwischen Christus und seinen Anhängern.

Wenn man Johannes' Wirken in der römischen Provinz Kleinasien (heutige Türkei) betrachtet, ist es plausibel, dass er sich an eine bestimmte Kirchengemeinde in dieser Region wandte. Einige Gelehrte, wie Findlay, argumentieren, dass die „auserwählte Frau" symbolisch die Kirche in Pergamon darstellen könnte, während ihre in Vers 13 erwähnte „auserwählte Schwester" sich auf die Kirche in Ephesus beziehen könnte. Diese Interpretation entspricht anderen Passagen des Neuen Testaments, in denen sich Kirchen gegenseitig grüßen (Römer 16:16; 1. Korinther 16:19-20; Philipper 4:21), was ein Netzwerk miteinander verbundener christlicher Gemeinden in der frühen Kirche widerspiegelt.

Während die genaue Identität des Empfängers unklar bleibt, gelten die Themen Liebe, Wahrheit und doktrinelle Reinheit, die in 2. Johannes angesprochen werden, allgemein für alle Gläubigen und Gemeinschaften im breiteren Kontext des frühen Christentums. Der Brief dient als persönliche Korrespondenz und als pastorale Ermahnung, trotz Herausforderungen und doktrineller Bedrohungen im Glauben und in der Einheit festzuhalten.

# Besondere Merkmale

Johannes, bekannt als Apostel der Liebe, konzentriert sich ausführlich auf die familiären Aspekte innerhalb der Familie Gottes. Seine Schriften, insbesondere das Johannesevangelium und seine Briefe (1. Johannes, 2. Johannes, 3. Johannes), betonen die enge Beziehung zwischen den Gläubigen und Gott als Vater und untereinander als Brüder und Schwestern in Christus. Johannes' theologischer Rahmen dreht sich oft um Liebe, Einheit und spirituelle Geburt im Kontext der Familie Gottes.

Im Gegensatz dazu schreibt der Apostel Paulus, der für seine Missionsreisen und seine umfangreichen Briefe an verschiedene Kirchen bekannt ist, ausführlich über die Ekklesiologie der Kirche Gottes – die Struktur und Funktion. Seine Briefe, wie der Römerbrief, der Korintherbrief, der Epheserbrief und andere, behandeln Themen wie Kirchenführung, geistliche Gaben und die Einheit der Gläubigen als Mitglieder des Leibes Christi.

Ein weiterer bedeutender Apostel, Petrus, konzentriert sich auf die Regierung oder Aufsicht innerhalb der Gemeinschaft des Volkes Gottes. In seinen Briefen (1. Petrus, 2. Petrus) behandelt Petrus Fragen der Führung, der Unterordnung unter Autoritäten und der Rolle der Ältesten bei der Führung und Pflege der Kirche. Er betont auch das Verhalten der Gläubigen in einer feindseligen Welt und die Hoffnung auf die Wiederkehr Christi.

Diese unterschiedlichen Schwerpunkte der Apostel spiegeln die Vielschichtigkeit der frühen christlichen Gemeinde und die vielfältigen Herausforderungen wider, denen sie gegenüberstand. Zusammen bieten ihre Schriften einen umfassenden Überblick über die christliche Lehre, das Gemeinschaftsleben und das ethische Verhalten und bieten den Gläubigen damals und heute Orientierung und Ermutigung.

# 2. Johannesbotschaft

Im zweiten Johannesbrief betont der Apostel Johannes den entscheidenden Zusammenhang zwischen dem Verharren in der Wahrheit und der Pflege brüderlicher Liebe unter Christen. Sein Brief umreißt mehrere Schlüsselpunkte, um die grundlegende Rolle der offenbarten Wahrheit im Leben eines Gläubigen hervorzuheben.

Erstens gründet Johannes seine eigene Liebe und die aller Christen auf die offenbarte Wahrheit (2. Johannes 1,1). Diese Wahrheit bildet das Fundament, auf dem er diesen Brief schreibt (2. Johannes 1,2), und betont ihre zentrale Bedeutung für die drei wesentlichen christlichen Tugenden (2. Johannes 1,3). Johannes lobt seine Leser dafür, dass sie ihr Leben auf dieser Wahrheit aufbauen (2. Johannes 1,4).

Wenn Johannes von „der Wahrheit" spricht, bezieht er sich auf die Lehren Christi (2. Johannes 1:9), die sowohl das Alte Testament als Gottes offenbartes Wort als auch die neutestamentlichen Lehren Jesu und seiner Apostel umfassen (Apostelgeschichte 1:1).

Johannes drängt auf eine ausgewogene Sichtweise auf die Bedeutung der Wahrheit Gottes. Sie dient als einzige Grundlage für eine richtige Beziehung zu Gott und anderen und bietet die Basis für das Verständnis der Gebote Gottes (2. Johannes 1:8). Allerdings genügt es nicht, diese Wahrheit nur intellektuell anzuerkennen; wahres Bleiben erfordert eine aktive, gehorsame Beziehung, in der Gottes Wahrheit unser Leben formt und lenkt. Diese Beziehung, die dadurch gekennzeichnet ist, dass wir im Licht der Wahrheit Gottes wandeln (1. Johannes 1:7), stellt sicher, dass unsere Verbindung zu Gott und unseren Mitgläubigen lebendig und transformativ bleibt.

Im 2. Johannesbrief betont der Apostel Johannes den Zusammenhang zwischen dem Verharren in der Wahrheit und dem Ausdruck echter Nächstenliebe unter Christen. Er hebt mehrere wichtige Erkenntnisse hervor, die die tiefgreifenden Auswirkungen dieser Beziehung verdeutlichen.

Erstens behauptet Johannes, dass Nächstenliebe nicht nur ein Gefühl ist, sondern ein greifbares Ergebnis der Treue zur Wahrheit. Er bringt diese Perspektive sowohl mit den Lehren des mosaischen Gesetzes als auch mit Jesus Christus in Einklang (2. Johannes 1:5). Für Johannes ist Nächstenliebe untrennbar mit dem Gehorsam gegenüber Gottes Willen verbunden (2. Johannes 1:6). Echte Liebe zeigt sich daher, wenn Gläubige an Gottes Wahrheit festhalten und nach seinen Geboten leben.

Zweitens warnt Johannes davor, Liebe und Wahrheit zu trennen. Zu seiner Zeit behaupteten einige Menschen, sich spirituell weiterzuentwickeln, gaben aber grundlegende Wahrheiten auf, wie die Göttlichkeit Christi und seine Lehren (2. Johannes 1:7-9). Diese falschen Lehren stellten eine ernsthafte Bedrohung für die Einheit und Integrität der christlichen Gemeinschaft dar. Johannes fordert seine Leser auf, solche Abweichungen von der Wahrheit nicht zu unterstützen, sondern die Reinheit der Lehre zu wahren und gleichzeitig abtrünnigen Menschen Liebe entgegenzubringen.

In unserer heutigen Zeit bestehen ähnliche Herausforderungen fort. Es gibt Stimmen, die spirituelle Überzeugungen vertreten, die von der biblischen Wahrheit abweichen, oft unter dem Deckmantel tieferer spiritueller Erkenntnisse. Der Rat des Johannes bleibt relevant: Wir sollten zwar keine Lehren unterstützen, die der Heiligen Schrift widersprechen, aber wir müssen denen, die solche Überzeugungen vertreten, mit Liebe und Offenheit begegnen.

Johannes' Brief betont, dass der Glaube von großer Bedeutung ist, weil er unsere Liebe zueinander prägt. Wahre brüderliche Liebe wird durch eine unerschütterliche Hingabe an die Wahrheit der Heiligen Schrift aufrechterhalten und genährt. Daher ist das Befolgen der Wahrheit Gottes für die Reinheit der Lehre unerlässlich und grundlegend für die Entwicklung und Aufrechterhaltung echter christlicher Liebe. Diese Kernbotschaft ist in diesem kurzen und doch tiefgründigen Brief allgegenwärtig.

Wenn wir danach streben, andere Christen konsequent zu lieben, finden wir den Weg dorthin am leichtesten, indem wir in der Wahrheit und in Christus selbst bleiben. Während Ungläubige und diejenigen, die nicht in Christus bleiben, anderen gegenüber tatsächlich Liebe zeigen können, ist es eine besondere Herausforderung, diejenigen zu lieben, die aktiv in Christus bleiben. Dies ergibt sich aus einem grundlegenden Unterschied in der Weltanschauung und spirituellen Ausrichtung; Nichtgläubige und nicht beständige Gläubige finden möglicherweise weniger Gemeinsamkeiten mit engagierten Anhängern Christi und können sich manchmal aufgrund ihres Glaubens und Lebensstils verurteilt fühlen.

Angesichts dieser Erkenntnisse ist es verständlich, warum der 2. Johannesbrief und der dazugehörige 3. Johannesbrief oft als „Pastoralbriefe des Johannes" bezeichnet werden. Diese Charakterisierung spiegelt ihren pastoralen Charakter wider, der sich auf praktische Anleitungen für das christliche Leben und die Beziehungen innerhalb der Glaubensgemeinschaft konzentriert. Johannes legt Wert darauf, in der Wahrheit zu bleiben, einander aufrichtig zu lieben und falsche Lehren zu erkennen und darauf zu reagieren. Dies unterstreicht seine pastorale Fürsorge und Sorge um das geistige Wohlergehen der Gläubigen.

Die Pastoralbriefe des Johannes betonen die Bedeutung von Glaubenstreue, liebevoller Gemeinschaft und die besonderen Herausforderungen und Segnungen, die sich aus einem Leben nach den Lehren Christi ergeben. Sie dienen als unschätzbare Wegweiser, um durch die Komplexität des christlichen Lebens und der christlichen Beziehungen zu navigieren. Sie basieren fest auf der Wahrheit des Wortes Gottes und der transformierenden Kraft des Bleibens in Christus.

# Gliederung

## I. Begrüßung und Einleitung (Verse 1-3)

- Ansprache an die auserwählte Dame und ihre Kinder.
- Liebe wahrhaftig ausdrücken.
- Gnade, Barmherzigkeit und Frieden von Gott dem Vater und Jesus Christus.

## II. In Wahrheit und Liebe wandeln (Verse 4-6)

- Lob für die Empfänger, weil sie den Weg der Wahrheit eingeschlagen haben.
- Ermutigung zum fortwährenden Gehorsam gegenüber Gottes Geboten.
- Betonen Sie, dass die Liebe zum Nächsten untrennbar mit Gehorsam verbunden ist.

## III. Warnung vor Betrügern (Verse 7-11)

- Warnung vor Betrügern, die die Menschwerdung Jesu Christi leugnen.
- Der Rat, diejenigen, die falsche Lehren verbreiten, nicht willkommen zu heißen oder zu unterstützen.
- Mahnung zur Wachsamkeit, um die Gemeinschaft vor Lehrfehlern zu schützen.

## IV. Fazit (Vers 12)

- Er bringt Johns Hoffnung zum Ausdruck, die Empfänger persönlich zu besuchen.
- Zum Abschluss noch ein letzter Gruß.

## V. Schlussworte (Vers 13)

- Erwähnung der Grüße der Kinder der auserwählten Schwester.
- Zum Abschluss eine Verabschiedung.

Diese Gliederung fasst die wichtigsten Themen und die Struktur des 2. Johannesbriefs zusammen und betont Johannes' Sorge um Wahrheit, Liebe und Schutz vor falschen Lehren innerhalb der christlichen Gemeinschaft. Jeder Abschnitt hebt Johannes' praktische Anweisungen und seelsorgerische Ermahnungen in diesem prägnanten und doch wirkungsvollen Brief hervor.

# Theologie

Im 2. Johannesbrief betont der Apostel Johannes, wie wichtig es ist, in der Wahrheit zu bleiben, um echte brüderliche Liebe innerhalb der christlichen Gemeinschaft aufrechtzuerhalten. Er betont:

**Offenbarte Wahrheit als Grundlage:** Johannes gründet seine eigene Liebe und die aller Christen auf die offenbarte Wahrheit (V. 1). Er schreibt diesen Brief mit der Wahrheit als Grundlage (V. 2) und lobt seine Leser für ihre Treue zur Wahrheit (V. 4).

**Definition von Wahrheit:** Mit „der Wahrheit" bezieht sich Johannes auf die Lehren Christi (Vers 9), die sowohl das Alte Testament als Offenbarung Gottes als auch die Lehren Jesu und seiner Apostel im Neuen Testament umfassen (vgl. Apostelgeschichte 1:1).

**Bedeutung der Wahrheit:** Nur die Wahrheit ist ausreichend für eine richtige Beziehung zu Gott und anderen und bietet die Basis für das Verständnis und den Gehorsam gegenüber den Geboten Gottes (Vers 8).

**In der Wahrheit bleiben:** In der Wahrheit zu bleiben bedeutet mehr als intellektuelle Zustimmung; es beinhaltet eine lebenswichtige Beziehung, in der Gottes Wahrheit unser Leben leitet und formt. Im Licht der Wahrheit Gottes zu wandeln (1. Johannes 1:7) erleichtert und erhält diese Beziehung.

Johannes' Botschaft im 2. Johannesbrief betont, dass das Festhalten an Gottes offenbarter Wahrheit unabdingbar ist, um echte christliche Liebe zu fördern und eine treue Beziehung zu Gott und Mitgläubigen aufrechtzuerhalten. Diese Hingabe an die Wahrheit stellt sicher, dass unser Leben mit Gottes Willen übereinstimmt und ihn in allen Beziehungen und Handlungen verherrlicht.

# TEIL 5: 2. Johannes, Vers-für-Vers-Studie

## 2. Johannes Kapitel 1:1-17

## Gruß

In der Einleitung seines Briefes bereitet John die Bühne sorgfältig vor, indem er sich vorstellt, die spezifischen Empfänger benennt, eine Begrüßung ausspricht und die Hauptanliegen umreißt, die die nachfolgende Diskussion prägen werden. Diese sorgfältige Vorbereitung dient dazu, seinen Lesern eine Orientierung zu geben und einen Rahmen für das Verständnis der Kernbotschaften zu schaffen, die er vermitteln möchte.

Johannes beginnt damit, seine Autorität und Glaubwürdigkeit als Autor des Briefes zu begründen. Wahrscheinlich bezeichnet er sich selbst einfach als „der Älteste" (2. Johannes 1:1), was auf sein fortgeschrittenes Alter und seine angesehene Stellung innerhalb der frühen christlichen Gemeinde hinweist. Diese Einführung unterstreicht nicht nur seine Autorität, sondern signalisiert auch seine seelsorgerische Fürsorge und Verantwortung gegenüber den Empfängern seines Briefes.

Als nächstes identifiziert Johannes die Empfänger des Briefes. Obwohl er die genauen Personen oder die Gemeinschaft nicht namentlich nennt, spricht er sie als „die auserwählte Frau und ihre Kinder" an (2. Johannes 1:1). Dieser Satz wurde auf verschiedene Weise interpretiert, angefangen von der Anrede an eine bestimmte Frau und ihre Familie bis hin zur symbolischen Darstellung einer örtlichen Kirche und ihrer Mitglieder. Johannes' Gruß zeigt seine Zuneigung und Sorge um ihr geistiges Wohlergehen.

Johannes übermittelt einen traditionellen Gruß und bittet um Gnade, Barmherzigkeit und Frieden von Gott dem Vater und Jesus Christus, dem Sohn des Vaters (2. Johannes 1:3). Dieser Gruß spiegelt nicht nur Johannes' pastorale Wärme wider, sondern betont auch die grundlegenden christlichen Segnungen, die den Gläubigen durch ihren Glauben an Christus zuteil werden.

Zum Schluss umreißt Johannes die Hauptthemen seines Briefes. Er betont, wie wichtig es ist, in der Wahrheit zu bleiben (2. Johannes 1:4), und warnt vor falschen Lehren, die die Integrität des christlichen Glaubens untergraben (2. Johannes 1:7-11). Indem er diese Schlüsselthemen vorwegnimmt, bereitet Johannes seine Leser auf die Lehrermahnungen und seelsorgerischen Ratschläge vor, die im Rest seines Briefes folgen werden.

Die einleitenden Bemerkungen von Johannes dienen als wohlüberlegte und durchdachte Einleitung, in der er seine Autorität festlegt, sich mit Bedacht an sein Publikum wendet, Segenswünsche ausspricht und die zentralen Anliegen umreißt, die die nachfolgende Rede prägen. Dieser Ansatz bereitet seine Leser auf den folgenden Inhalt vor. Er unterstreicht sein seelsorgerisches Engagement für ihr spirituelles Wachstum und ihren Schutz angesichts doktrineller Herausforderungen.

**2Joh 1,1 Der Älteste an die auserwählte Frau und ihre Kinder, die ich in Wahrheit liebe, und nicht nur ich, sondern auch alle, die die Wahrheit kennen, 2Joh 1,2 um der Wahrheit willen, die in uns bleibt und bei uns sein wird für immer:**

In der Einleitung zum 2. Johannesbrief ist die Identität der „Ältesten", der „auserwählten Frau" und „ihrer Kinder" mit erheblichen Interpretationsnuancen verbunden. Nach wissenschaftlichen Erkenntnissen und dem historischen Kontext:

**Der Älteste** : Es wird allgemein angenommen, dass sich „der Älteste" auf den Apostel Johannes selbst bezieht. Diese Bezeichnung weist nicht nur auf sein Alter hin, sondern auch auf seine Autorität und seinen

Status als Gründungsfigur der frühen christlichen Gemeinschaft, insbesondere als einer der ursprünglichen Jünger Jesu Christi.

**Die auserwählte Frau** : Dieser Ausdruck steht wahrscheinlich für eine örtliche Kirchengemeinde. Frühchristliche Literatur und historische Interpretationen legen nahe, dass „die auserwählte Frau" eine bestimmte Gemeinde von Gläubigen symbolisiert. Diese Interpretation wird durch den pastoralen Ton des Briefes und Johannes' Bedenken hinsichtlich der Integrität der Lehre und der Liebe innerhalb dieser Gemeinde unterstützt.

**Ihre Kinder** : Dies sind wahrscheinlich die einzelnen Gläubigen in der Ortskirche, die Johannes anspricht. Der Begriff „Kinder" bezeichnet Mitglieder der Gemeinde, die durch Johannes' Lehren und pastorale Aufsicht spirituell gefördert und geleitet werden.

Wissenschaftler vermuten, dass Johannes diese Begriffe aus zwei Gründen gebrauchte: um ein gewisses Maß an Anonymität und Schutz vor möglicher Verfolgung zu gewährleisten und gleichzeitig einen persönlichen und familiären Ton zu vermitteln, der seine seelsorgerische Fürsorge für die Kirche unterstreicht. Dieser Ansatz wäre besonders sinnvoll gewesen, als christliche Versammlungen und Kommunikationen während der Verfolgung unter die Lupe genommen wurden.

Johannes' bewusste Zweideutigkeit bei der Adressierung des Briefes hat möglicherweise jede feindliche Abfangaktion des Briefes verhindert und sowohl die Identität der Empfänger als auch die darin enthaltenen apostolischen Lehren geschützt. Dieser strategische Sprachgebrauch unterstreicht Johannes' pastorale Weisheit und Sorge um die Sicherheit und das geistige Wohlergehen der Gläubigen, die ihm anvertraut waren.

Die Einleitung des 2. Johannesbriefs offenbart nicht nur die apostolische Urheberschaft und die pastorale Absicht des Briefes, sondern spiegelt auch Johannes' strategischen Kommunikationsansatz in einem herausfordernden soziopolitischen Umfeld wider. Seine Wortwahl schützt auf subtile Weise die Identität der Ortskirche und bekräftigt gleichzeitig seine Rolle als ihr geistlicher Aufseher und Führer.

Die Kirche, die im 2. Johannesbrief als „die auserwählte Frau" bezeichnet wird, symbolisiert eine Versammlung auserwählter Individuen – Christen –, die von Gott auserwählt wurden. Diese Terminologie betont ihren gemeinsamen Glauben und Status als Gläubige, die in ihrem Festhalten an „der Wahrheit" vereint sind. Diese Wahrheit, wie sie von Johannes definiert wird, umfasst Gottes Offenbarung, wie sie in der Heiligen Schrift zu finden ist, die ewig währt und ihren Glauben und ihre Praktiken zutiefst prägt.

Johns Zuneigung zu dieser Kirche und die Liebe, die andere Christen ihr gegenüber zum Ausdruck bringen, wurzelt in ihrer gemeinsamen Hingabe an diese Wahrheit. Ihr gemeinsamer Glaube bildet ein Band der Einheit und Gemeinschaft, das über bloße Bekanntschaft hinausgeht und eine tiefe spirituelle Verbindung widerspiegelt, die in ihrem gemeinsamen Glauben an Gottes offenbartes Wort gründet.

Die wiederholte Betonung der „Wahrheit" in Johannes' Brief unterstreicht ihre zentrale Rolle bei der Ermöglichung echter Liebe unter Gläubigen. Diese Wahrheit definiert ihre theologischen Überzeugungen und ist die Grundlage für ihre Beziehungen und Interaktionen innerhalb der christlichen Gemeinschaft. Indem Gläubige ihr Leben an Gottes beständiger Wahrheit ausrichten, pflegen sie ein Umfeld, in dem echte Liebe gedeihen kann, die von Selbstlosigkeit und gegenseitiger Unterstützung geprägt ist.

Der Brief des Johannes hebt hervor, dass wahre Liebe unter Christen durch ihre gemeinsame Hingabe an Gottes Wahrheit möglich und aufrechterhalten wird. Diese Beziehungsdynamik ist nicht nur sentimental, sondern gründet auf einem festen doktrinären Fundament, das echte spirituelle Einheit und gegenseitige Zuneigung innerhalb des Leibes Christi fördert.

**2Joh 1,3 Gnade, Barmherzigkeit und Friede sei mit uns von Gott, dem Vater, und von Jesus Christus, dem Sohn des Vaters, in Wahrheit und Liebe.**

Johannes betont, dass man Gottes Wahrheit bewahren und Liebe innerhalb der christlichen Gemeinschaft praktizieren soll. Diese beiden Prinzipien dienen als Grundpfeiler, auf denen Gnade, Barmherzigkeit und Frieden unter den Gläubigen gedeihen.

Johannes betont die Bedeutung der „Wahrheit" als Gottes offenbartes Wort, das die Gläubigen sorgsam bewahren und hochhalten müssen. Diese Wahrheit umfasst die Lehren und Lehrsätze der Heiligen Schrift und bietet den wesentlichen Rahmen für das Verständnis von Gottes Willen und seinem Erlösungsplan (Epheser 2,4-5). Gnade, definiert als Gottes unverdiente Gunst, wird der Menschheit durch das Erlösungswerk Christi zuteil. Barmherzigkeit, gekennzeichnet durch Mitgefühl und Vergebung, spiegelt Gottes zärtliche Fürsorge für sein Volk wider. Frieden, ein Zustand innerer Ruhe und Harmonie mit Gott ist die Frucht der Versöhnung durch Christus.

Johannes behauptet, dass diese Eigenschaften – Gnade, Barmherzigkeit und Frieden – in Gemeinschaften gefördert werden, in denen Wahrheit und Liebe vorherrschen. Wenn sie auf Wahrheit gründet, geht Liebe über bloße Sentimentalität oder Humanismus hinaus; sie wird zu einem echten Ausdruck der Fürsorge und Sorge um das geistige Wohlergehen anderer. Johannes argumentiert, dass wahre Liebe Gläubige dazu zwingt, sich zu wünschen, dass ihre Mitchristen Gottes Wahrheit nicht nur kennen, sondern sie auch täglich ausleben .

Die Verbindung von „Wahrheit und Liebe" durch den Apostel spiegelt einen ausgeglichenen christlichen Charakter wider und veranschaulicht Einheit und Reife im Glauben (Epheser 4,15). Diese Harmonie ist wesentlich, um die Integrität der Lehre zu wahren und echte christliche Gemeinschaft zu fördern.

Johannes' Beschreibung von Jesus Christus als „Sohn des Vaters" unterstreicht seine theologische Betonung der vollen Göttlichkeit Christi und seiner Rolle als Vermittler göttlicher Segnungen und Erlösung. Dieser Titel symbolisiert Jesu einzigartige Beziehung zu Gott dem Vater und seine Mission, die Menschheit durch seinen Opfertod und seine Auferstehung in versöhnte Gemeinschaft mit Gott zu bringen.

Die Lehren des Johannes im 2. Johannesbrief betonen die untrennbare Verbindung zwischen Wahrheit und Liebe und bekräftigen ihre grundlegende Rolle bei der Förderung von Gnade, Barmherzigkeit und Frieden innerhalb der christlichen Gemeinschaft. Diese Prinzipien definieren den authentischen christlichen Charakter und spiegeln Gottes Erlösungsabsichten durch seinen Sohn Jesus Christus als ultimative Quelle göttlicher Segnungen und Versöhnung wider.

# In Wahrheit und Liebe wandeln

Im zentralen Teil des 2. Johannesbriefs (Verse 4-11) stellt der Apostel Johannes prägnant zentrale Themen wie Wahrheit versus Irrtum, Liebe versus Hass und den Unterschied zwischen Kirche und Welt gegenüber. Diese grundlegenden Themen spiegeln ähnliche Diskussionen wider, die ausführlicher im 1. Johannesbrief zu finden sind.

Das Hauptziel, das Johannes mit diesem Brief verfolgt, ist es, seine Leser zu ermutigen, Gott gegenüber standhaft zu bleiben, indem sie seine offenbarte Wahrheit annehmen und ausleben. Zweitens warnt er sie vor den trügerischen Lehren falscher Propheten, die diese Wahrheit verzerren oder untergraben wollen. Der Apostel geht in den Versen 4 bis 6 direkt auf diese Bedenken ein.

Johannes beginnt damit, seine Freude darüber auszudrücken, dass einige in der Kirche in der Wahrheit wandeln. Dieser Satz fasst ihre Verpflichtung zusammen, nach den Lehren Jesu Christi und den in der Heiligen Schrift dargelegten Lehren zu leben. Für Johannes ist Wahrheit nicht nur ein abstraktes Konzept, sondern ein praktischer Lebensstil, der Gehorsam gegenüber Gottes Geboten widerspiegelt und mit seinem offenbarten Willen übereinstimmt.

In Vers 5 bekräftigt Johannes seine Mahnung an die Gemeinde, weiterhin in Liebe zu leben, was eng mit dem Gehorsam gegenüber Gottes Geboten verknüpft ist (1. Johannes 5:2-3). Diese Liebe ist nicht oberflächlich, sondern wurzelt in echter Hingabe an Gott und einer aufrichtigen Sorge um das Wohlergehen der Mitgläubigen.

Johannes betont die Wichtigkeit des Befolgens der Gebote Gottes als greifbaren Ausdruck der Liebe (Vers 6). Dieser Gehorsam ist nicht legalistisch, sondern entspringt ganz natürlich einem Herzen, das durch Gottes Gnade verwandelt und von seiner Wahrheit geleitet wurde. Er dient als Abwehr gegen die trügerische Anziehungskraft falscher Lehrer, die Gläubige mit ihren Verzerrungen der biblischen Wahrheit in die Irre führen wollen.

Im zentralen Teil des zweiten Johannesbriefs konzentriert sich Johannes zunächst darauf, die Gläubigen zu drängen, Gottes Wahrheit zu praktizieren und zu wahren. Dazu gehört, die richtige Lehre anzunehmen und ihre Prinzipien im täglichen Leben umzusetzen. Auf diese Weise schützen sie sich vor den Gefahren der Falschheit und bewahren die Integrität ihrer Glaubensgemeinschaft, die fest in den Lehren Jesu Christi verwurzelt ist.

**2Joh 1,4 Ich habe mich sehr gefreut, einige deiner Kinder in der Wahrheit wandeln zu sehen, so wie es uns vom Vater befohlen wurde.**

Johannes beginnt seinen Brief an die Gemeinde mit dem Ausdruck seiner tiefen Freude und Zufriedenheit, wenn er auf Mitglieder trifft, die ihren Glauben im Gehorsam gegenüber Gottes Wahrheit ausleben. Wie Johannes betont, ist diese Wahrheit nicht nur eine Reihe von Glaubenssätzen, sondern ein dynamischer Ausdruck des Wandels im Licht der Offenbarung Gottes (1. Johannes 1:7).

**Lob der Kirche** : Johannes beginnt damit, die Kirche für diejenigen zu loben, die treu und gehorsam gegenüber Gottes Wahrheit wandeln. Dieses Lob spiegelt seine Freude darüber wider, Zeuge ihrer Hingabe zu werden, nach den Lehren Jesu Christi und den Grundsätzen der Heiligen Schrift zu leben.

**In der Wahrheit wandeln** : Der Ausdruck „in der Wahrheit wandeln" bedeutet mehr als nur die Anerkennung der Richtigkeit der Lehre; er bedeutet eine praktische, tägliche Einhaltung der Gebote Christi. Dazu gehört das grundlegende Gebot, einander zu lieben, wie es in den Lehren Jesu steht (Matthäus 22:37-39). Für Johannes bedeutet echte Jüngerschaft, die Wahrheit zu lernen oder zu diskutieren und sie aktiv in das eigene Leben und die eigenen Beziehungen einzubringen.

**Praktische Anwendung** : Johannes' Ermahnung unterstreicht die Herausforderung, die Wahrheit in die Praxis umzusetzen. Es ist einfacher, die Wahrheit intellektuell zu studieren oder darüber zu diskutieren, als sie im täglichen Leben konsequent umzusetzen. Diese praktische Anwendung der Wahrheit ist wesentlich, um die spirituelle Integrität und Einheit innerhalb der Kirchengemeinschaft aufrechtzuerhalten.

**Selbsterhaltende Wahrheit** : Johannes betont die inhärente Stärke der Wahrheit, wenn sie ohne externe Unterstützung auf ihrem Fundament steht. Wahrheit, die in Gottes Offenbarung verwurzelt ist und von Gläubigen angenommen wird, ist ein solides Fundament, das ihre Handlungen und Entscheidungen leitet.

Johannes' einleitende Bemerkungen im 2. Johannesbrief offenbaren sein seelsorgerisches Anliegen, die Jüngerschaft unter den Gläubigen zu fördern. Seine Freude, wenn er Mitglieder findet, die in der Wahrheit wandeln, unterstreicht die Bedeutung des aktiven Gehorsams gegenüber Gottes Geboten, insbesondere dem Gebot, einander zu lieben. Diese Betonung bereichert nicht nur den individuellen Glauben, sondern stärkt auch die Einheit und das Zeugnis der christlichen Gemeinschaft, während sie sich durch die Komplexität der Treue in einer vielfältigen und herausfordernden Welt bewegt.

**2Joh 1,5 Und nun bitte ich dich, Frau – nicht als schreibe ich dir ein neues Gebot, sondern als das, das wir von Anfang an hatten –, dass wir einander lieben.**

Johannes' Botschaft an die Gemeinde im 2. Johannesbrief betont die Kontinuität der Gebote Gottes, statt eine neue Offenbarung einzuführen. Seine Ermahnung konzentriert sich auf die Wichtigkeit, Gottes Wahrheit weiterhin zu gehorchen, insbesondere durch gegenseitige Liebe – ein Thema, das in all seinen anderen Schriften widerhallt.

**Gehorsam gegenüber Gottes Wahrheit** : Johannes betont, dass Gläubige weiterhin Gottes Wahrheit gehorchen müssen. Diese Wahrheit umfasst die Lehren Christi und die Grundprinzipien der Heiligen Schrift. Durch Gehorsam gegenüber diesen Wahrheiten demonstrieren Gläubige ihre Hingabe an Gott und seine Gebote.

**Liebe als Prüfstein für Wahrhaftigkeit** : Johannes bestätigt, dass Liebe ein entscheidender Indikator für die Echtheit des Glaubens und Gehorsams ist. Während Glaube und Bekenntnis manchmal oberflächlich oder unaufrichtig sein können, ist echte Liebe zueinander ein zuverlässigerer Maßstab für wahre Jüngerschaft. Liebe, die in Gottes Liebe zu uns wurzelt und sich in selbstlosen Taten gegenüber anderen ausdrückt, zeigt die Aufrichtigkeit der Hingabe, Christus nachzufolgen.

**Widerstand gegen falsche Lehren** : Johannes betont, dass man in Liebe und Wahrheit verharren soll, und wendet sich damit gegen falsche Lehrer, die versuchen, Gläubige in die Irre zu führen. Diese Betrüger stellen die grundlegenden Wahrheiten des Evangeliums in Frage und fördern Lehren, die von den Lehren Jesu Christi abweichen. Johannes warnt seine Leser davor, sich von diesen falschen Lehren beeinflussen zu lassen, und fordert sie auf, in ihrer Treue zu Gottes offenbarter Wahrheit standhaft zu bleiben.

Die Botschaft des Johannes im 2. Johannesbrief ermutigt die Gläubigen, Gottes Gebote, insbesondere das Gebot der gegenseitigen Liebe, weiterhin zu befolgen. Diese fortwährende Hingabe ist entscheidend, um Unwahrheiten zu erkennen und abzulehnen und gleichzeitig die Integrität ihres Glaubens und die Einheit der Kirche zu wahren. Indem die Gläubigen der Liebe sowohl als Praxis als auch als Test wahrer Jüngerschaft den Vorrang einräumen, bekräftigen sie ihre Treue zu Gottes Wahrheit und widerstehen den trügerischen Einflüssen, die ihre spirituelle Reise zu untergraben drohen.

**2Joh 1,6 Und das ist die Liebe, dass wir nach seinen Geboten leben. Dies ist das Gebot, wie ihr es von Anfang an gehört habt, damit ihr darin lebt.**

Im 2. Johannesbrief stellt Johannes klar, dass die Liebe zum Nächsten grundsätzlich Gehorsam gegenüber Gottes Geboten erfordert. Dieses Konzept spiegelt seine Lehren in 1. Johannes 5,2-3a wider, wo er betont, dass die Liebe zu Gott und den Mitgläubigen am wirksamsten durch Gehorsam gegenüber Gottes offenbartem Willen zum Ausdruck kommt.

**Gehorsam gegenüber Gottes Willen** : Johannes behauptet, dass echte Liebe eng mit dem Gehorsam gegenüber Gottes Geboten verbunden ist. Dieser Gehorsam ist nicht selektiv, sondern umfassend und umfasst jeden Aspekt von Gottes Willen, wie er in der Heiligen Schrift offenbart wird. Indem Gläubige ihr Leben an Gottes Geboten ausrichten, zeigen sie ihre Liebe zu Gott und zueinander und stellen sicher, dass ihre Handlungen mit seinen göttlichen Maßstäben übereinstimmen.

**Klärung des Vorworts** : In Vers 6 des 2. Johannesbriefs kann das Vorwort des Pronomens „es" (wie in „das ist die Liebe, dass wir nach seinen Geboten leben") so interpretiert werden, dass es sich entweder auf „Liebe" oder auf „Gebot" bezieht. Es gibt eine wissenschaftliche Debatte zu diesem Punkt, aber Johannes' Argumentation legt nahe, dass die letztere Interpretation – die sich auf Gottes Gebot bezieht – wahrscheinlicher ist. Diese Interpretation unterstreicht Johannes' Betonung darauf, dass man sich an die apostolischen Lehren halten und sich nicht von den falschen Lehren irreführender Lehrer beeinflussen lassen sollte.

**Kontinuität mit der apostolischen Lehre** : Johannes ermutigt seine Leser, den Geboten Gottes, die sie „von Anfang an" durch die apostolische Verkündigung erhalten haben (1. Johannes 1:1), standhaft zu gehorchen. Diese Kontinuität dient als Schutz vor dem Einfluss falscher Lehrer, die die grundlegenden Wahrheiten des Evangeliums verzerren oder untergraben wollen.

Johannes' Erklärung im 2. Johannesbrief verstärkt die Verbindung zwischen Liebe und Gehorsam gegenüber Gottes Geboten. Für Gläubige bedeutet echte Liebe zueinander tiefe Zuneigung und die Verpflichtung, gemäß der von Gott offenbarten Wahrheit zu leben. Dieser unerschütterliche Gehorsam ehrt nicht nur Gott, sondern bewahrt auch die Einheit und Integrität der christlichen Gemeinschaft und widersteht den trügerischen Einflüssen, die Gläubige in die Irre zu führen drohen.

**2Joh 1,7 Denn viele Verführer sind in die Welt hinausgegangen, die das Kommen Jesu Christi im Fleisch nicht bekennen. Ein solcher ist der Verführer und der Antichrist.**

Die Passage hebt die miteinander verbundenen Themen Wahrheit und Liebe hervor. Johannes betont, dass das Festhalten an der Wahrheit nicht nur doktrinäre Richtigkeit ist, sondern untrennbar mit der Liebe und Einheit der Gläubigen verbunden ist. Er warnt, dass das Abweichen von der Wahrheit unweigerlich zu einem Zusammenbruch echter christlicher Liebe führt.

Der spezielle Vers in 2. Johannes, Vers 7, ist entscheidend in Johannes' Ermahnung. Er liefert die Begründung für seinen Aufruf zum Gehorsam („lebe gemäß seinen Geboten") und unterstreicht den Zweck seines Briefes. Dieser Vers verbindet die vorhergehenden Verse, die sich auf die Freude konzentrieren, die in der Wahrheit zu finden ist, mit den nachfolgenden Versen, die sich mit den Gefahren falscher Lehren auseinandersetzen.

Der historische Kontext wirft ein Licht auf die Herausforderungen, mit denen Johannes sich auseinandersetzte. Die Anwesenheit wandernder Propheten und Prediger zu dieser Zeit stellte eine erhebliche Herausforderung dar. Da es diesen Personen oft an echter spiritueller Autorität mangelte, nutzten sie ihr Prestige, um christliche Gemeinden für ihren persönlichen Vorteil auszunutzen. Der griechische Schriftsteller Lukian beschrieb anschaulich solche Charaktere, die von einer christlichen Gemeinde zur nächsten zogen und auf Kosten der gläubigen Gläubigen ein verschwenderisches Leben führten.

Johannes' Brief an die ersten Christen warnt vor Abweichungen von der Glaubenslehre und appelliert eindringlich an die Treue zur Wahrheit und zu echter christlicher Liebe. Er bleibt eine zeitlose Mahnung für Gläubige, Wahrheit von Lüge zu unterscheiden und die Einheit auf der Grundlage der Grundprinzipien von Glaube und Liebe aufrechtzuerhalten.

In den frühen Tagen der christlichen Kirche begannen falsche Lehren aufzutauchen, die erhebliche theologische Herausforderungen mit sich brachten. Diese Lehren, wie Gnostizismus, Doketismus und Kerinthismus, wichen von den orthodoxen christlichen Glaubensvorstellungen ab, insbesondere in Bezug auf die Natur Jesu Christi. Diese falschen Lehren stellten typischerweise die volle Göttlichkeit und Menschlichkeit Jesu Christi in Frage oder leugneten sie und stellten ihn als etwas anderes dar als den Gesalbten Gottes, der „im Fleisch" kam.

In seinen Schriften wie dem 1. und 2. Johannesbrief geht der Apostel Johannes direkt auf diese theologischen Irrtümer ein. Er betont, dass Jesus Christus „im Fleisch" kam, und bestätigt damit seine göttliche Natur und seine menschliche Menschwerdung. Wie Johannes hervorhebt, ist dieses Konzept der Menschwerdung nicht nur ein vorübergehender Zustand, sondern eine dauerhafte Realität, die die Möglichkeit einer wahren Gemeinschaft zwischen Gott und der Menschheit gewährleistet.

Johannes kategorisiert diejenigen, die solche falschen Lehren verbreiten, als „Verführer" und „Antichristen". Es ist wichtig zu beachten, dass Johannes, wenn er den Begriff „Antichrist" verwendet, sich nicht auf die einzelne Endzeitfigur bezieht, die oft mit apokalyptischer Literatur in Verbindung gebracht wird. Stattdessen verwendet er ihn allgemein, um jeden zu beschreiben, der sich der Wahrheit über Jesus Christus widersetzt oder sie leugnet. Dies entspricht der griechischen Verwendung, wo der bestimmte Artikel im Englischen manchmal als „ein" oder „eine" übersetzt werden kann, was eher einen allgemeinen Typ als eine bestimmte Person bezeichnet.

Die Ernsthaftigkeit dieser falschen Lehren liegt in ihrer Verzerrung grundlegender christlicher Glaubensgrundsätze über die Identität und Mission Christi. Indem diese Lehren diese Wahrheiten leugnen oder verändern, bedrohten sie den Kern des christlichen Glaubens und der Einheit. Die Schriften des Johannes dienen als standhafte Verteidigung der orthodoxen Christologie und drängen die Gläubigen, wachsam gegenüber Abweichungen von der Lehre zu bleiben, die die Integrität ihres Glaubens und ihrer Beziehung zu Gott untergraben.

Daher gelten seine Warnungen und Lehren bis heute als wesentliche Orientierungshilfe für die Kirche im Laufe der Geschichte.

**2Joh 1,8 Gebt Acht auf euch selbst, damit ihr nicht verliert, was ihr erarbeitet habt, sondern vollen Lohn erlangt.**

Johannes' Warnung vor Kompromissen mit falschen Lehrern im 2. Johannesbrief hat schwerwiegende Folgen, insbesondere im Hinblick auf den möglichen Verlust der Belohnung für die Gläubigen und Johannes selbst, der in ihr spirituelles Wachstum und Wohlergehen investiert hatte. Der Apostel warnt seine Leser, wachsam zu bleiben, damit ihre Bemühungen, die Wahrheit zu verbreiten und aufrechtzuerhalten, nicht durch die trügerischen Lehren dieser Gegner untergraben werden.

Der Begriff „Belohnung" bezieht sich hier nicht auf die Erlösung selbst, die ein Gnadengeschenk ist, sondern vielmehr auf die Belobigung und Anerkennung, die Gläubige von Christus am Richterstuhl für ihren treuen Dienst und Gehorsam erhalten können (siehe 1. Kor. 3:11-15; 1. Pet. 1:3-5). Johannes betont die Gefahr, dass das Gedeihen falscher Lehren die Belohnungen verringern oder gefährden könnte, die sie sonst für ihre treue Arbeit bei der Verbreitung des Evangeliums und der Pflege ihrer Gemeinden in der Wahrheit erhalten würden.

Einige Manuskripte und Übersetzungen, wie die NIV, betonen die Ermahnung, „nicht zu verlieren, wofür man gearbeitet hat", was darauf schließen lässt, dass dies auch die guten Taten und Bemühungen der Gläubigen einschließt, die von falschen Lehren bedroht werden. Dies unterstreicht die Dringlichkeit, angesichts doktrineller Herausforderungen standhaft zu bleiben, um die Integrität ihrer spirituellen Arbeit und der Wahrheit, die sie angenommen haben, zu bewahren.

Johannes' Sorge geht über den individuellen Verlust hinaus und betrifft die umfassenderen Auswirkungen auf die Gemeinschaft der Gläubigen. Er betont, dass Kompromisse mit falschen Lehren nicht nur das persönliche spirituelle Wachstum behindern, sondern auch eine erhebliche Bedrohung für den Fortschritt und die Einheit der gesamten Kirche darstellen. Sie könnten ihre gemeinsamen Bemühungen, das Evangelium zu verbreiten und die Lehren Christi zu leben, zunichte machen.

Johannes fordert seine Leser und im weiteren Sinne alle Gläubigen auf, an Wahrheit und Gerechtigkeit festzuhalten und sicherzustellen, dass ihre Treue zu Christus und seinen Lehren bis zum Ende unerschütterlich bleibt. Diese Unerschütterlichkeit ist nicht nur für die persönliche spirituelle Belohnung von entscheidender Bedeutung, sondern auch für die anhaltende Vitalität und Wirksamkeit der Kirche bei der Erfüllung ihrer Mission. Daher wirken Johannes' Warnungen vor Kompromissen mit falschen Lehren als zeitlose Anleitung für Gläubige, die sich bemühen, die Wahrheit angesichts doktrineller Herausforderungen aufrechtzuerhalten und zu verbreiten.

**2Joh 1,9 Wer aber nicht in der Lehre Christi bleibt, der hat Gott nicht. Wer aber in der Lehre bleibt, der hat den Vater und den Sohn.**

Im 2. Johannesbrief geht Johannes auf die betrügerischen Taktiken falscher Lehrer ein, die Gläubige davon überzeugen wollten, dass ihnen das volle Verständnis fehlte und sie weitere Unterweisungen von diesen selbsternannten Autoritäten benötigten. Diese Lehrer behaupteten, sie seien in Bezug auf Wissen und spirituelle Einsicht überlegen und suggerierten, dass diejenigen, die sich ihren Lehren nicht anschlossen, intellektuell unreif oder uninformiert waren. Johannes widerspricht dieser Ansicht jedoch und bekräftigt, dass das Festhalten an den grundlegenden Wahrheiten Christi kein Zeichen von Unreife, sondern von Weisheit und Treue ist.

Der warnende Ton von Johannes unterstreicht die Gefahr, von diesen grundlegenden Wahrheiten abzuweichen. Er warnt, dass Gläubige, die über die Lehren Christi und seiner Apostel hinausgehen („jeder, der zu weit geht"), unweigerlich in die Irre geraten würden. Diese Betonung der Reinheit der Lehre und der Treue zu den Lehren Christi spiegelt ähnliche Warnungen wider, die in anderen Schriften von Johannes zu finden sind, beispielsweise im 1. Johannesbrief, wo er betont, wie wichtig es ist, der Wahrheit treu zu bleiben, um spirituelle Täuschung und Abtrünnigkeit zu vermeiden.

Das Konzept des theologischen Fortschritts, wie Johannes es versteht, besteht nicht darin, die grundlegenden Lehren Christi zu verwerfen oder zu übertreffen, sondern vielmehr darin, das Verständnis und die Wertschätzung dieser grundlegenden Wahrheiten zu vertiefen. Er vergleicht theologische Erforschung mit der Entdeckung weiterer in Christus verborgener Schätze und betont, dass wahrer theologischer Fortschritt innerhalb der Grenzen der Lehren Christi stattfindet.

Das griechische Wort „proago", übersetzt als „zu weit gehen", hat die Bedeutung, dass man über das hinausgeht, was angemessen oder richtig ist. Johannes verwendet diesen Begriff, um davor zu warnen, die festgelegten Grenzen der Lehren Christi zu überschreiten und dadurch zu riskieren, von der Wahrheit abzuweichen und in einen Lehrfehler zu verfallen.

Abschließend lässt sich sagen, dass Johannes' Ermahnung im 2. Johannesbrief Gläubigen als zeitlose Erinnerung dient, in den grundlegenden Lehren Christi verwurzelt zu bleiben und Lehren, die von diesen Wahrheiten abweichen, mit Unterscheidungsvermögen zu begegnen. Auf diese Weise schützen sich Gläubige vor der Verlockung trügerischer Lehren und stellen sicher, dass sie weiterhin an spiritueller Reife und Treue zu Christus wachsen.

Johannes betont, dass es notwendig sei, in den Lehren Christi zu „bleiben" oder „ausharren", was einen wesentlichen Aspekt des christlichen Glaubens hervorhebt: Es geht nicht nur um die Einhaltung von Lehren, sondern darum, eine lebendige, persönliche Beziehung zu Gott aufrechtzuerhalten, indem man seiner Wahrheit gehorcht. Der Begriff „bleiben" (gr. meno) vermittelt ein Gefühl der fortwährenden Gemeinschaft und des Festhaltens an den grundlegenden Lehren Christi, die sowohl doktrinärer als auch relationaler Natur sind.

Johannes' Verwendung von „bleiben" impliziert eine dynamische Beziehung zu Gott, die durch treues Befolgen seiner Lehren aufrechterhalten wird. Diese Beziehung ist durch Gehorsam, Liebe und Gemeinschaft gekennzeichnet, wie man in Passagen wie Johannes 8:31, 14:21-23 und 15:1-7 sehen kann, wo Jesus von der engen Verbindung zwischen dem Bleiben in ihm und dem Erbringen von Früchten im eigenen Leben spricht.

Der Ausdruck „die Lehren Christi" kann in zweierlei Hinsicht verstanden werden: erstens als die Lehren, die Christus selbst übermittelte (subjektiver Genitiv), und die den Maßstab der christlichen Lehre bilden, und zweitens als die Lehren über Christus (objektiver Genitiv), die den gesamten Korpus der Lehre umfassen, in dessen Mittelpunkt seine Person, sein Werk und seine Lehren stehen.

Johannes' Warnung im 2. Johannesbrief betont, dass diejenigen, die sich nicht an die Vorgaben dieser Lehre halten, Gefahr laufen, ihre Gemeinschaft mit Gott zu verlieren. Dies bedeutet nicht, dass man die Erlösung verliert, sondern vielmehr eine Unterbrechung der Intimität und Gemeinschaft, die Gläubige mit Gott erfahren, wenn sie von seiner Wahrheit abweichen. Die Sorge des Apostels ist in erster Linie seelsorgerischer Natur und er drängt die Gläubigen, ihren spirituellen Weg zu schützen, indem sie sich unerschütterlich an die Lehren Christi halten.

Es ist wichtig zu klären, dass die Erlösung ein reines Geschenk der Gnade Gottes ist, das man durch Glauben erhält und nicht durch Werke, einschließlich Glaubenstreue, verdient (vgl. Röm. 8:1, 31-39; Eph. 2:8-9; Phil. 1:6). Gläubige werden durch Gottes unverdiente Gunst errettet und in ihrer Erlösung sicher gehalten, nicht durch ihre Fähigkeit, sich perfekt an Glaubensnormen zu halten. Obwohl Johannes' Ermahnung die Bedeutung der Glaubensintegrität für spirituelles Wachstum und Gemeinschaft mit Gott hervorhebt, bedeutet sie nicht, dass die Erlösung von perfekter Kenntnis oder Einhaltung der Glaubenslehre abhängt.

**2Joh 1,10: Wenn jemand zu euch kommt und diese Lehre nicht bringt, nehmt ihn nicht in euer Haus auf und grüßt ihn nicht, 2Joh 1,11 denn wer ihn grüßt, nimmt teil an seinen bösen Werken.**

Im kulturellen Kontext der Zeit des Johannes spielte Gastfreundschaft eine bedeutende Rolle, insbesondere für wandernde Philosophen und Lehrer, die auf die Großzügigkeit der Gastgeber in Bezug auf Unterkunft und finanzielle

Unterstützung angewiesen waren (siehe Apostelgeschichte 18:2-3; 21:7). Die Anweisungen des Johannes an seine Leser im 2. Johannesbrief verfolgten jedoch einen völlig anderen Ansatz, wenn es um den Umgang mit falschen Lehrern ging. Er wies sie nicht nur an, praktische Unterstützung wie Unterkunft und finanzielle Hilfe zu verweigern („nimm ihn nicht in dein Haus auf"), sondern auch jede Form verbaler Ermutigung oder Begrüßung zu unterlassen („grüße ihn nicht").

Johannes' Führung spiegelt eine bewusste Bemühung wider, die Gemeinschaft vor dem Einfluss und der Verbreitung falscher Lehren zu schützen. Indem er Gastfreundschaft und verbale Anerkennung verweigerte, wollte Johannes jede Billigung oder Unterstützung dieser Lehrer und ihrer destruktiven Lehren verhindern. Diese Haltung war keine Befürwortung von Verfolgung, sondern eine entschiedene Haltung gegen die Ermöglichung oder Bestätigung von Lehren, die die grundlegenden Wahrheiten des christlichen Glaubens untergruben.

Die Strenge von Johannes' Anweisung ist bemerkenswert, insbesondere im breiteren Kontext der Lehren des Neuen Testaments, die im Allgemeinen Gastfreundschaft und Großzügigkeit fördern (vgl. 3. Johannes). Einige Kommentatoren haben Johannes' Ansatz als Ausdruck seiner starken Überzeugung interpretiert, dass er keinen Kompromiss mit der Unwahrheit eingehen möchte, und betonten die Notwendigkeit von Klarheit und Entschlossenheit bei der Aufrechterhaltung der Integrität der Lehre.

Trotz möglicher Kritik an ihrer Strenge steht Johannes' Anweisung im Einklang mit umfassenderen ethischen Geboten, die in den apostolischen Schriften zu finden sind und die Bedeutung von Urteilsvermögen und Treue zu den Lehren Christi betonen. Sie unterstreicht die entscheidende Rolle der Gläubigen beim Schutz der Reinheit ihrer Glaubensgemeinschaft vor Lehren, die die Wahrheit verzerren oder verwässern.

Abschließend sei gesagt, dass Johannes' Ratschlag im 2. Johannesbrief eine eindringliche Erinnerung an die ethische Verantwortung ist, die Gläubige tragen, wenn es darum geht, die Integrität ihres Glaubens zu bewahren. Während Gastfreundschaft im Allgemeinen geschätzt und gefördert wird, müssen Urteilsvermögen und Treue zur Wahrheit im Umgang mit Lehren, die das spirituelle Wohlergehen der Gemeinschaft bedrohen, Vorrang haben. Dieser Ansatz, der in einem Bekenntnis zur Wahrheit und doktrinellen Reinheit wurzelt, bleibt für Christen, die sich theologischen Herausforderungen in jedem Alter stellen müssen, relevant und lehrreich.

Johannes' Verbot, falsche Lehrer zu grüßen oder ihnen Gastfreundschaft anzubieten, spiegelt in 2. Johannes eine tiefere kulturelle und theologische Bedeutung im jüdischen und frühchristlichen Kontext wider. In der jüdischen Tradition hatte ein Gruß, insbesondere ein Friedensgruß, eine tiefe Bedeutung – er wurde nicht nur als soziale Formalität angesehen. Als Geste des Segens und der Bestätigung (vgl. Matthäus 10:13 = Lukas 10:6) fehlte dem griechischen Gruß „chairein" jedoch diese Bedeutungstiefe, was unterstreicht, warum Johannes sich gezwungen fühlte, seinen griechischen Lesern das Verbot zu erklären.

Die Anweisung des Apostels geht über bloße Etikette hinaus; sie schützt davor, falsche Lehren zu billigen oder zu unterstützen, die die Wahrheit über Christus verzerren. Während Johannes die Wichtigkeit betont, die Reinheit und Integrität der Lehre zu wahren, zeigt er auch einen differenzierten Umgang mit denen, die Irrtümer verbreiten. Er hätte wahrscheinlich Bemühungen gebilligt, sich privat mit falschen Lehrern auseinanderzusetzen und zu versuchen, sie zu einem richtigen Verständnis der Person und des Werkes Christi zu führen, wie man an Beispielen wie Apollos in Apostelgeschichte 18:26 sieht.

Im Umgang mit falschen Lehrern rät Johannes jedoch zu einer Unterscheidung: Gläubige sollten deren falsche Lehren weder billigen noch fördern, aber dennoch Sorge und Sorge um ihre persönliche Beziehung zu Christus zeigen. Dieser differenzierte Ansatz erkennt die Bedeutung der Wahrheit an und bewahrt zugleich Liebe und evangelistische Sorge gegenüber denen, die sich irren.

Kritiker mögen Johannes' Haltung als zu streng oder mitleidslos ansehen. Dennoch spiegelt sie ein tieferes Engagement für die Wahrung der Reinheit der christlichen Lehre und die Wahrung der Treue zu Christus wider. Die Analogie eines Arztes, der sich mit Krankheiten befasst, ohne sie zu billigen, veranschaulicht Johannes' Ansatz:

Während Gläubige aufgerufen sind, mit Menschen anderer Glaubensrichtungen mit Liebe und Sorge um ihre Seelen umzugehen, dürfen sie ihre Treue zu Christus nicht dadurch gefährden, dass sie Lehren mittragen oder unterstützen, die ihn entehren.

Johannes' Anweisung im 2. Johannesbrief fordert Gläubige dazu auf, die Spannung zwischen Wahrheit und Gnade zu meistern – indem sie die Integrität der Lehre fest aufrechterhalten und gleichzeitig Mitgefühl und missionarische Bemühungen für diejenigen zeigen, die vom rechten Weg abgekommen sind. Dieses Gleichgewicht bleibt für das christliche Zeugnis und die Treue zu unterschiedlichen Glaubensrichtungen und Ideologien von entscheidender Bedeutung.

Johannes' Anweisung im 2. Johannesbrief, bestimmten Personen die Gastfreundschaft zu verweigern, insbesondere jenen, die als Antichristen gelten und aktiv doktrinelle Perversionen fördern, spiegelt eine vorsichtige und bewusste Haltung zum Schutz der Integrität und Gesundheit der christlichen Gemeinschaft wider. Diese Anweisung geht über bloße Meinungsverschiedenheiten oder Missverständnisse innerhalb des Leibes Christi hinaus; sie befasst sich mit einer ernsthaften Bedrohung durch Personen, die sich der Untergrabung grundlegender christlicher Glaubenssätze verschrieben haben.

Der Begriff „Antichristen", wie ihn Johannes verwendet, bezeichnet mehr als theologische Differenzen oder persönliche Konflikte – er bezeichnet Personen, die aktiv Glaubenssätze und Praktiken fördern, die den grundlegenden Wahrheiten des Christentums direkt entgegenstehen und diese bedrohen. Ihre Handlungen sind durch Lehrfehler und eine aggressive Kampagne gekennzeichnet, um das Wesen des Glaubens zu verzerren und zu untergraben.

Johannes' Vergleich mit der elterlichen Verantwortung liefert eine praktische Analogie: So wie Eltern aufgrund möglicher Bedrohungen für das Wohlergehen ihrer Kinder abwägen müssen, wen sie in ihr Heim lassen, muss auch die Kirche Unterscheidungsvermögen walten lassen, wenn es darum geht, diejenigen aufzunehmen oder auszuschließen, die ihre geistige Gesundheit gefährden könnten. Dieser Ansatz betont ein Gleichgewicht zwischen Liebe und Schutz und stellt sicher, dass die Gemeinde in ihrer Treue zur Wahrheit standhaft bleibt, während sie gleichzeitig angemessen Gnade und evangelistische Fürsorge ausübt.

Wichtig ist, dass Johannes weder Hass noch Vergeltung gegenüber diesen falschen Lehrern befürwortet. Stattdessen wurzelt sein Rat in der pragmatischen Sorge, die Reinheit der jungen Kirche zu bewahren und sie vor dem zerstörerischen Einfluss ketzerischer Lehren zu schützen. Indem er der auserwählten Frau und ihren Kindern rät, solche Personen auf Distanz zu halten, unterstreicht Johannes die Schwere der Bedrohung durch doktrinelle Korruption und die Notwendigkeit, die Glaubenstreue aufrechtzuerhalten.

Abschließend sei gesagt, dass Johannes' Anleitung im 2. Johannesbrief bezüglich Gastfreundschaft gegenüber falschen Lehrern die Bedeutung von Urteilsvermögen und Treue zur Wahrheit innerhalb der christlichen Gemeinschaft unterstreicht. Sie unterstreicht die Verantwortung, den Glauben vor denen zu schützen, die ihn verzerren wollen, und gleichzeitig eine Haltung der Liebe und des Mitgefühls gegenüber allen beizubehalten, auch gegenüber denen, die sich im Irrtum befinden. Dieser ausgewogene Ansatz ist für Gläubige heute noch relevant, da er die Komplexität der theologischen Vielfalt bewältigt und gleichzeitig die grundlegenden Wahrheiten des christlichen Glaubens aufrechterhält.

# Letzte Grüße

John drückte seinen Wunsch aus, seine Leser persönlich zu besuchen, um den Grund für die Kürze dieses Briefes zu erklären. Diese persönliche Note spiegelt Johns seelsorgerische Sorge und seine Absicht wider, ihr Verständnis zu vertiefen und ihren Glauben durch direkte Kommunikation zu stärken. Durch den Versuch, sie persönlich zu besuchen, wollte John Kontext und Klarheit vermitteln, die in einer kurzen schriftlichen Korrespondenz möglicherweise nicht vollständig rüberkommen würden. Dieser Wunsch unterstreicht Johns Engagement, das spirituelle Wohlbefinden seiner Leser zu fördern und die Lehren und Ermahnungen zu bekräftigen, die er in seinem Brief übermittelt hatte.

**2Joh 1,12 Auch wenn ich euch viel zu schreiben hätte, möchte ich es doch nicht mit Papier und Tinte tun, sondern lieber zu euch kommen und persönlich mit euch reden, damit unsere Freude vollkommen sei.**

Wie in seinem Brief erwähnt, deutet Johannes' Absicht, seine Leser persönlich zu besuchen, auf seinen Wunsch hin, die Lehren und Anliegen, die er in seiner schriftlichen Mitteilung kurz angesprochen hatte, zu vertiefen. Trotz der Kürze des Briefes hatte Johannes weitere Erkenntnisse und möglicherweise zusätzliche Anweisungen, die er persönlich mitteilen wollte. Die Tatsache, dass der Brief auf einen einzigen Papyrus in Standardgröße passte, unterstreicht seine prägnante Natur. Es deutet auf das Potenzial für eine weitere persönliche Ausarbeitung hin.

Der Ansatz des Apostels spiegelt ein differenziertes Verständnis von Seelsorge wider. Zwar konnte er allgemeine Grundsätze schriftlich festhalten, doch erkannte er den Wert der persönlichen Interaktion, um auf spezifische Umstände einzugehen und diese Grundsätze wirksam anzuwenden. Nach Johannes' Verständnis erforderte diese Aufgabe nicht nur Wissen und Weisheit, sondern auch Empathie und Mitgefühl – ein ausgewogener Ansatz, der sowohl die Wahrheit als auch die individuellen Bedürfnisse seiner Leser berücksichtigt (vgl. 1. Johannes 1,4).

Johannes' Wunsch, seine Zuhörer zu besuchen, war logistischer, beziehungsbezogener und seelsorgerischer Natur. Er erwartete, dass seine Anwesenheit ihnen ein tieferes Verständnis und erfüllte Freude bringen würde, was die in seinen anderen Briefen zum Ausdruck gebrachten Gefühle hinsichtlich der Bedeutung von Gemeinschaft und gegenseitiger Ermutigung unter Gläubigen widerspiegelte.

Ob Johannes seinem Wunsch, sie zu besuchen, nachgekommen ist, lässt sich aus historischen Aufzeichnungen nicht eindeutig ableiten. Der Ton seines Briefes lässt jedoch auf einen echten Wunsch schließen, ihren Glauben zu stärken und ihr Verständnis zu vertiefen. Dies unterstreicht sein Engagement, das spirituelle Wachstum und die Freude seiner Leser sowohl durch schriftliche als auch persönliche Dienste zu fördern.

**2Joh 1,13 Es grüßen dich die Kinder deiner auserwählten Schwester.**

Johannes wollte offensichtlich, dass die Christen der Schwesterkirche, der er angehörte, ihren Lesern zusammen mit seinen Grüßen auch ihre Grüße schickten. Diese Geste spiegelt ein Gefühl der Einheit und Verbundenheit unter den frühen christlichen Gemeinden wider, wo Grüße persönliche Wertschätzung und die Anerkennung des gemeinsamen Glaubens und der Gemeinschaft in Christus zum Ausdruck brachten.

In alten Briefkonventionen stärkten solche Grüße oft die Bindungen zwischen Kirchen und Gläubigen, die physisch getrennt waren. Sie bekräftigten gegenseitige Unterstützung, Gebet und Solidarität im Glauben und bekräftigten die Vorstellung der Kirche als universeller Körper, der trotz geografischer Entfernungen in Christus vereint ist.

Für John unterstrich die Einbeziehung von Grüßen von Mitgläubigen seiner Schwesterkirche seinen Wunsch, Gemeinschaft und gemeinsame Mission unter Christen zu fördern. Es unterstrich auch seine Anerkennung ihrer Partnerschaft bei der Verbreitung des Evangeliums und der Aufrechterhaltung der Lehren Christi und betonte die Bedeutung der Einheit inmitten der Vielfalt innerhalb der frühen christlichen Bewegung.

So vermittelte Johannes durch die Einfügung von Grüßen seiner Glaubensbrüder persönliche Wärme und verstärkte theologische und beziehungsmäßige Bindungen, die die wachsende christliche Gemeinschaft im ersten Jahrhundert kennzeichneten. Diese Praxis ermutigte und stärkte seine Leser, indem sie sie an ihre größere spirituelle Familie und die Unterstützung erinnerte, die sie von Glaubensbrüdern an verschiedenen Orten erhielten.

# Kapitel 1 Zusammenfassung

Der zweite Johannesbrief ist ein kurzer, aber tiefgründiger Brief, der dem Apostel Johannes zugeschrieben wird und wahrscheinlich im späten ersten Jahrhundert n. Chr. geschrieben wurde. Er besteht aus nur 13 Versen, behandelt aber die entscheidenden Themen der christlichen Gemeinde: Wahrheit, Liebe und Urteilsvermögen.

Der Brief ist an „die auserwählte Frau und ihre Kinder" gerichtet, eine symbolische Anspielung, bei der Gelehrte darüber streiten, ob sie sich auf eine einzelne Frau und ihren Haushalt oder metaphorisch auf eine örtliche Kirche und ihre Mitglieder bezieht. Unabhängig davon ist die Botschaft an eine bestimmte christliche Gemeinschaft gerichtet und betont die Bedeutung von lehrmäßiger Reinheit und Liebe angesichts falscher Lehren.

Zu den Hauptthemen des 2. Johannesbriefs gehören:

**In Wahrheit und Liebe wandeln** : Johannes bringt zunächst seine Freude darüber zum Ausdruck, dass einige Empfänger in Wahrheit wandeln, und betont die untrennbare Verbindung zwischen Wahrheit und Liebe. Er ermutigt sie, die Gebote Christi treu zu befolgen, schützt sie vor Lehrfehlern und fördert ein echtes christliches Leben.

**Warnung vor Betrügern** : Johannes warnt die Empfänger vor falschen Lehrern, die die fleischgewordene Existenz Jesu Christi leugnen. Diese Personen, die als Betrüger und Antichristen bezeichnet werden, stellen eine ernsthafte Bedrohung für die Gemeinschaft dar, indem sie ketzerische Lehren verbreiten, die die grundlegenden Wahrheiten des Christentums untergraben.

**Anweisungen zur Gastfreundschaft** : Johannes weist die Empfänger an, diesen falschen Lehrern keine Gastfreundschaft anzubieten oder sie gar zu begrüßen. Diese Anweisung zielt darauf ab, jegliche Billigung oder Unterstützung ihrer Lehren zu verhindern und betont die Wichtigkeit der Wahrung der Reinheit der Lehre und des Schutzes der Integrität der christlichen Gemeinschaft.

**Freude und Gemeinschaft** : Trotz der ernsten Warnungen möchte John sie persönlich besuchen und ihnen damit seine seelsorgerische Fürsorge und seinen Wunsch mitteilen, ihren Glauben und ihre Freude in der Gemeinschaft zu stärken. Er hofft, weitere Angelegenheiten zu besprechen, die in seinem kurzen Brief vielleicht nicht vollständig angesprochen wurden, und schlägt eine tiefere Ebene des persönlichen Engagements und der Lehre vor.

**Schlussfolgerung und Grüße** : Der Brief bedankt sich kurz für zukünftige persönliche Mitteilungen und Grüße von der Schwesterkirche und bekräftigt das Gefühl der Einheit und der gemeinsamen Mission unter den frühen christlichen Gemeinden.

2. Johannes ist ein Hirtenbrief, der sich mit den besonderen Herausforderungen befasst, denen sich die frühen Christen in Bezug auf Lehrreinheit, Urteilsvermögen und Gastfreundschaft gegenüber falschen Lehrern gegenübersahen. Er betont, wie wichtig es ist, der Wahrheit Christi treu zu bleiben und gleichzeitig eine Gemeinschaft zu pflegen, die von echter Liebe und Einheit im Glauben geprägt ist. Der Brief bietet auch heute noch zeitlose Prinzipien für Christen und fordert sie auf, trotz möglicher Herausforderungen des Glaubens in Wahrheit und Urteilsvermögen festzuhalten.

# Kapitel 1 Gebet

Himmlischer Vater,

Wir treten mit dankbarem Herzen vor Dich und erkennen Deine Souveränität und Gnade in unserem Leben an. Danke für das Geschenk Deines Sohnes, Jesus Christus, der Wahrheit und Liebe verkörpert und uns aufruft, im Gehorsam gegenüber Deinen Geboten zu wandeln.

Herr, wir bitten um Deine Weisheit und Urteilskraft in einer Welt voller unterschiedlicher Lehren und Ideologien. Hilf uns, Wahrheit von Lüge zu unterscheiden und fest im Glauben zu stehen, der einst Deinen Heiligen anvertraut wurde. Beschütze unsere Herzen und Gedanken vor trügerischen Lehren, die das Evangelium Christi verzerren wollen.

Vater, wir beten für Einheit und Liebe im Leib Christi. Mögen wir an unserer Liebe zueinander erkannt werden, die die aufopfernde Liebe Jesu widerspiegelt. Gib uns Demut und Gnade im Umgang mit Mitgläubigen und jenen, die noch immer nach der Wahrheit suchen.

Herr, wir erheben diejenigen, die anfällig für falsche Lehren und trügerische Einflüsse sind. Stärke ihren Glauben, erleuchte ihren Geist mit deiner Wahrheit und umgib sie mit einer unterstützenden christlichen Gemeinschaft, die biblische Prinzipien hochhält.

Wir beten auch um den Mut, deine Wahrheit hochzuhalten, selbst wenn sie unpopulär oder herausfordernd sein mag. Hilf uns, die Wahrheit in Liebe, Sanftmut und Respekt auszusprechen und immer danach zu streben, dich zu ehren und andere zur Erkenntnis deines Sohnes Jesus Christus zu führen.

Abschließend, Herr, danke ich dir für unsere Gemeinschaft als Brüder und Schwestern in Christus. Wir beten um Gelegenheiten, uns gegenseitig im Glauben zu ermutigen, uns in Liebe zu stärken und deine Güte und Treue in unserem Leben zu bezeugen.

Möge alles, was wir tun, Deinem Namen Ruhm und Ehre bringen. Im kostbaren Namen Jesu beten wir:
Amen.

# Fragen zu Kapitel 1

Wer ist der Autor des 2. Johannesbriefs?

An wen richtet sich der 2. Johannesbrief?

Was ist das zentrale Thema des 2. Johannesbriefs?

Warum freut sich Johannes zu Beginn des Briefes?

Welche Warnung gibt Johannes vor falschen Lehrern?

Welche konkreten Anweisungen gibt Johannes in Bezug auf falsche Lehrer?

Warum betont Johannes neben der Wahrheit die Bedeutung der Liebe?

Was meint Johannes in Vers 6 mit „nach seinen Geboten leben“?

Was meint Johannes mit der Beziehung zwischen Wahrheit und Gemeinschaft mit Gott?

Wie betrachtet Johannes die Gastfreundschaft gegenüber falschen Lehrern?

Was hofft John durch den persönlichen Besuch seiner Leser zu erreichen?

Welche Bedeutung haben die Grüße der Schwestergemeinde im 2. Johannesbrief?

Warum warnt Johannes davor, die „volle Belohnung“ zu verlieren?

Wie beschreibt Johannes diejenigen, die über die Lehren Christi hinausgehen?

Warum warnt Johannes davor, über das hinauszugehen, was von Anfang an gelehrt wurde?

Was bedeutet Johannes' Anweisung bezüglich falscher Lehrer für die Urteilskraft christlicher Gemeinschaften?

Wie bringt Johannes das Gebot der Liebe mit der Vermeidung falscher Lehrer in Einklang?

Welche Auswirkungen hat der 2. Johannesbrief auf die Einheit der Kirche?

Welche Rolle spielt die Wahrheit in Johannes' Verständnis von der Gemeinschaft unter Gläubigen?

Welchen Bezug hat der Brief des Johannes an die auserwählte Frau und ihre Kinder zu den gegenwärtigen Herausforderungen in der Kirche?

# Buch 2 Johannes Zusammenfassung

Das zweite Johannesevangelium ist ein kurzer Brief aus dem Neuen Testament, der traditionell dem Apostel Johannes zugeschrieben wird. Hier ist eine umfassende Zusammenfassung seines Inhalts:

### Gruß und Anrede

2. Johannes beginnt mit einem Gruß des „Ältesten" (Johannes) an „die auserwählte Frau und ihre Kinder", was oft als metaphorischer Hinweis auf eine bestimmte Kirche und ihre Gemeinde interpretiert wird. Johannes drückt seine Liebe zu ihnen ehrlich aus und betont, dass alle, die die Wahrheit kennen, sie auch lieben.

### Die Freude, in der Wahrheit zu wandeln

Johannes freut sich riesig, als er sieht, dass einige der Kinder der auserwählten Frau in Wahrheit wandeln und den Geboten des Vaters folgen. Dies zeigt, wie sehr Johannes sich freut, wenn er sieht, dass die Gläubigen den Lehren Christi folgen und nach Gottes Geboten leben.

### Das Gebot, einander zu lieben

Von Anfang an erinnert Johannes die Empfänger an ihr Gebot: einander zu lieben. Er betont, dass wahre Liebe dadurch zum Ausdruck kommt, dass man nach Gottes Geboten lebt. Diese Verflechtung von Liebe und Gehorsam ist ein zentrales Thema in Johannes' Schriften.

### Warnung vor Betrügern

Johannes warnt vor vielen Verführern, die in die Welt gegangen sind und nicht bekennen, dass Jesus Christus in Fleischesgestalt gekommen ist. Solche Personen werden als Verführer und Antichristen bezeichnet. Diese Warnung unterstreicht den Kampf der frühen Kirche gegen falsche Lehren, insbesondere gegen jene, die die Menschwerdung Christi leugnen.

### Aufruf, treu zu bleiben

Johannes ermahnt die Gläubigen, wachsam zu sein, damit sie die Belohnung, für die sie gearbeitet haben, nicht verlieren, sondern stattdessen eine volle Belohnung erhalten. Er warnt, dass jeder, der über die Lehren Christi hinausgeht und nicht darin bleibt, Gott nicht hat. Umgekehrt haben diejenigen, die in den Lehren Christi bleiben, sowohl den Vater als auch den Sohn.

### Anweisung zur Gastfreundschaft

Johannes weist seine Leser an, falsche Lehrer nicht in ihren Häusern willkommen zu heißen oder ihnen Unterstützung anzubieten. Angesichts der kulturellen Bedeutung der Gastfreundschaft in der Antike ist dies eine wichtige Anweisung. Johannes plädiert nicht für mangelndes Mitgefühl, sondern betont die Notwendigkeit, die Kirche vor dem Einfluss falscher Lehren zu schützen.

### Abschluss

Johannes drückt seinen Wunsch aus, die Empfänger persönlich zu besuchen, um mit ihnen von Angesicht zu Angesicht zu sprechen, und bemerkt, dass dies ihre Freude vervollständigen wird. Der Brief endet mit Grüßen der Kinder der auserwählten Schwester, wahrscheinlich einer anderen Gemeinde, was die Verbindung zwischen verschiedenen christlichen Gemeinschaften stärkt.

### Schlüsselthemen

**Wahrheit und Liebe:** Johannes betont, dass ein Wandel in Wahrheit und Liebe grundlegend für den christlichen Glauben ist.

**Gehorsam:** Ein Leben nach Gottes Geboten ist ein Beweis wahrer Liebe.

**Wachsamkeit gegenüber falschen Lehren:** Gläubige müssen falsche Lehrer erkennen und sich vor ihnen hüten, die grundlegende Wahrheiten über Christus leugnen.

**Gemeinschaft und Kameradschaft:** Der Brief betont, wie wichtig es ist, die Reinheit der Lehre zu wahren und gleichzeitig liebevolle Beziehungen innerhalb der christlichen Gemeinschaft zu pflegen.

### Relevanz für heute

Die Themen im 2. Johannesbrief sind für heutige Christen nach wie vor relevant. Sie betonen die Notwendigkeit, sich an die biblische Wahrheit zu halten, Liebe innerhalb der Gemeinschaft der Gläubigen zu zeigen und falsche Lehren urteilsfähig zu machen. Sie erinnern uns an die Bedeutung von Integrität in der Lehre und die praktische Umsetzung von Liebe und Wahrheit im Alltag.

# Lösungsleitfaden: 2. Johannes

Kapitel 1 Antworten

**Wer ist der Autor des 2. Johannesbriefs?**

Die Urheberschaft wird traditionell dem Apostel Johannes zugeschrieben.

**An wen richtet sich der 2. Johannesbrief?**

Es ist an „die auserwählte Dame und ihre Kinder" gerichtet und stellt wahrscheinlich eine metaphorische Anspielung auf eine örtliche Kirche und ihre Mitglieder dar.

**Was ist das zentrale Thema des 2. Johannesbriefs?**

Das zentrale Thema besteht darin, in Wahrheit und Liebe zu wandeln und sich gleichzeitig vor falschen Lehrern und ihren Lehren zu hüten.

**Warum freut sich Johannes zu Beginn des Briefes?**

Johannes freut sich, weil einige Empfänger den Weg der Wahrheit beschreiten und die Gebote Christi befolgen.

**Welche Warnung gibt Johannes vor falschen Lehrern?**

Johannes warnt vor falschen Lehrern, die die Menschwerdung Jesu Christi leugnen, und bezeichnet sie als Betrüger und Antichristen.

**Welche konkreten Anweisungen gibt Johannes in Bezug auf falsche Lehrer?**

Johannes weist die Gläubigen an, falsche Lehrer nicht in ihre Häuser aufzunehmen oder ihnen Unterstützung anzubieten, nicht einmal durch eine Begrüßung.

**Warum betont Johannes neben der Wahrheit die Bedeutung der Liebe?**

Liebe und Wahrheit sind im christlichen Leben untrennbar miteinander verbunden. Liebe ohne Wahrheit kann zu Kompromissen führen und Wahrheit ohne Liebe kann zu Härte führen.

**Was meint Johannes in Vers 6 mit „nach seinen Geboten leben"?**

Es bezieht sich auf den Gehorsam gegenüber den Lehren und Geboten Jesu, einschließlich der Reinheit der Lehre und eines ethischen Lebenswandels.

**Was meint Johannes mit der Beziehung zwischen Wahrheit und Gemeinschaft mit Gott?**

Johannes weist darauf hin, dass diejenigen, die sich nicht an die Lehren Christi halten, keine Gemeinschaft mit Gott haben, und betont die zentrale Bedeutung der Wahrheit in der Gemeinschaft mit Gott.

**Wie betrachtet Johannes die Gastfreundschaft gegenüber falschen Lehrern?**

Johannes rät davon ab, falschen Lehrern Gastfreundschaft zu gewähren, um zu verhindern, dass ihre Lehren gebilligt werden oder ihnen eine Plattform geboten wird.

**Was hofft John durch den persönlichen Besuch seiner Leser zu erreichen?**

Johannes möchte weitere Lehren und Erläuterungen zu Themen liefern, die in seinem Brief möglicherweise nicht vollständig behandelt wurden, um ein tieferes Verständnis zu fördern und ihren Glauben zu stärken.

**Welche Bedeutung haben die Grüße der Schwestergemeinde im 2. Johannesbrief?**

Es symbolisiert die Einheit und gegenseitige Unterstützung der frühen christlichen Gemeinden und stärkt das Band der Gemeinschaft und des gemeinsamen Glaubens.

**Warum warnt Johannes davor, die „volle Belohnung" zu verlieren?**

Johannes warnt davor, dass Kompromisse mit falschen Lehren zum Verlust spiritueller Belohnung führen können, und betont die ewige Bedeutung, der Wahrheit treu zu bleiben.

**Wie beschreibt Johannes diejenigen, die über die Lehren Christi hinausgehen?**

Er beschreibt sie als Menschen, die nicht in der Lehre Christi blieben, was auf eine Abkehr von grundlegenden Wahrheiten und einen Irrtum schließen lässt.

**Warum warnt Johannes davor, über das hinauszugehen, was von Anfang an gelehrt wurde?**

Wer über die Lehren Christi hinausgeht, läuft Gefahr, falschen Lehren zu verfallen und vom Pfad der Wahrheit und Erlösung abzuweichen.

**Was bedeutet Johannes' Anweisung bezüglich falscher Lehrer für die Urteilskraft christlicher Gemeinschaften?**

Es unterstreicht die Bedeutung von Urteilsvermögen bei der Identifizierung und Bekämpfung falscher Lehren, die die Integrität und Reinheit des Glaubens bedrohen.

**Wie bringt Johannes das Gebot der Liebe mit der Vermeidung falscher Lehrer in Einklang?**

Johannes weist die Gläubigen an, einander inbrünstig zu lieben, gleichzeitig aber im Umgang mit denen, die falsche Lehren verbreiten, Vorsicht und Urteilsvermögen walten zu lassen.

**Welche Auswirkungen hat der 2. Johannesbrief auf die Einheit der Kirche?**

Es unterstreicht die Notwendigkeit einer auf Wahrheit basierenden Lehreinheit und fördert gleichzeitig die Liebe und gegenseitige Unterstützung unter den Gläubigen.

**Welche Rolle spielt die Wahrheit in Johannes' Verständnis von der Gemeinschaft unter Gläubigen?**

Die Wahrheit bildet die Grundlage der Gemeinschaft unter den Gläubigen und stellt sicher, dass ihre Einheit auf gemeinsamen Überzeugungen und der Einhaltung der Lehren Christi beruht.

**Welchen Bezug hat der Brief des Johannes an die auserwählte Frau und ihre Kinder zu den gegenwärtigen Herausforderungen in der Kirche?**

Es befasst sich mit den anhaltenden Herausforderungen der Glaubenstreue, der Urteilskraft angesichts unterschiedlicher Lehren und der Wahrung der Einheit inmitten unterschiedlicher Glaubensrichtungen innerhalb christlicher Gemeinschaften.

# TEIL 6: 3. Johannes Buchinformationen

## Schriftsteller

Der Autor des dritten Johannesbriefs ist nach allgemeiner Auffassung der Apostel Johannes selbst, der sich in Vers 1 als „der Älteste" bezeichnet, ein Titel, den er auch in seinem zweiten Brief verwendet. Diese Zuschreibung wird durch die bemerkenswerten Ähnlichkeiten dieser beiden Briefe in Inhalt, Schreibstil und Terminologie gestützt. Diese Übereinstimmung bestätigt das historische Verständnis, dass sowohl der 2. als auch der 3. Johannesbrief vom Apostel Johannes verfasst wurden. Diese Kontinuität unterstreicht die Urheberschaft, die zusammenhängende Botschaft und die theologischen Erkenntnisse, die durch diese Briefe vermittelt werden.

# Datum des Schreibens

Die Datierung des dritten Briefs des Johannes wurde durch deduktive Schlussfolgerung bestimmt. Es wird allgemein angenommen, dass Johannes diesen Brief etwa zur selben Zeit wie seinen ersten und zweiten Brief schrieb, also ungefähr zwischen 90 und 95 n. Chr. Die Gelehrten sind sich im Allgemeinen einig, dass Johannes diese Briefe verfasste, während er in Ephesus lebte. Dieser Zeitrahmen und Ort stimmen mit dem historischen Kontext und den bekannten Aktivitäten des Apostels in der zweiten Hälfte des ersten Jahrhunderts überein.

# Publikum

Der genaue Aufenthaltsort von „Gaius", der im dritten Brief des Johannes erwähnt wird, bleibt aufgrund fehlender interner Beweise ungewiss. Viele Gelehrte verorten ihn jedoch in der römischen Provinz Asien, die auch als wahrscheinliches Ziel des ersten und zweiten Briefes des Johannes gilt. Der Name „Gaius" war zu dieser Zeit in der griechischsprachigen Welt recht verbreitet.

Bemerkenswerterweise werden im Neuen Testament mehrere andere Personen mit dem Namen Gaius erwähnt. Keiner von ihnen ist jedoch eindeutig mit der Provinz Asien in der Zeit verbunden, in der Johannes schrieb. Dazu gehören der Gaius, den Paulus in Korinth taufte (möglicherweise dieselbe Person wie Paulus' Gastgeber, der in Römer 16:23 erwähnt wird), Paulus' mazedonischer Begleiter auf seiner dritten Missionsreise (Apostelgeschichte 19:29) und Gaius von Derbe (Apostelgeschichte 20:4).

Trotz dieser Hinweise kann keiner dieser Menschen eindeutig als der im 3. Johannesbrief erwähnte Gaius identifiziert werden, was die andauernde wissenschaftliche Debatte über seine genaue Identität und seinen Aufenthaltsort noch verstärkt.

3. Johannes 9 könnte auf 2. Johannes anspielen. Wenn das der Fall ist, könnten beide Briefe an Personen innerhalb derselben Kirche gerichtet gewesen sein – der eine an eine loyale Frau und der andere an einen loyalen Mann. Diese mögliche Verbindung deutet auf eine vereinte Gemeinde und eine einheitliche Botschaft des Apostels Johannes hin, um den unerschütterlichen Glauben seiner Empfänger zu unterstützen und zu fördern.

# Besondere Merkmale

Drittens ist Johannes vielleicht der persönlichste Brief im Neuen Testament. Während die meisten Briefe, wie der erste und zweite Johannesbrief, ursprünglich an Kirchen oder christliche Gruppen gerichtet waren, und selbst jene, die an Einzelpersonen wie Timotheus und Titus gerichtet waren (die Pastoralbriefe), waren sie für eine breitere Verbreitung bestimmt. Ähnlich war Philemon für die Gemeinde gedacht, die sich in Philemons Haus versammelte. Der dritte Johannesbrief nimmt jedoch mit seinem persönlichen Charakter eine einzigartige Stellung ein, bietet aber universelle Werte, die von den frühen Christen als Nutzen für die gesamte Kirche anerkannt wurden.

Der Brief weicht von den typischen Briefkonventionen ab, die man auch an anderen Stellen im Neuen Testament findet, beispielsweise im 2. Johannesbrief. Er hält sich eng an die säkularen Briefschreibmuster des ersten Jahrhunderts n. Chr. Dieses Format umfasst eine übliche Begrüßung mit dem Wunsch nach guter Gesundheit, Freudenbekundungen über positive Nachrichten über das Wohlergehen des Empfängers und den Hauptteil des Briefes, der das Versprechen künftiger Korrespondenz enthält. Er endet mit gegenseitigen Grüßen zwischen Freunden, wie man sie in alten Papyrusbriefen findet.

Der Charme des 3. Johannesbriefs liegt in seinem gelegentlichen Charakter – ein Brief, der auf eine bestimmte Situation zugeschnitten ist und widerspiegelt, wie ein christlicher Führer mit einem freundlichen Gemeindemitglied kommuniziert. Insbesondere die Sprache des 3. Johannesbriefs lässt darauf schließen, dass er auch als Empfehlungsschreiben für Demetrius (erwähnt in Vers 12) dient, der der Überbringer dieses Briefs zu sein scheint, möglicherweise zusammen mit dem 2. Johannesbrief und vielleicht sogar dem 1. Johannesbrief.

Der dritte Johannesbrief bietet einen der lebendigsten Einblicke in das Leben und die Dynamik einer Kirche im Neuen Testament und schildert die persönlichen Interaktionen und Sorgen innerhalb der frühen christlichen Gemeinde.

# 3. Johannes' Botschaft

Im Kontext der Johannesbriefe, insbesondere des 2. und 3. Johannesbriefs, beobachten wir eine doppelte Betonung der Beziehung zwischen Wahrheit und christlicher Liebe. Zweitens betont Johannes, wie wichtig es ist, an der Wahrheit festzuhalten, Häresie zu bekämpfen und die auf Wahrheit und Liebe beruhende Einheit unter den Gläubigen zu bewahren. Der 3. Johannesbrief hingegen konzentriert sich auf praktische Beispiele und persönliche Interaktionen innerhalb der christlichen Gemeinschaft und betont die Manifestation christlicher Liebe in konkreten Handlungen und Beziehungen.

Zweitens befasst sich Johannes mit der Reinheit der Lehre und der Notwendigkeit, fest zur Wahrheit zu stehen, und verurteilt jeden Kompromiss, der zu Spaltung oder Abkehr von den grundlegenden Lehren Christi führen könnte. Im Gegensatz dazu befasst sich der dritte Johannesbrief mit den Beziehungsdynamiken innerhalb der Kirche, insbesondere mit Fragen der Gastfreundschaft, der Unterstützung von Wandermissionaren und dem lobenswerten Verhalten von Personen wie Gaius, die in ihren Taten christliche Liebe verkörpern.

Die Botschaft des dritten Johannesbriefs besagt, dass brüderliche Liebe eine natürliche Folge des Verharrens in der Wahrheit Christi ist. Johannes veranschaulicht dieses Prinzip anhand konkreter Beispiele. Gaius verkörpert christliche Liebe, indem er die Bedürfnisse anderer über seine eigenen stellt, ein Verhalten, das mit den Lehren und dem Beispiel Christi übereinstimmt (Philipper 2:7). Gaius bietet reisenden Missionaren Gastfreundschaft und finanzielle Unterstützung und zeigt so praktische Liebe und Unterstützung für die Verbreitung des Evangeliums.

Während sich der zweite Johannesbrief mit den doktrinellen Grundlagen der Wahrheit und ihrer Bewahrung befasst, ergänzt der dritte Johannesbrief dies, indem er veranschaulicht, wie sich diese Wahrheit in praktischen Taten der Liebe und Einheit innerhalb der christlichen Gemeinschaft manifestieren sollte. Zusammen bieten diese Briefe eine ganzheitliche Perspektive auf die verflochtene Beziehung zwischen Wahrheit und christlicher Liebe im Leben der frühen Kirche.

Wie der dritte Johannesbrief darlegt, spricht sich Johannes aus mehreren zwingenden Gründen eindeutig für die Unterstützung von Wandermissionaren aus. Erstens entspricht ein solches Verhalten Gottes eigener Natur und seinen Erwartungen (Vers 6) und spiegelt ein göttliches Prinzip wider, wonach diejenigen, die Gottes Werk priorisieren, seine Versorgung erhalten (Matthäus 6:33). Zweitens erkennt es die praktische Realität an, dass diejenigen, die sich der Verbreitung des Evangeliums verschrieben haben, möglicherweise keine Unterstützung von Ungläubigen erhalten (Vers 7), was die Bedeutung von Mitgläubigen für die Aufrechterhaltung der Arbeit des Ministeriums unterstreicht. Drittens begründet die finanzielle Unterstützung von Missionaren eine Partnerschaft in ihren Bemühungen um den Dienst (Vers 8) und bekräftigt das biblische Konzept, durch materielle Beiträge an der Verbreitung des Evangeliums teilzuhaben.

Johannes stellt dieses positive Beispiel dem negativen Verhalten von Diotrephes gegenüber, dessen Handlungen Egoismus und Stolz verkörpern (Vers 9). Diotrephes stellte seine eigenen Wünsche über die Bedürfnisse anderer, was in direktem Widerspruch zu Christi Lehren über Demut und aufopfernde Liebe steht. Diese egozentrische Haltung manifestierte sich auf mehrere schädliche Arten: Er verbreitete Unwahrheiten und erhob haltlose Anschuldigungen gegen andere, um sich selbst zu erhöhen (Vers 10). Zweitens waren seine Motive von Egoismus getrieben, er verweigerte Gastfreundschaft und Unterstützung, um seine eigenen Interessen zu schützen. Schließlich war sein Verhalten unterdrückend, er setzte Einschüchterungstaktiken ein, um Kontrolle auszuüben, und schloss diejenigen aus, die sich seinem Willen nicht fügten, wodurch die Einheit der Kirchengemeinschaft gestört wurde.

Drittens veranschaulicht Johannes anhand kontrastierender Beispiele, wie sich christliche Liebe positiv in der Unterstützung anderer wie Gaius und negativ im destruktiven Verhalten von Diotrephes manifestieren sollte. Er betont die Bedeutung von Demut, Opferbereitschaft und Einheit innerhalb der christlichen Gemeinschaft als wesentliche Prinzipien, die sich aus den Lehren und dem Beispiel Jesu Christi ableiten.

Johannes ermahnt seine Leser auch, im Einklang mit der Wahrheit zu leben (Vers 11), und nennt zwei wichtige Gründe für dieses Gebot. Erstens liegt es Gottes Kindern inne, gute Taten zu vollbringen und nicht zu sündigen, wie in 1. Johannes 3:7, 9 und 5:18 betont wird. Zweitens beweisen diejenigen, die Böses tun, dass sie Gott nicht „gesehen" haben, was darauf hindeutet, dass sie in der Dunkelheit verharren, sei es als Ungläubige oder als Gläubige, die nicht im Licht leben (vgl. 1. Johannes 1:6).

In Vers 12 bietet Johannes eine Gelegenheit, zu demonstrieren, wie man nach der Wahrheit lebt, und betont, wie wichtig es ist, Liebe in praktische Taten umzusetzen, statt sie nur theoretisch zu diskutieren.

Dieser kurze Brief enthält wichtige Botschaften für die heutige Kirche:

**Aktive Demonstration der Liebe** : Um wirklich in der Wahrheit zu bleiben, müssen wir unseren Brüdern Liebe auf greifbare, materielle Weise zeigen. Intellektuelles Wissen über die Wahrheit ist ohne praktische Anwendung unzureichend. Die Wahrheit muss unser Handeln bestimmen und beeinflussen und darf nicht nur ein abstraktes Konzept sein, das wir verstehen.

**Widerspiegelung wahrer Einstellungen durch Handlungen** : Unsere Handlungen offenbaren unsere wahren Einstellungen. Um zu erkennen, ob unsere Einstellung liebevoll oder egoistisch ist, sollten wir unsere Handlungen und nicht unsere Emotionen untersuchen. Dieser praktische Test hilft uns, regelmäßig zu beurteilen, ob unsere Handlungen Liebe oder Egoismus zeigen.

**Einblicke in die Dynamik der frühen Kirche** : Über seine theologischen Implikationen hinaus bietet der dritte Johannesbrief wertvolle Einblicke in die frühe Kirchenpolitik. Er gewährt einen Einblick in das alltägliche Leben der Kirche und veranschaulicht das Wirken des Geistes inmitten menschlicher Unzulänglichkeiten und Spannungen.

Durch die Einhaltung dieser Grundsätze können Gläubige sicherstellen, dass die Wahrheit, zu der sie sich bekennen, ihr Leben verändert und eine Gemeinschaft fördert, die von echter Liebe und Einigkeit geprägt ist.

# Gliederung

## I. Einleitung (Verse 1-4)

- A. Der Gruß (Strophe 1)
  - Identifizierung des Autors als „der Ältere".
  - Ansprache an Gaius, den Geliebten
- B. Das Gebet für Gaius (Verse 2-4)
  - Gebet für Gaius' Gesundheit und Wohlstand
  - Freude über Gaius' Treue zur Wahrheit

## II. Lobpreis für Gaius (Verse 5-8)

- A. Lob für die Gastfreundschaft des Gaius (Verse 5-6)
  - Anerkennung der Unterstützung von Gaius für reisende Prediger
  - Ermutigung, sie weiterhin in einer Weise zu unterstützen, die Gottes würdig ist
- B. Die Bedeutung der Unterstützung von Mitgläubigen (Verse 7-8)
  - Die Notwendigkeit, dass Gläubige Evangeliumsarbeiter unterstützen
  - Betonung darauf, Mitarbeiter in der Wahrheit zu werden

## III. Verurteilung des Diotrephes (Verse 9-10)

- A. Diotrephes' Ablehnung der Autorität (Vers 9)
  - Diotrephes' Streben nach Vorrang und Ablehnung der Autorität von Johannes
- B. Die feindseligen Handlungen des Diotrephes (Vers 10)
  - Vorwürfe gegen Diotrephes wegen Verbreitung bösartiger Gerüchte
  - Diotrephes' Weigerung, Missionare aufzunehmen und Exkommunikation derer, die dies tun

## IV. Lob des Demetrius (Vers 12)

- A. Zeugnis über Demetrius
  - Positives Zeugnis von allen, einschließlich der Wahrheit selbst
  - Johannes' persönliche Unterstützung für Demetrius

## V. Schlussfolgerung (Verse 13-15)

- A. Erwartung eines persönlichen Besuchs (Verse 13-14)
  - Johns Absicht, persönlich zu besuchen und zu kommunizieren
- B. Letzte Grüße (Vers 15)
  - Grüße von Freunden
  - Anleitung zur Begrüßung der Freunde mit Namen

Diese Gliederung bietet einen strukturierten Überblick über den 3. Johannesbrief und hebt die wichtigsten Themen und Abschnitte hervor, von der Einleitung und Lob des Gaius über die Verurteilung des Diotrephes und das Lob des Demetrius bis hin zu den Schlussbemerkungen.

# Theologie

Die Theologie des 3. Johannesbriefs konzentriert sich hauptsächlich auf das praktische christliche Leben in der Gemeinschaft und Gastfreundschaft, wie es durch die Interaktionen und Verhaltensweisen seiner Hauptfiguren Gaius, Diotrephes und Demetrius deutlich wird. Hier sind die wichtigsten theologischen Themen und Lehren des 3. Johannesbriefs:

**Gastfreundschaft und Unterstützung für Mitgläubige** : Eines der zentralen theologischen Themen im 3. Johannesbrief ist die Bedeutung von Gastfreundschaft und materieller Unterstützung für reisende Missionare und Prediger des Evangeliums. Gaius wird für seine Gastfreundschaft und Großzügigkeit gegenüber diesen Reisenden gelobt (3. Johannes 5-8), was ein umfassenderes biblisches Prinzip der Fürsorge für Mitgläubige und diejenigen widerspiegelt, die im Dienst stehen (Matthäus 10:40-42; Hebräer 13:2).

**Einheit und Gemeinschaft** : Der Brief befasst sich mit Fragen der Einheit und Gemeinschaft innerhalb der christlichen Gemeinschaft. Johannes stellt Gaius' unterstützendes Verhalten den spaltenden Handlungen von Diotrephes gegenüber, der sowohl die Autorität von Johannes als auch die der besuchenden Missionare ablehnt (3. Johannes 9-10). Dies unterstreicht die theologische Bedeutung der Wahrung der Einheit und der Vermeidung von Spaltungen, die die Verbreitung des Evangeliums und die Erbauung der Gläubigen behindern können (1. Korinther 1:10; Epheser 4:3).

**In Wahrheit wandeln** : Johannes betont die Verbindung zwischen Wahrheit und Liebe. Obwohl es nicht explizit in doktrinären Begriffen ausgedrückt wird, impliziert der Brief, dass echte christliche Liebe aus einem Fundament der Wahrheit erwächst (3. Johannes 3-4, 11). Dies steht im Einklang mit den umfassenderen theologischen Lehren des Johannes in seinen anderen Briefen, in denen Wahrheit gleichbedeutend mit Christus selbst ist (Johannes 14:6) und grundlegend für den christlichen Glauben und die christliche Praxis ist (1. Johannes 2:24-25).

**Persönliche Verantwortung und Rechenschaftspflicht** : Personen wie Gaius und Diotrephes veranschaulichen persönliche Verantwortung und Rechenschaftspflicht innerhalb der christlichen Gemeinschaft. Gaius wird für seine treue Unterstützung gelobt und zeigt damit die positive Wirkung individueller Handlungen bei der Verbreitung des Evangeliums (3. Johannes 6-8). Im Gegensatz dazu warnt Diotrephes' selbstsüchtiges und spaltendes Verhalten vor Stolz und Egozentrik in Führungsrollen (3. Johannes 9-10).

**Billigung wahrer Diener** : Johannes' Lob für Demetrius (3. Johannes 12) unterstreicht das theologische Prinzip, wahre Diener Christi anzuerkennen und zu unterstützen. Dies spiegelt biblische Lehren über die Unterscheidung und Bestätigung derjenigen wider, die dem Herrn und seiner Kirche treu dienen (1. Timotheus 5:17; Hebräer 13:7).

Die Theologie des 3. Johannesbriefs konzentriert sich auf praktische christliche Tugenden wie Gastfreundschaft, Einheit, Wahrheit, Liebe und persönliche Verantwortung innerhalb der Gemeinschaft der Gläubigen. Sie bietet eine wertvolle Perspektive auf die Herausforderungen und Dynamiken der frühen Kirche und bietet zugleich zeitlose Prinzipien für das christliche Leben und den christlichen Dienst heute.

# TEIL 7: 1. Johannes, Vers-für-Vers-Studie
# 3. Johannes Kapitel 1:1-15

## Gruß

**3Joh 1,1 Der Älteste an den geliebten Gajus, den ich in Wahrheit liebe.**

Im ersten Vers des 3. Johannesbriefs bezeichnet sich der Apostel Johannes einfach als „der Älteste", ein Begriff, den er auch in seinem zweiten Brief verwendete. Diese Bezeichnung spiegelt wahrscheinlich sein fortgeschrittenes Alter und seine Autorität innerhalb der christlichen Gemeinschaft wider. Der Empfänger dieses kürzesten Briefes im Neuen Testament wird als „Gaius" angesprochen, ein in der griechisch-römischen Welt jener Zeit gebräuchlicher Name.

Gelehrte sind sich im Allgemeinen einig, dass dieser Gaius nicht mit einer der anderen Personen namens Gaius gleichgesetzt werden sollte, die im Zusammenhang mit Paulus' Reisen erwähnt werden (Apostelgeschichte 19:29; Apostelgeschichte 20:4; Römer 16:23; 1. Korinther 1:14). Da der Name „Gaius" im antiken Griechenland und Rom weit verbreitet ist, ist es unwahrscheinlich, dass es sich bei diesen Personen um ein und dieselbe Person handelt. Stattdessen lebte der Gaius, an den Johannes schreibt, wahrscheinlich irgendwo in der römischen Provinz Asia, wo Johannes selbst bekanntermaßen aktiv war.

Dass Johannes in diesem Brief, wie auch im 2. Johannesbrief, sowohl „Liebe" als auch „Wahrheit" anspricht, unterstreicht seine anhaltende Sorge um diese Grundprinzipien des christlichen Glaubens. Wenn er davon spricht, „in der Wahrheit" zu sein, betont er, dass man nach der von Gott offenbarten Wahrheit leben soll, wie sie von den Aposteln gelehrt und in Christus vorgelebt wurde. Diese Betonung unterstreicht die Bedeutung der Integrität der Lehre und des ethischen Verhaltens unter den Gläubigen, die beide entscheidend für die Wahrung der Einheit und der geistigen Gesundheit der frühen christlichen Gemeinden sind.

Somit bereitet der 3. Johannesbrief schon in seinem ersten Vers den Boden für eine persönliche, aber dennoch auf der Lehre basierende Mitteilung, die die Seelsorge des Johannes und seine Verpflichtung widerspiegelt, die Lehren Jesu Christi innerhalb der Gemeinschaft der Gläubigen aufrechtzuerhalten.

**3Joh 1,2 Geliebter, ich bete darum, dass es euch gut geht und dass es euch gesundheitlich gut geht, so wie es auch eurer Seele gut geht.**

Im 3. Johannesbrief dient der Begriff „Geliebter" als Einführung in jeden der drei Hauptabschnitte und unterstreicht die Zuneigung und seelsorgerische Sorge des Johannes für seinen Empfänger Gaius.

Vers 2 gibt Einblick in Gaius' geistigen Zustand und bestätigt, dass er im Licht wandelt, ein Konzept, das in 1. Johannes 1:7 parallel ist und die Gemeinschaft mit Gott und ein ethisches Leben betont. Johannes' Gebet für Gaius umfasst geistiges und körperliches Wohlergehen und wünscht ihm Wohlstand in allen Aspekten des Lebens, einschließlich guter Gesundheit. Diese ganzheitliche Herangehensweise an das Gebet spiegelt Jesu Sorge um die geistigen und körperlichen Bedürfnisse der Menschen wider, wie in den Evangelien überall zu sehen ist.

Der Satz „Gnade verbessert die Gesundheit, Gesundheit setzt Gnade ein" unterstreicht die Verbundenheit von geistigem und körperlichem Wohlbefinden im christlichen Leben. Er legt nahe, dass Gottes Gnade geistige Vitalität ermöglicht. Im Gegensatz dazu ermöglicht gute Gesundheit die praktische Umsetzung dieser Gnade in Dienst und Hingabe.

Manche interpretieren den Vers so, dass er impliziert, dass Gott möchte, dass alle Gläubigen nicht nur spirituell, sondern auch materiell und finanziell erfolgreich sind. Diese Interpretation findet jedoch in den johanneischen Schriften und anderen Heiligen Schriften keine breitere Unterstützung. Der Schwerpunkt in den Briefen des

Johannes liegt weiterhin hauptsächlich auf spirituellem Wachstum, wobei gelegentlich auch körperliches Wohlergehen als Ausdruck der Fürsorge Gottes und nicht als Garantie für materiellen Wohlstand erwähnt wird.

Als Christen ermutigt uns Johannes' Gebet, sowohl das geistige als auch das körperliche Wohlergehen anderer zu berücksichtigen. Während es natürlich ist, Gebeten für körperliche Bedürfnisse den Vorrang zu geben, erinnert uns Johannes' Beispiel daran, dass das Gebet für geistige Gesundheit und Wachstum die Grundlage des christlichen Lebens ist. Diese ausgewogene Perspektive steht im Einklang mit den Lehren Jesu und schafft einen Präzedenzfall für umfassende Fürsorge in christlichen Gemeinschaften.

**3Joh 1,3 Denn ich habe mich sehr gefreut, als die Brüder kamen und deine Wahrhaftigkeit bezeugten und dass du in der Wahrheit wandelst.**

Johannes erhält von seinen Glaubensbrüdern Berichte, dass Gaius für sein Bekenntnis zur Wahrheit bekannt ist. Der Ausdruck „in Wahrheit wandeln" bedeutet mehr als nur intellektuelle Übereinstimmung mit Glaubenslehren; er umfasst einen Lebensstil, der von Integrität, Authentizität und Übereinstimmung mit der von Gott offenbarten Wahrheit geprägt ist.

„In der Wahrheit zu wandeln" bedeutet, nach den Grundsätzen und Lehren Christi zu leben, wie sie von den Aposteln formuliert und in Jesu Leben verkörpert wurden. Es impliziert Übereinstimmung zwischen den eigenen Überzeugungen und Taten und zeigt einen echten Glauben, der alle Aspekte des Lebens durchdringt. Dieses Konzept ist grundlegend für Johannes' theologisches Gerüst, in dem Wahrheit nicht nur eine Reihe von Lehren ist, sondern eine transformierende Realität, die den Charakter und das Verhalten des Gläubigen prägt.

Die Aussage „Der beste Beweis dafür, dass wir die Wahrheit haben, ist, dass wir in der Wahrheit wandeln" betont, dass wahres Festhalten an der Wahrheit durch praktisches Leben bewiesen wird. Sie spiegelt die umfassendere Botschaft von Johannes in seinen Schriften wider, in denen Liebe und Gehorsam untrennbar mit echtem Glauben verbunden sind (1. Johannes 3:18-19). Dass Gaius als „in der Wahrheit wandelnd" anerkannt wurde, bedeutet also, dass sein Leben von der transformierenden Kraft des Evangeliums zeugte, die sich in rechtschaffenen Taten, Liebe zu anderen und unerschütterlicher Hingabe an die Lehren Christi manifestierte.

Wenn Christen dieses Prinzip heute anwenden, sind sie aufgerufen, ihren Glauben an die Wahrheit zu bekennen und ihn durch ihr Handeln und ihre Beziehungen zu verkörpern. „In der Wahrheit wandeln" fordert Gläubige dazu auf, transparent, konsequent und authentisch nach Gottes Wort zu leben und so die Realität ihres Glaubens in einer Welt zu bezeugen, die die transformierende Wirkung der Wahrheit Christi dringend sehen muss.

**3Joh 1,4 Für mich gibt es keine größere Freude als die Nachricht, dass meine Kinder den Weg der Wahrheit gehen.**

Die Beziehung zwischen Johannes und Gaius wird in familiärer Sprache beschrieben, wobei Gaius als Johannes' „Kind" bezeichnet wird. Dieser Begriff kann in mehreren metaphorischen Bedeutungen verstanden werden, die im Neuen Testament üblich sind.

**Geistliches Kind** : Es ist möglich, dass Gaius ein Konvertit von Johannes war, den Johannes persönlich zum Glauben an Christus geführt hatte. Diese Interpretation sieht „Kind" im spirituellen Sinne und bezeichnet einen engen Jünger oder Anhänger von Johannes' Lehren und Führung im christlichen Glauben (vgl. 2. Johannes 4; 1. Timotheus 1:2).

**Metaphorische Verwendung** : Im gesamten Neuen Testament wird „Kinder" häufig metaphorisch verwendet, um Jünger oder jüngere Gläubige zu bezeichnen, die unter der Obhut und Betreuung eines Ältesten oder Apostels stehen. In diesem Sinne könnte Gaius ein Jünger oder ein jüngeres Mitglied der christlichen Gemeinde gewesen sein, dem Johannes mit väterlicher Zuneigung und Verantwortung gegenüberstand.

Johannes' Freude darüber, dass seine „Kinder" „in der Wahrheit wandeln" (3. Johannes 4), unterstreicht die Bedeutung eines Lebens im Einklang mit den christlichen Lehren. Sie spiegelt seine seelsorgerische Sorge um das geistige Wohlergehen und das moralische Verhalten derer wider, die unter seinem Einfluss stehen. Diese Sorge geht über bloße intellektuelle Zustimmung hinaus und umfasst praktischen Gehorsam und die Einhaltung der Glaubensgrundsätze.

Während Johannes' Beziehung zu Gaius unklar bleibt, bezeichnet der Begriff „Kind" wahrscheinlich eine spirituelle Verbindung, die durch Mentoring, Fürsorge und gemeinsames Bekenntnis zur Wahrheit der Lehren Christi gekennzeichnet ist. Diese Beziehungsdynamik unterstreicht die Bedeutung von Jüngerschaft und gemeinschaftlicher Unterstützung innerhalb der frühen christlichen Gemeinschaft, die danach strebte, ihren Glauben authentisch auszuleben.

## Unterstützung und Opposition

Johannes lobte Gaius für seine vorbildliche Liebe zu seinen Mitgläubigen und zitierte dazu mehrere Passagen seiner Briefe. Im 1. Johannesbrief betont Johannes die Bedeutung der Liebe zueinander und sagt: „Wer seinen Bruder liebt, der bleibt im Licht, und an ihm gibt es keinen Anstoß" (1. Johannes 2:10, ESV). Er betont dies weiter in 1. Johannes 3, wo er verkündet: „Wir wissen, dass wir aus dem Tod in das Leben übergegangen sind, weil wir die Brüder lieben. Wer nicht liebt, der bleibt im Tod" (1. Johannes 3:14, ESV). Johannes betont weiterhin die zentrale Bedeutung der Liebe in Beziehungen und fordert Gläubige zum Handeln auf: „Meine Kinder, lasst uns nicht mit Worten und Zunge lieben, sondern in Taten und Wahrheit" (1. Johannes 3:18, ESV).

Im 2. Johannesbrief lobt Johannes diejenigen, die in Liebe wandeln, und sagt: „Und nun bitte ich dich, liebe Frau – nicht als schreibe ich dir ein neues Gebot, sondern das, das wir von Anfang an haben –, dass wir einander lieben" (2. Johannes 5, ESV). Johannes' durchgängige Botschaft in all seinen Briefen ist klar: Liebe unter Gläubigen ist nicht nur ein Vorschlag, sondern ein grundlegendes Gebot, das die Essenz des christlichen Glaubens widerspiegelt.

Dass Johannes Gaius für seine Liebe zu den Brüdern lobte, war eine Geste der Wertschätzung und zugleich ein Aufruf, diese wesentliche Tugend im täglichen Leben weiterhin zu verkörpern und so die verändernde Kraft der Liebe innerhalb der christlichen Gemeinschaft zu demonstrieren.

**3Joh 1,5 Ihr Lieben, treu seid ihr, wenn ihr euch um diese Brüder bemüht, die Fremdlinge sind.**

Johannes schätzte Gaius sehr und nannte ihn liebevoll „Geliebter", ein Beweis für ihre enge Bindung. Gaius erwiderte diese Liebe, indem er seinen Mitgläubigen innerhalb der christlichen Gemeinde Gastfreundschaft entgegenbrachte. Dieser Akt der Gastfreundschaft war nicht nur eine kulturelle Norm, sondern eine tief verwurzelte Praxis, die aus jüdischen Traditionen und den breiteren griechisch- römischen Gesellschaftswerten jener Zeit stammte.

Gaius' Gastfreundschaft wurde als treues Handeln charakterisiert, das eng mit der Wahrheit der Lehren Gottes übereinstimmte, wie in 2. Johannes 1-2 beschrieben. Dies deutet darauf hin, dass sein Verhalten nicht nur eine Geste war, sondern ein echter Ausdruck seines Engagements, christliche Prinzipien praktisch umzusetzen.

Es ist plausibel, dass Gaius seine Liebe sowohl bekannten Mitgliedern der Glaubensgemeinschaft als auch Fremden entgegenbrachte. Einige Interpretationen der griechischen Texte deuten darauf hin, dass er sowohl den „Brüdern und Schwestern" im Glauben als auch „Fremden" gegenüber freundlich war. Dies spiegelt die biblische Anweisung in Hebräer 13:2 wider, die Gläubige dazu ermutigt, Fremden gegenüber Gastfreundschaft zu zeigen, und die die umfassendere christliche Pflicht betont, sich um andere zu kümmern, unabhängig von Vertrautheit oder Herkunft.

Gaius verkörperte eine tiefe Hingabe an Liebe und Gastfreundschaft und verkörperte den integrativen Geist des frühen Christentums, der sowohl Mitgläubige als auch Fremde gleichermaßen umfasste. Seine Taten dienen als zeitloses Beispiel dafür, wie sich der christliche Glaube in mitfühlende und integrative Praktiken innerhalb und außerhalb der Gemeinschaft umsetzt.

**3Joh 1,6, die vor der Gemeinde von eurer Liebe Zeugnis gegeben haben. Ihr werdet gut daran tun, sie auf eine Weise auf ihre Reise zu schicken, die Gottes würdig ist.**

Die Kirche, auf die sich Johannes bezog, war wahrscheinlich die Gemeinde in Ephesus, die ihm anvertraut war. In seinem Brief an Gaius verwendete Johannes eine Formulierung, die übersetzt eigentlich „Bitte" bedeutet. Dieser Ausdruck unterstrich Johannes' ernsthafte Aufforderung an Gaius, seine vorbildliche Behandlung der besuchenden Gläubigen fortzusetzen. Diese Gastfreundschaft wurde während ihres Aufenthalts und nach ihrer Abreise gewährt. Gaius wurde ermutigt, sie „auf eine Weise, die Gottes würdig ist", zu verabschieden. Diese Formulierung stützt sich auf biblische und kulturelle Bezüge und betont die Bereitstellung angemessener Unterstützung und Versorgung, wie in verschiedenen Passagen wie Apostelgeschichte 15:3, 20:38, 21:5, Römer 15:24, 1. Korinther 16:6 und Titus 3:13 zu sehen ist.

Die Anweisung, „auf eine Weise zu handeln, die Gottes würdig ist", bedeutet, diese Boten Gottes aufgrund ihrer heiligen Mission mit Respekt und Sorgfalt zu behandeln. Dieses Gefühl steht im Einklang mit dem Verständnis, dass diejenigen, die Gott dienen, es verdienen, von der christlichen Gemeinschaft großzügig unterstützt zu werden. Dieses Prinzip gilt auch heute noch, insbesondere für Geistliche und Missionare, die sich auf den Glauben und die Versorgung des Volkes Gottes verlassen, um ihrer Berufung nachzukommen.

Johannes' Rat an Gaius spiegelt eine zeitlose Wahrheit wider: Menschen, die starke Überzeugungen und einen großzügigen Geist haben, werden in der Kirche hoch geschätzt. Diese Kombination aus Treue und Großzügigkeit bereichert die christliche Gemeinschaft. Sie veranschaulicht die christlichen Prinzipien der Liebe und Fürsorge, die grundlegend für den Glauben sind.

**3Joh 1,7 Denn sie sind um des Namens willen ausgegangen und haben nichts von den Heiden angenommen.**

Im Kontext von 3. Johannes, Vers 5, beziehen sich die „Fremden" auf reisende Prediger, die sich im Namen Christi auf Reisen begaben, eine große Ehre aufgrund der Ehrfurcht, die seinem Namen zuteil wird. Interessanterweise vermeidet dieser Brief auf einzigartige Weise die direkte Erwähnung von „Jesus Christus" mit Namen und bezieht sich stattdessen auf „den Namen", der die Kernüberzeugungen des Christentums zusammenfasst, wie sie in Passagen wie 1. Korinther 12:3 und Römer 10:9 widerhallen.

Für die Juden stand „der Name" historisch für Jehova, das heilige und höchste Wesen. In ähnlicher Weise bedeutet dieser Name für die Christen – sowohl für jüdische als auch für nichtjüdische Gläubige – höchste Ehrerbietung und Ruhm über allen anderen. Dieses theologische Konzept unterstreicht die tiefe Bedeutung, die der Identität und Mission, die mit Christus verbunden ist, zugeschrieben wird.

Spekulationen, dass Johannes „den Namen" verschlüsselt haben könnte, um den Brief vor möglichen Gegnern des Christentums zu schützen, sind unwahrscheinlich. Der Apostel hätte die sichere Übermittlung dieses Briefes an Gaius durch vertrauenswürdige Boten sichergestellt und so dessen sichere Zustellung und Empfang sichergestellt.

In der frühen christlichen Gemeinde war es üblich, dass reisende Prediger bei der Verbreitung des Evangeliums Unterstützung von Mitgläubigen erhielten, wie aus Apostelgeschichte 20:35, 1. Korinther 9:14 und 2. Thessalonicher 3:7-9 hervorgeht. Alternativ finanzierten sich einige Prediger selbst, indem sie sich an Beispielen wie Paulus' Beruf als Zeltmacher orientierten (Apostelgeschichte 18:3). Finanzielle Unterstützung musste von Gläubigen kommen, nicht von Ungläubigen, was biblischen Grundsätzen entspricht, die eine Abhängigkeit von Ungläubigen für spirituelle Missionen nicht befürworteten (Esra 8:22, Matthäus 10:8, 2. Korinther 12:14, 1. Thessalonicher 2:9).

Johannes' Lob an Gaius für seine gastfreundliche Behandlung der Wanderprediger spiegelt ein umfassenderes christliches Ethos wider: die Unterstützung derjenigen, die sich für die Verbreitung des Evangeliums einsetzen, und die Gewährleistung, dass ihnen „um des Namens willen", den sie vertreten, Würde und Respekt entgegengebracht wird.

Der Vergleich zwischen der Bundeslade, die von israelitischen Priestern getragen wurde, und den Gläubigen, die die Botschaft Jesu Christi in die Welt trugen, verdeutlicht eine tiefgründige spirituelle Wahrheit. In alten Zeiten symbolisierte die Bundeslade die Gegenwart und Autorität Gottes und erforderte für den Transport ausschließlich die Mitwirkung seiner ernannten Priester. In ähnlicher Weise gilt heute jeder Gläubige als Priester im Reich Gottes, dessen Aufgabe es ist, die Gegenwart und die Lehren Jesu Christi in alle Winkel der Gesellschaft zu tragen.

Zur Zeit des frühen Christentums gab es viele Wanderprediger, die mit verschiedenen religiösen und philosophischen Gruppen in Verbindung standen und aggressiv um finanzielle Unterstützung ihrer Zuhörer baten. Diese Praxis stand oft im Widerspruch zu den Grundsätzen christlicher Missionare und Prediger, die bei finanziellen Bitten vorsichtig waren. Diese Einstellung besteht bis heute fort, und viele empfinden weiterhin Unbehagen gegenüber Predigern, die offen finanzielle Beiträge als Gegenleistung für Gottes frei angebotene Erlösung fordern.

Obwohl es für Gottes Diener akzeptabel ist, freiwillige Geschenke von Ungläubigen anzunehmen, solange diese Geschenke nicht als Kauf der Erlösung angesehen werden, ist Vorsicht geboten. Das biblische Beispiel von Abraham, der Geschenke des Königs von Sodom ablehnte, dient als Erinnerung an die möglichen Komplikationen, die entstehen können, wenn Geschenke von Ungläubigen mit der Erwartung einer Gegenleistung verbunden sind.

Die Frage der finanziellen Unterstützung christlicher Missionen und geistlicher Dienste bleibt komplex und muss zwischen der Notwendigkeit praktischer Unterstützung und der Wahrung der Integrität und Unabhängigkeit der Botschaft des Evangeliums abgewogen werden. Sie unterstreicht die Bedeutung von Transparenz, ethischem Verhalten und Vertrauen auf Gottes Vorsorge bei der Verbreitung seines Wortes und der Seelsorge für andere.

**3Joh 1,8 Deshalb sollten wir solche Menschen unterstützen, damit sie Mitarbeiter für die Wahrheit sind.**

Die Unterstützung christlicher Prediger und Lehrer war im frühen Christentum besonders wichtig, da sie von Nichtgläubigen oft wenig bis gar keine Unterstützung erhielten. Dies erhöhte die Verantwortung der Mitchristen, finanzielle und gastfreundliche Hilfe zu leisten und so zu „Mitarbeitern" bei der Mission der Verbreitung des Evangeliums zu werden. Dieses Konzept der Partnerschaft im Dienst wird in 2. Johannes 10-11 unterstrichen, wo Johannes die Bedeutung der Unterstützung derjenigen hervorhebt, die „die Wahrheit" weitergeben, was gleichbedeutend mit der Botschaft des Evangeliums ist.

In der Praxis geht diese Unterstützung über bloße finanzielle Beiträge hinaus; sie umfasst Gastfreundschaft als zentrales Thema in Johannes' drittem Brief. Während im 2. Johannesbrief vor falscher Gastfreundschaft gewarnt wurde, wird im 3. Johannesbrief echte Gastfreundschaft geboten und gefeiert. G. Campbell Morgan sah Gastfreundschaft als zentrales Thema in diesem Brief und betonte ihre Rolle bei der Förderung christlicher Gemeinschaft und der Unterstützung reisender Prediger.

William Careys Analogie der Missionsarbeit mit der Erkundung einer Mine unterstreicht den gemeinschaftlichen Charakter der Mission. So wie sich Forscher auf diejenigen verlassen, die „die Seile in der Hand halten", sind Christen dazu aufgerufen, Missionare und Geistliche finanziell und spirituell zu unterstützen, damit sie sich auf ihre Mission konzentrieren können, „die Wahrheit" zu verkünden.

Johannes' konsequente Betonung der „Wahrheit" bringt die Predigt des Evangeliums mit der Verkündigung der grundlegenden Lehren des Christentums in Einklang. Dies unterstreicht die Bedeutung der Aufrechterhaltung und Verbreitung der Kernüberzeugungen des Glaubens und stellt sicher, dass die Botschaft des Evangeliums im Mittelpunkt aller christlichen Bemühungen bleibt.

Gläubige müssen erkennen, wie wichtig es ist, ihre örtliche Kirche zu unterstützen und gleichzeitig zu weltweiten Missionen beizutragen. Diese doppelte Verantwortung stellt sicher, dass sowohl die unmittelbare Gemeinde als auch die übrige Welt von der Seelsorge und den Missionsbemühungen der Kirche profitieren.

Zusammenfassend lässt sich sagen, dass Johannes in seiner Botschaft im 3. Johannesbrief die Gläubigen dazu auffordert, die Verkündiger des Evangeliums aktiv zu unterstützen und Gastfreundschaft und finanzielle Hilfe als integralen Bestandteil christlicher Verantwortung und Partnerschaft bei der Verbreitung der „Wahrheit" Christi zu zeigen.

**3Joh 1,9 Ich habe der Gemeinde etwas geschrieben, aber Diotrephes, der sich selbst gerne an die erste Stelle setzt, erkennt unsere Autorität nicht an.**

Im Gegensatz zu Gaius' lobenswertem Beispiel taucht die Figur des Diotrephes im 3. Johannesbrief als warnendes Beispiel auf. Diotrephes, was „von Zeus genährt" bedeutet, symbolisiert wahrscheinlich eine Person voller Stolz und Ehrgeiz innerhalb der frühen christlichen Gemeinschaft. Johannes führt Diotrephes nicht ein, um doktrinäre Irrtümer hervorzuheben, sondern um Fragen der Autorität und des Verhaltens unter Gläubigen anzusprechen.

Der spezifische kirchliche Kontext, zu dem Gaius und Diotrephes gehörten, wird im Brief nicht explizit genannt. Gelehrte wie Findlay und Lenski vermuten jedoch, dass es sich um die Kirche handeln könnte, die in 2. Johannes angesprochen wird. Johannes' Verwendung von „ihnen" bezieht sich auf die Gläubigen dieser bestimmten Gemeinde, unter denen Diotrephes eine herausragende Stellung innehatte und versuchte, seine Autorität geltend zu machen.

Johannes kritisiert Diotrephes für seinen Wunsch, der Erste unter ihnen zu sein, und deutet damit auf einen Vorrangswunsch hin, der Demut und angemessenes christliches Verhalten überschattet (vgl. Matthäus 20:27). Dieser Ehrgeiz führte dazu, dass Diotrephes die Autorität von Johannes und möglicherweise auch seine Lehren ablehnte und sich auf eine Weise durchsetzte, die die Einheit und die geistige Gesundheit der Kirche untergrub.

Es ist wichtig zu beachten, dass Johannes Diotrephes nicht eines Lehrfehlers beschuldigt, sondern vielmehr, seine Position für persönlichen Gewinn und Status zu missbrauchen. Dieser Missbrauch, wie Zane C. Hodges hervorhebt, spiegelt eine gefährliche Tendenz wider, Christi rechtmäßigen Platz als Oberhaupt der Kirche an sich zu reißen (Kolosser 1:18).

Die Geschichte von Diotrephes dient als zeitlose Warnung vor der Versuchung, innerhalb der christlichen Gemeinschaft nach persönlichem Ruhm zu streben. Diese Versuchung kann zu Konflikten und Spaltung führen. James E. Allman und andere Gelehrte betonen, dass solche Themen wie Stolz und Selbstgefälligkeit auch heute noch relevante Herausforderungen für die christliche Führung und Gemeinschaft darstellen.

Johannes' Darstellung des Diotrephes unterstreicht die Bedeutung von Demut, Dienstbereitschaft und Befolgung der Lehren Christi in der Kirchenführung. Sie fordert die Gläubigen auf, der Versuchung persönlicher Ambitionen zu widerstehen und sich stattdessen darauf zu konzentrieren, die Einheit zu fördern und die Wahrheit des Evangeliums in allen Aspekten des christlichen Lebens und Dienstes hochzuhalten.

**3Joh 1,10 Wenn ich also komme, werde ich ihn auf das aufmerksam machen, was er tut: Er redet böse und unsinnige Dinge gegen uns. Aber das genügt ihm nicht, er verweigert den Brüdern die Aufnahme, und diejenigen, die es wollen, hindert er daran, und schließt sie aus der Gemeinde aus.**

Der Brief des Apostels Johannes im 3. Johannesbrief enthält sowohl ein Versprechen als auch eine Warnung in Bezug auf Diotrephes, dessen Verhalten und Haltung in scharfem Kontrast zum lobenswerten Verhalten von Gaius innerhalb ihrer gemeinsamen christlichen Gemeinde stehen. Diotrephes, dessen Name eine Verbindung zu Zeus andeutet und möglicherweise eine einflussreiche oder aristokratische Position impliziert, verkörpert mehrere negative Eigenschaften, die Johannes streng anspricht.

Erstens wird Diotrephes dafür kritisiert, dass er sich ungerechterweise gegen Johannes ausspricht, wahrscheinlich um sich selbst innerhalb der Gemeinde zu erheben. Dieses Verhalten spiegelt eine Missachtung von Demut und Respekt gegenüber der apostolischen Autorität wider. Zweitens weigert sich Diotrephes, im Gegensatz zu Gaius' Gastfreundschaft gegenüber besuchenden Brüdern, Gastfreundschaft zu gewähren, da er diese Besucher möglicherweise als Bedrohung seiner Autorität oder seines Status innerhalb der Gemeinde betrachtet. Drittens schüchtert Diotrephes andere in der Kirche ein und übt genug Einfluss aus, um andere davon abzuhalten, diese Besucher willkommen zu heißen, und schließt sogar diejenigen, die sich ihm widersetzen, aus der Gemeinde aus.

Die Verwendung des Verbs „ekballei" (er wirft hinaus) durch Johannes deutet auf eine gewaltsame Vertreibung oder Ausgrenzung hin und legt nahe, dass Diotrephes es sich angemaßt hatte, einzelne Personen aus der Kirchengemeinschaft auszuschließen, ohne Rücksicht auf ihre Rechte oder ihre Stellung innerhalb der Gemeinde.

Wichtig ist, dass Johannes' Verurteilung von Diotrephes sich nicht auf einen Lehrfehler konzentriert, sondern auf sein Verhalten, das den Grundsätzen christlicher Gastfreundschaft, Demut und Einheit widerspricht. Glenn W. Barker hebt diesen Punkt hervor und betont, dass Diotrephes' Leben eher im Widerspruch zur Wahrheit des Evangeliums steht als zu seinem Glauben an Jesus Christus.

Andererseits wird Gaius für seine Widerstandskraft und seinen Charakter gelobt, weil er dem ungehörigen Einfluss von Diotrephes nicht nachgegeben hat. Johannes unterstützt Gaius in diesem Brief ausdrücklich, hebt seine lobenswerten Taten hervor und tadelt implizit Diotrephes' spaltendes Verhalten.

Johannes' Darstellung des Diotrephes ist eine warnende Geschichte vor den Gefahren von Stolz, egoistischem Ehrgeiz und Machtmissbrauch innerhalb der christlichen Führung. Sie unterstreicht die Bedeutung von Demut, Gastfreundschaft und Befolgung der Lehren Christi für die Förderung einer gesunden und geeinten Kirchengemeinschaft.

**3Joh 1,11 Geliebte, ahmt nicht das Böse nach, sondern ahmt das Gute nach. Wer Gutes tut, ist aus Gott; wer Böses tut, hat Gott nicht gesehen.**

Johannes' Ermutigung stärkte zweifellos Gaius' Entschlossenheit in seinem Widerstand gegen Diotrephes. In seinem ersten Brief verwendet Johannes häufig die Begriffe „von Gott" und „gesehener Gott", um tiefe spirituelle Wahrheiten über die Natur der Handlungen der Gläubigen und ihre Beziehung zu Gott zu vermitteln (vgl. 1. Johannes 3:6, 10; 4:1-4, 6-7). Wenn Johannes sagt: „Wer Gutes tut, ist von Gott", betont er, dass solche Handlungen einem Herzen entspringen, das mit Gottes Willen und Charakter im Einklang steht.

Gott zu sehen geht über das physische Sehen hinaus und bedeutet eine tiefe spirituelle Wahrnehmung und Intimität mit Gott. Wie Bibelkommentatoren wie Zane C. Hodges und Robert N. Wilkin ausdrücken, spiegelt unser Lebensstil das Ausmaß wider, in dem wir Gottes Gegenwart erfahren und angenommen haben. Je enger unsere Gemeinschaft mit Gott ist, desto mehr stimmen unsere Handlungen mit seiner Güte und Gerechtigkeit überein. Umgekehrt zeigen diejenigen, die an ihrem bösen Verhalten festhalten, einen Mangel an inniger Gemeinschaft mit Gott und ähneln eher dem Verhalten derjenigen, die sich Gott widersetzen, wie zum Beispiel Satan.

Es ist wichtig zu beachten, dass Johannes' Kritik an Diotrephes nicht bedeutet, dass er nicht erlöst ist, sondern vielmehr sein Verhalten als unvereinbar mit der spirituellen Reife und Integrität hervorhebt, die von Menschen in Gemeinschaft mit Gott erwartet wird. Johannes' Briefe, darunter 3. Johannes, betonen die Bedeutung echter Gemeinschaft – mit Gott, Mitgläubigen und denen, die die Wahrheit des Evangeliums treu verkünden. Diese Gemeinschaft ist nicht nur eine doktrinäre Haltung, sondern eine gelebte Realität, die sich in einem rechtschaffenen Leben und gegenseitiger Unterstützung innerhalb der christlichen Gemeinschaft manifestiert.

Die Lehren des Johannes im 3. Johannesbrief unterstreichen die zentrale Bedeutung der Gemeinschaft, die in Gottes Wahrheit und Gerechtigkeit wurzelt. Indem er die Taten von Gaius und Diotrephes gegenüberstellt, betont Johannes die transformierende Kraft echter Gemeinschaft mit Gott, die sich in rechtschaffenem Verhalten und unerschütterlicher Hingabe an die Grundsätze des Evangeliums manifestiert.

**3Joh 1,12 Demetrius hat von allen ein gutes Zeugnis erhalten und die Wahrheit selbst. Auch wir fügen unser Zeugnis hinzu, und ihr wisst, dass unser Zeugnis wahr ist.**

Johannes' Ermutigung an Gaius, Demetrius gegenüber gastfreundliche Liebe zu zeigen, dient im Kontext des 3. Johannesbriefs mehreren Zwecken. Erstens ermöglicht es Gaius, Liebe zu praktizieren, was in scharfem Kontrast zu Diotrephes' mangelnder Gastfreundschaft und seinem spaltenden Verhalten innerhalb ihrer Gemeinschaft steht. Demetrius, dessen Name zu Johannes' Zeiten weit verbreitet war, wird von Johannes in mehrfacher Hinsicht gelobt.

Johannes hebt drei lobenswerte Aspekte von Demetrius hervor: Erstens genießt er bei allen, die ihn kennen, einen guten Ruf, was auf ein durchgängiges und positives Zeugnis seiner Mitmenschen hindeutet. Zweitens stimmen Demetrius' Charakter und Verhalten mit „der Wahrheit" überein, was darauf hindeutet, dass sein Leben die ethischen und moralischen Standards widerspiegelt, die die christlichen Lehren hochhalten. Drittens bürgt Johannes persönlich für Demetrius und unterstreicht sein Wissen aus erster Hand und seine Bestätigung von Demetrius' Integrität.

Theologisch gesehen ist Demetrius ein Beispiel dafür, was es bedeutet, „in der Wahrheit zu wandeln", ein Konzept, das gleichbedeutend ist mit dem Ausleben der Prinzipien und Lehren des Evangeliums. Dies steht im Einklang mit der Sichtweise von Paulus und Johannin auf spirituelle Reife, wo echter Glaube durch ein Leben bewiesen wird, das von Liebe und Treue zur göttlichen Wahrheit geprägt ist.

Die Erwähnung, dass Demetrius möglicherweise dieselbe Person ist, die Paulus in Ephesus entgegentrat (Apostelgeschichte 19:24), löst unter Kommentatoren spannende Spekulationen aus. Der Zeitrahmen und die Häufigkeit des Namens machen es jedoch unwahrscheinlich, dass es sich um dieselbe Person handelt. Paulus predigte in Ephesus in den frühen 50er Jahren. Im Vergleich dazu schrieb Johannes den 3. Johannesbrief wahrscheinlich in den 90er Jahren, was auf eine beträchtliche Lücke zwischen den Ereignissen schließen lässt.

Johannes' Lob für Demetrius ist ein praktisches Beispiel für Gaius und die breitere christliche Gemeinschaft und ermutigt sie, diejenigen zu unterstützen und mit ihnen Gemeinschaft zu pflegen, deren Leben die Wahrheit des Evangeliums widerspiegelt . Indem Johannes Demetrius als Vorbild christlicher Tugend und Beständigkeit darstellt, unterstreicht er die Bedeutung echter Gemeinschaft und gegenseitiger Unterstützung unter Gläubigen bei der Suche nach Gottes Wahrheit und Liebe.

## Letzte Grüße

**3Joh 1,13 Ich hätte euch viel zu schreiben, aber ich möchte nicht mit Feder und Tinte schreiben. 3Joh 1,14 Ich hoffe, wir sehen uns bald, dann reden wir persönlich miteinander. 3Joh 1,15 Friede sei mit euch! Die Freunde grüßen euch. Grüßet die Freunde, jeden mit Namen.**

Die abschließenden Bemerkungen des Johannes im 3. Johannesbrief spiegeln einen ähnlichen Ton wie in seinem zweiten Brief wider und spiegeln seine Wärme und seine beziehungsorientierte Herangehensweise beim Schreiben wider. Wie im 2. Johannesbrief, wo er den Wunsch äußert, Gaius persönlich zu besuchen (Verse 12-13), schließt Johannes den 3. Johannesbrief mit der Erwartung, Gaius bald zu sehen. Diese persönliche Note unterstreicht Johannes' tiefe Sorge um die Menschen in den Gemeinden, die er anspricht.

Bemerkenswert ist, dass Johannes das Wort „Freunde" zur Beschreibung von Gläubigen verwendet und damit den grundlegenden Aspekt christlicher Freundschaft hervorhebt. Indem er diesen relationalen Aspekt betont, unterstreicht Johannes die Bedeutung echter Kameradschaft und gegenseitiger Unterstützung innerhalb der christlichen Gemeinschaft. Nach Ansicht von Johannes sollten selbst die Grundprinzipien der Freundschaft Gläubige dazu anleiten, einander Gastfreundschaft und praktische Unterstützung zu erweisen.

Im 3. Johannesbrief fordert Johannes die Gläubigen auf, ihren Mitchristen Gastfreundschaft und Unterstützung zu erweisen. Dies ist eine praktische Anwendung des umfassenderen Gebots, einander zu lieben. Diese Betonung der Gastfreundschaft zeigt, dass man sich um andere kümmert, fördert die Einheit und stärkt die Bande der Gemeinschaft unter den Gläubigen.

Die abschließenden Worte des Johannes im 3. Johannesbrief fassen seine seelsorgerische Sorge und Ermutigung für die Gläubigen zusammen, ihren Glauben durch liebevolle Taten auszuleben, darunter Gastfreundschaft und gegenseitige Unterstützung. Diese Tugenden, die in der Liebe Christi wurzeln, bauen die Kirche auf und veranschaulichen die Einheit und Fürsorge, die christliche Beziehungen kennzeichnen sollten.

## Kapitel 1 Zusammenfassung

Das 3. Johannesbuch ist ein persönlicher Brief des Apostels Johannes an Gaius. Darin lobt Johannes Gaius für seine Gastfreundschaft und Unterstützung der reisenden Missionare, die das Evangelium verbreiten. Er stellt Gaius' lobenswertes Verhalten dem von Diotrephes gegenüber, einem Führer der Kirche, der Johannes' Autorität ablehnte, besuchenden Missionaren die Gastfreundschaft verweigerte und sogar diejenigen ausschloss, die sie unterstützten. Johannes ermutigt Gaius, seine guten Taten fortzusetzen, und verspricht, sich bei seinen Besuchen mit Diotrephes' Verhalten auseinanderzusetzen. Der Brief betont, wie wichtig es ist, diejenigen zu unterstützen, die Gott treu dienen, und warnt vor Selbstsucht und spaltender Führung innerhalb der Kirche. Schließlich betont 3. Johannes die Bedeutung von Gastfreundschaft, Liebe und Einheit unter den Gläubigen bei der Verbreitung des Evangeliums und der Widerspiegelung der Lehren Christi.

## Kapitel 1 Gebet

Himmlischer Vater,

Wir kommen voller Dankbarkeit vor dich für das Beispiel an Liebe und Gastfreundschaft, das Gaius im 3. Johannesevangelium zeigt. Danke, dass du uns durch sein Leben gezeigt hast, wie man diejenigen, die deinem Königreich dienen, treu unterstützt und versorgt. Herr, hilf uns, seine Großzügigkeit und Güte in unserem heutigen Leben nachzuahmen.

Vater, wir heben auch die Herausforderungen hervor, vor denen deine Kirche steht. Wir beten für die Einheit der Gläubigen in einer Welt, die oft von Spaltung und egoistischem Ehrgeiz geprägt ist. Mögen wir Liebe und Gastfreundschaft immer an erste Stelle setzen, so wie du es uns durch deinen Sohn Jesus Christus gezeigt hast.

Herr, wir bitten dich um Führung und Weisheit, wenn wir die Beziehungen innerhalb unserer Kirchen und Gemeinden gestalten. Hilf uns, wahre Führung zu erkennen, die dich ehrt und diejenigen unterstützt, die dein Evangelium treu verkünden.

Wir beten besonders für Missionare und Geistliche, die dein Wort an schwierigen Orten verbreiten. Gib ihnen Kraft und Schutz und möge ihnen die Ermutigung und praktische Unterstützung zuteil werden, die sie von ihren Glaubensbrüdern brauchen.

Und schließlich, Vater, beten wir um Demut in unseren Herzen. Bewahre uns vor Stolz und selbstsüchtigem Ehrgeiz und hilf uns, immer deinen Willen über unsere Wünsche zu stellen.

Danke, Herr, für die Lehren aus dem 3. Johannesbrief. Mögen sie uns inspirieren, ein Leben zu führen, das deine Liebe und Gnade für die Welt um uns herum widerspiegelt. Im Namen Jesu beten wir:

Amen.

## Fragen zu Kapitel 1

Wer hat das 3. Johannesevangelium geschrieben?

An wen war der 3. Johannesbrief gerichtet?

Welches Lob spricht Johannes Gaius aus?

Wer ist Diotrephes und welche Rolle spielt er in dem Brief?

Warum stellt Johannes in seinem Brief Gaius und Diotrephes gegenüber?

Was verspricht Johannes hinsichtlich des Verhaltens von Diotrephes zu tun?

Was ist das zentrale Thema oder die Lehre des 3. Johannesbriefs?

Wie beschreibt Johannes Demetrius in dem Brief?

Zu welchen praktischen Maßnahmen fordert Johannes die Gläubigen im 3. Johannesbrief auf?

Was bedeutet „in der Wahrheit wandeln" im 3. Johannesbrief?

Wie sieht John diejenigen, die Missionare und Geistliche unterstützen?

Welche Rolle spielt die Liebe im Kontext des 3. Johannesbriefs?

Welche Bedeutung hat die Verwendung des Begriffs „Freunde" durch Johannes im 3. Johannesbrief?

Warum betont Johannes im 3. Johannesbrief die Wichtigkeit der Wahrheit?

In welcher Beziehung stehen die Lehren des Johannes im 3. Johannesbrief zu umfassenderen Themen des Neuen Testaments?

Welcher historische und kulturelle Kontext prägt die Anweisungen des Johannes im 3. Johannesbrief?

Wie geht Johannes im 3. Johannesbrief auf mögliche Konflikte und Spaltungen innerhalb der Kirche ein?

Welche Lehren können heutige Christen aus dem 3. Johannesbrief ziehen?

Welchen Einfluss hat Johannes' persönliches Engagement im Leben seiner Empfänger auf die Botschaft des 3. Johannesbriefs?

Was ist das ultimative Ziel der Lehren des Johannes im 3. Johannesbrief?

# Buch 3 Johannes Zusammenfassung

**Autorschaft und Publikum:**

- Das 3. Johannesevangelium wird traditionell dem Apostel Johannes zugeschrieben, der auch das Johannesevangelium sowie das 1. und 2. Johannesevangelium verfasste.
- Es ist an einen Mann namens Gaius gerichtet, ein Mitglied einer Kirche, der für seine Gastfreundschaft und Treue gelobt wird.

**Themen:**

1. **Gastfreundschaft und Unterstützung für Missionare:**
   - Johannes lobt Gaius für seine großzügige Gastfreundschaft gegenüber reisenden christlichen Missionaren. Diese Gastfreundschaft wird als wichtige Tugend und als Möglichkeit hervorgehoben, die Verbreitung des Evangeliums zu unterstützen.
   - „Ihr Lieben, ihr tut treue Werke in allem, was ihr tut, für die Brüder und Fremden. Sie haben vor der Gemeinde von eurer Liebe Zeugnis abgelegt. Ihr werdet gut daran tun, sie auf eine Weise auf ihre Reise zu schicken, die Gottes würdig ist" (3. Johannes 1:5-6).
2. **Verurteilung des Diotrephes:**
   - Johannes kritisiert einen Mann namens Diotrephes, der als jemand beschrieben wird, der es liebt, unter ihnen die Vorherrschaft zu haben und Johannes' Autorität nicht anerkennt. Diotrephes wird auch beschuldigt, die Brüder nicht willkommen zu heißen und diejenigen, die dies tun, sogar auszuweisen.
   - „Ich habe der Gemeinde geschrieben, aber Diotrephes, der unter ihnen gern der Erste sein will, nimmt unsere Worte nicht an. Deshalb werde ich, wenn ich komme, auf das aufmerksam machen, was er tut: Er lästert mit bösen Worten über uns" (3. Johannes 1:9-10).
3. **Lob des Demetrius:**
   - Johannes lobt auch einen anderen Gläubigen, Demetrius, für sein gutes Zeugnis und seine Integrität.
   - „Demetrius hat das Zeugnis von jedermann und von der Wahrheit selbst. Ja, auch wir legen Zeugnis ab, und ihr wisst, dass unser Zeugnis wahr ist" (3. Johannes 1:12).

# Lösungsleitfaden: 3. Johannes

Kapitel 1 Antworten

**Wer hat das 3. Johannesevangelium geschrieben?**

Der Apostel Johannes.

**An wen war der 3. Johannesbrief gerichtet?**

Für Gaius, einen geliebten Freund und Mitglied der Kirche.

**Welches Lob spricht Johannes Gaius aus?**

John lobt Gaius für seine Gastfreundschaft und Unterstützung reisender Missionare.

**Wer ist Diotrephes und welche Rolle spielt er in dem Brief?**

Diotrephes ist ein Anführer der Kirche, der die Autorität des Johannes ablehnt und reisenden Missionaren die Gastfreundschaft verweigert.

**Warum stellt Johannes in seinem Brief Gaius und Diotrephes gegenüber?**

Johannes stellt sie einander gegenüber, um das lobenswerte Verhalten des Gaius und die selbstsüchtigen und spaltenden Handlungen des Diotrephes hervorzuheben.

**Was verspricht Johannes hinsichtlich des Verhaltens von Diotrephes zu tun?**

Johannes verspricht, das Verhalten von Diotrephes anzusprechen, wenn er die Kirche besucht.

**Was ist das zentrale Thema oder die Lehre des 3. Johannesbriefs?**

Gastfreundschaft, Liebe und Unterstützung sind wichtig, um Gott treu zu dienen.

**Wie beschreibt Johannes Demetrius in dem Brief?**

Johannes beschreibt Demetrius als jemanden mit gutem Ruf, der den Weg der Wahrheit geht und für den er persönlich bürgt.

**Zu welchen praktischen Maßnahmen fordert Johannes die Gläubigen im 3. Johannesbrief auf?**

Johannes fordert die Gläubigen auf, reisenden Missionaren Gastfreundschaft zu erweisen und sie bei ihrer Arbeit zu unterstützen.

**Was bedeutet „in der Wahrheit wandeln" im 3. Johannesbrief?**

Es bedeutet, nach den Lehren und Grundsätzen des Evangeliums zu leben und durch Taten echten Glauben zu beweisen.

### Wie sieht John diejenigen, die Missionare und Geistliche unterstützen?

Johannes betrachtet sie als Partner bei der Verbreitung des Evangeliums und der Ausbreitung des Reiches Gottes.

### Welche Rolle spielt die Liebe im Kontext des 3. Johannesbriefs?

Die Liebe steht im Mittelpunkt der Lehre des Johannes. Er betont, dass echte christliche Liebe zu Gastfreundschaft und Unterstützung anderer motivieren sollte.

### Welche Bedeutung hat die Verwendung des Begriffs „Freunde" durch Johannes im 3. Johannesbrief?

Es hebt den relationalen Aspekt der christlichen Gemeinschaft und der gegenseitigen Unterstützung unter den Gläubigen hervor.

### Warum betont Johannes im 3. Johannesbrief die Wichtigkeit der Wahrheit?

Die Wahrheit ist die Grundlage des christlichen Lebens und christlicher Beziehungen und leitet die Handlungen und Entscheidungen der Gläubigen.

### In welcher Beziehung stehen die Lehren des Johannes im 3. Johannesbrief zu umfassenderen Themen des Neuen Testaments?

Es steht im Einklang mit den Lehren der Liebe, Gastfreundschaft und Einheit in allen Briefen des Neuen Testaments.

### Welcher historische und kulturelle Kontext prägt die Anweisungen des Johannes im 3. Johannesbrief?

Die Praxis der Gastfreundschaft in der frühen christlichen Gemeinde und die Herausforderungen von Führung und Autorität innerhalb der örtlichen Kirchen.

### Wie geht Johannes im 3. Johannesbrief auf mögliche Konflikte und Spaltungen innerhalb der Kirche ein?

Er fördert die Einheit durch Liebe und gegenseitige Unterstützung und geht gleichzeitig auf Probleme des Stolzes und des egoistischen Ehrgeizes ein.

### Welche Lehren können heutige Christen aus dem 3. Johannesbrief ziehen?

Die Bedeutung echter Gastfreundschaft, Unterstützung des Dienstes und Wahrung der Einheit innerhalb der Kirche.

### Welchen Einfluss hat Johannes' persönliches Engagement im Leben seiner Empfänger auf die Botschaft des 3. Johannesbriefs?

Es betont die Seelsorge und die Beziehungsdynamik christlicher Führung und Gemeinschaft.

**Was ist das ultimative Ziel der Lehren des Johannes im 3. Johannesbrief?**

Gläubige sollen ermutigt werden, ihren Glauben praktisch auszuleben, indem sie einander lieben und unterstützen und so Gottes Liebe und Gnade in der Welt widerspiegeln.

# Literaturverzeichnis

Alford, H. 1880-1884. Das griechische Testament. 4 Bände. Neue Ausgabe. Cambridge: Deighton, Bell und Co.

Allman, JE 2015. „1. Johannes 1:9: Das Bekenntnis als Prüfung, aber wofür?" Bibliotheca Sacra 172:686 (April-Juni):203-21.

Archer, GL 1982. Eine Enzyklopädie der Schwierigkeiten der Bibel. Grand Rapids: Zondervan Publishing House.

Bailey, ML und TL Constable. 1999. The New Testament Explorer. Nashville: Word Publishing Co. Neu aufgelegt als Nelson's New Testament Survey, 1999. Nashville: Thomas Nelson Publishers.

Baker's Dictionary of Theology. 1960. Herausgegeben von EF Harrison. Sv „Theophany", von W. Broomall, 520-21.

Barclay, W. 1962. Die Briefe des Johannes und Judas. 2. Auflage. Die Daily Study Bible-Reihe. Edinburgh: Saint Andrew Press.

Barker, GW 1981. „1. Johannes". In Hebräer-Offenbarung, Band 12 von The Expositor's Bible Commentary, herausgegeben von FE Gaebelein und JD Douglas. Grand Rapids: Zondervan Publishing House.

Baxter, JS 1980. Erkunden Sie das Buch. Einbandausgabe. Grand Rapids: Zondervan Publishing House.

Baylis, CP 1992. „Die Bedeutung des Wandelns ‚in der Dunkelheit' (1. Johannes 1:6)." Bibliotheca Sacra 149:594 (April-Juni):214-22.

Bigalke, RJ 2013. „Identität des ersten Johannesbriefs: Kontext, Stil und Struktur." Journal of Dispensational Theology 17:50 (Spring):7-44.

Blair, JA 1982. Die Briefe des Johannes: Andachtsstudien zum Leben in Zuversicht. Neptune, NJ: Loizeaux Brothers.

Boice, JM 1979. Die Briefe des Johannes. Grand Rapids: Zondervan Publishing House.

Brindle, WA 2001. „Biblische Beweise für die unmittelbar bevorstehende Entrückung." Bibliotheca Sacra 158:630 (April-Juni):138-51.

Brooke, AE 1912. Ein kritischer und exegetischer Kommentar zu den Johannebriefen. Internationale Reihe kritischer Kommentare. Edinburgh: T. & T. Clark.

Brown, R. 1982. Die Briefe des Johannes. Anchor Bible-Reihe. Garden City, NY: Doubleday.

Bruce, FF 1970. Die Briefe des Johannes. London: Pickering & Inglis Ltd. Neuauflage, 1986. Grand Rapids: Wm. B. Eerdmans Publishing Co.

Carson, DA, und DJ Moo. 2005. Eine Einführung in das Neue Testament. 2. Aufl. Grand Rapids: Zondervan.

Chafer, LS 1947-48. Systematische Theologie. 8 Bände. Dallas: Dallas Seminary Press.

Cook, WR 1966. „Harmartiologische Probleme im Ersten Johannesbrief." Bibliotheca Sacra 123:491 (Juli-September):249-60.

Darby, JN 1942. Synopsis der Bücher der Bibel. Überarbeitete Ausgabe. 5 Bände. New York: Loizeaux Brothers Publishers.

Deissmann, A. 1965. Licht aus dem Alten Orient. 4. Aufl. Übersetzt von LRM Strachen. Grand Rapids: Baker Book House.

Derickson, GW 1993. „Was ist die Botschaft des 1. Johannesbriefs?" Bibliotheca Sacra 150:597 (Januar-März):89-105.

Dillow, JC 1992. Die Herrschaft der Dienerkönige. Miami Springs, Fla.: Schoettle Publishing Co.

Dodd, CH 1946. Die Johanneischen Briefe. Moffatt New Testament Commentary Series. New York: Harper and Row.

Eusebius. 1974. Die Kirchengeschichte des Eusebius Pamphilus. Populäre Ausgabe. Twin Brooks-Reihe. Grand Rapids: Baker Book House.

Findlay, GG 1909. Gemeinschaft im ewigen Leben. London: Hodder und Stoughton.

Fruchtenbaum, A. 2005. „Wer ist der Antichrist?" In The Gathering Storm: Understanding Prophecy in Critical Times, herausgegeben von M. Couch, 210-39. Springfield, Mo.: 21st Century Press.

Gaebelein, AC 1970. Die kommentierte Bibel. 4 Bände. Nachdruckausgabe. Chicago: Moody Press und New York: Loizeaux Brothers.

Gaster, TH 1964. Die Heiligen Schriften vom Toten Meer. Überarbeitete und erweiterte Ausgabe. Garden City, NY: Doubleday & Co., Anchor Books.

Gillquist, PE 1970. Love Is Now. Grand Rapids: Zondervan Publishing House.

Glasscock, E. 2009. „Vergebung und Reinigung in 1. Johannes 1:9." Bibliotheca Sacra 166:662 (April-Juni):217-31.

Goodman, G. 1936. Der Brief des ewigen Lebens. London: Pickering & Inglis.

Graystone, K. 1984. Die Johanneischen Briefe. New Century Bible Commentary-Reihe. Grand Rapids: Wm. B. Eerdmans Publishing Co. und London: Marshall, Morgan & Scott.

Ein griechisch-englisches Lexikon des Neuen Testaments. 1889. Von CG Wilke. Überarbeitet von CLW Grimm. Übersetzt, überarbeitet und erweitert von JH Thayer. London: T. & T. Clark.

Guthrie, D. 1966. Einführung in das Neue Testament: Hebräer bis Offenbarung. 2. Auflage, Neuauflage. London: Tyndale Press.

Hanna, KG 2014. Von den Evangelien zur Herrlichkeit: Das Neue Testament erkunden. Bloomington, Ind.: CrossBooks.

Harris, WH 1994. „Eine Theologie der Schriften des Johannes." In A Biblical Theology of the New Testament, herausgegeben von RB Zuck, 167-242. Chicago: Moody Press.

Henry, M. 1961. Kommentar zur gesamten Bibel. Einbändige Ausgabe. Herausgegeben von LF Church. Grand Rapids: Zondervan Publishing Co.

Hodges, Zane C. „1. Johannes". In The Bible Knowledge Commentary: New Testament, herausgegeben von John F. Walvoord und Roy B. Zuck, 881-904. Wheaton: Scripture Press Publications, Victor Books, 1983.

Houlden, JL Ein Kommentar zu den Johannebriefen. Harper's New Testament Commentaries-Reihe. New York: Harper and Row, 1973.

Jamieson, Robert; AR Fausset; und David Brown. Praktischer und erklärender Kommentar zur gesamten Bibel. Nachdruck hrsg. Grand Rapids: Zondervan Publishing House, 1961.

Kistemaker, Simon J. Auslegung des Jakobusbriefs und der Johannesbriefe. Kommentarreihe zum Neuen Testament. Grand Rapids: Baker Book House, 1986.

Ladd, George Eldon. Eine Theologie des Neuen Testaments. Grand Rapids: Wm. B. Eerdmans Publishing Co., 1974, 1979.

Lenski, Richard CH Die Interpretation der Briefe des hl. Petrus, des hl. Johannes und des hl. Judas. 1945. Nachdruck hrsg. Minneapolis: Augsburg Publishing House, 1961.

Lloyd-Jones, Martyn. Gemeinschaft mit Gott: Studien zu 1. Johannes. Band 1 der Reihe „Leben in Christus". Wheaton: Crossway Books, 1993.

Louw, JP „Verbaler Aspekt im ersten Brief des Johannes." Neotestamentica 9 (1975): 98-104.

MacArthur, John F., Jr. Faith Works: Das Evangelium nach den Aposteln. Dallas: Word Publishing, 1993.

______. Das Evangelium nach Jesus. Grand Rapids: Zondervan Publishing House, 1988.

McGee, J. Vernon. Durch die Bibel mit J. Vernon McGee. 5 Bände. Pasadena, Kalifornien: Thru The Bible Radio; und Nashville: Thomas Nelson, Inc., 1983.

McLean, John A. „Eine exegetische Studie von 1. Johannes 5:18-21." Bibliotheca Sacra 169, Nr. 673 (Januar-März 2012): 68-78.

McNeile, Alan Hugh. Eine Einführung in das Studium des Neuen Testaments. 2. Auflage, überarbeitet von CSC Williams. Oxford: Clarendon Press, 1927, 1953.

Nouwen, Henri JM Hier und Jetzt: Leben im Geiste. New York: Crossroad Publishing Co., 1994, 2003.

Merkle, Benjamin L. „Was ist die Bedeutung von ‚Götzen' in 1. Johannes 5:51?" Bibliotheca Sacra 169, Nr. 675 (Juli-September 2012): 328-40.

Morgan, G. Campbell. Eine Auslegung der gesamten Bibel. Westwood, NJ: Fleming H. Revell, 1959.

Die Nelson-Studienbibel. Herausgegeben von Earl D. Radmacher. Nashville: Thomas Nelson Publishers, 1997.

Die NET2-Bibel (New English Translation). Nc: Biblical Press Foundation, 2019.

Die New American Standard Bible. La Habra, Kalifornien: The Lockman Foundation, 2020.

Die neue Scofield-Referenzbibel. Herausgegeben von Frank E. Gaebelein, William Culbertson et al. New York: Oxford University Press, 1967.

Pentecost, J. Dwight. Die Freude der Gemeinschaft. Grand Rapids: Zondervan Publishing House, 1977.

Pfeiffer, Robert H. Geschichte des Neuen Testaments mit einer Einführung in die Apokryphen. London: Adam and Charles Black, 1949, 1963.

Philips, JB Dein Gott ist zu klein. New York: The Macmillan Co., 1952.

Plummer, Alfred. Die Briefe des heiligen Johannes. Cambridge Bible for Schools and Colleges-Reihe. 1883. Nachdruck hrsg. Cambridge: Cambridge University Press, 1938.

Pond, Eugene. „1. Johannes." In Surveying Hebrews through Revelation, herausgegeben von Paul D. Weaver, 85-104. 2. Auflage. Learn the Word Bible Survey-Reihe. Nc: Learn the Word Publishing, 2019.

Radmacher, Earl D. Salvation. Swindoll Leadership Library-Reihe. Nashville: Word Publishing, 2000.

Richardson, Alan. Eine Einführung in die Theologie des Neuen Testaments. New York: Harper & Row, 1958.

Roberts, JW Die Briefe des Johannes. Living Word Commentary-Reihe. Austin, Texas: RB Sweet, 1968.

Robertson, Archibald Thomas. Wortbilder im Neuen Testament. 6 Bände. Nashville: Broadman Press, 1931.

Ross, A. Die Briefe des Jakobus und Johannes. Neue internationale Kommentarreihe. Grand Rapids: Wm. B. Eerdmans Publishing Co., 1954.

Ryrie, CC 1959. *Biblische Theologie des Neuen Testaments* . Chicago: Moody Press.

Ryrie, CC 1962. „Der erste Brief des Johannes." In *The Wycliffe Bible Commentary* , herausgegeben von CF Pfeiffer und EF Harrison, 1463-78. Chicago: Moody Press.

Schnackenburg, R. 1992. *Die Johannesbriefe* . Übersetzt von R. und I. Fuller aus der 7. Auflage von *Die Johannesbriefe* (1984). New York: Crossroad Publishing Co.

Sloyan, GS 1995. *In der Wahrheit wandeln: Beharrliche und Deserteure: Der erste, zweite und dritte Brief des Johannes* . Valley Forge, Penn.: Trinity.

Smalley, SS 1984. *1, 2, 3 Johannes* . Reihe „Word Biblical Commentary". Waco: Word Books.

Smith, D. 1910. „Die Briefe des Heiligen Johannes." In *The Expositor's Greek Testament* , 5, herausgegeben von WR Nicoll, 151-208. 4. Auflage. London: Hodder and Stoughton, 1900-12.

Spurgeon, CH 1976. *12 Predigten über die Wiederkunft Christi* . Grand Rapids: Baker Book House.

Spurgeon, CH 1972. *Ein umfassendes Wirken* . Neuauflage. London und Carlisle, Pa.: The Banner of Truth Trust, 1900.

Stanton, GB 1991. *Kept from the Hour* . 4. Auflage. Miami Springs, Fla.: Schoettle Publishing Co.

Storms, CS 1988. *Gottes Ohr erreichen* . Wheaton: Tyndale House Publishers.

Stott, JRW 1964. *Grundlegende Einführung in das Neue Testament* . 1. amerikanische Ausgabe. Grand Rapids: Wm. B. Eerdmans Publishing Co.

Stott, JRW 1964. *Die Briefe des Johannes* . Tyndale New Testament Commentaries series. Grand Rapids: Wm. B. Eerdmans Publishing Co.

Swindoll, CR 1985. *Komm vor dem Winter ... und teile meine Hoffnung* . Portland: Multnomah Press.

Swindoll, CR 2017. *Die Swindoll-Studienbibel* . Carol Stream, Ill.: Tyndale House Publishers.

Tan, RKJ 2002. „Sollten wir für abtrünnige Brüder beten? Johannes' Vertrauen in 1. Johannes 5,16-17." *Journal of the Evangelical Theological Society* 45 (4): 599-609.

Tenney, MC 1957. *Das Neue Testament: Eine historische und analytische Übersicht* . Grand Rapids: Wm. B. Eerdmans Publishing Co.

Thiessen, HC 1962. *Einführung in das Neue Testament* . Grand Rapids: Wm. B. Eerdmans Publishing Co.

Tozer, AW 1961. *Das Wissen des Heiligen* . New York: Harper & Row Publishers.

Westcott, BF 1958. *Das Evangelium nach Johannes: Die autorisierte Version mit Einleitung und Anmerkungen* . London: James Clarke & Co., Ltd.

Westcott, BF 1966. *Die Episteln des Heiligen Johannes* . 1883. Nachdruck hrsg. England: Marcham Manor Press.

Wiersbe, WW 1989. *The Bible Exposition Commentary* , 2 Bände. Wheaton: Scripture Press Publications, Victor Books.

Wilkin, RN 1990. „„Gewissheit: Damit ihr wisst' (1. Johannes 5:11-13a)." *Grace Evangelical Society News* 5 (12): 2, 4.

Wilkin, RN 1990. „Sündigen wiedergeborene Menschen? 1. Johannes 3:9." *Grace Evangelical Society News* 5 (3): 2-3.

Wilkin, RN 1988. „Gott durch unsere Werke erkennen?" *Grace Evangelical Society News* 3 (10): 3-4.

Wilkin, RN 2005. *Sicher und gewiss: Die Versprechen Gottes begreifen* . Irving, Tex.: Grace Evangelical Society.

Wuest, KS 1966. *Wortstudien im griechischen Neuen Testament* , 16 Bände in 4. Grand Rapids: Wm. B. Eerdmans Publishing Company.

Yarbrough, RW 2008. *1–3 Johannes* . Baker Exegetischer Kommentar zum Neuen Testament. Grand Rapids: Baker Academic.

Yarid, JR, Jr. 2003. „Reflexionen der Abendmahlsrede im 1. Johannesbrief." *Bibliotheca Sacra* 160 (637): 65-76.

www.ingramcontent.com/pod-product-compliance
Lightning Source LLC
Chambersburg PA
CBHW081927120726
47997CB00010B/3061